城镇化进程中的
流动儿童和留守儿童研究

Research on Migrant Children and
Left-behind Children in the Process of Urbanization

梁 在 悦中山 等 / 著

社会科学文献出版社
SOCIAL SCIENCES ACADEMIC PRESS (CHINA)

序　言

改革开放40多年来，我国经历了快速的城镇化过程。1984年，中央出台文件，取消农业人口"自由出入"城市的限制，自此拉开我国乡-城人口大规模流动的序幕。流动人口逐年增加，流动人口子女群体规模日渐庞大。随着工业化和城镇化的推进，国家治理层面为改善留守儿童和流动儿童的不利处境做了系统考虑和制度安排。然而，解决留守儿童和流动儿童发展问题依然任重道远。据估计，留守儿童和流动儿童有1亿人左右（段成荣，2015；段成荣、杨舸，2009）。中国不仅经历着世界历史上规模最大的人口流动，也承载着最大规模的流动儿童和留守儿童群体。中国的学者有能力也有责任走在这个研究领域的前列，为其他国家提供中国经验。

哈佛大学政治学家罗伯特·帕特南（Putnam，2015）曾出版一本书，名为《我们的孩子：危机中的美国梦》（*Our Kids: The American Dream in Crisis*）。在书中，帕特南指出单亲家庭正是美国社会机会不平等鸿沟日渐扩大的主要原因之一。在如今的美国，有太多的孩子生活在单亲家庭，这很有可能导致美国梦成为泡影。与单亲家庭儿童相比，流动人口子女的家庭结构并未遭到实质性的破坏，但二者的家庭环境有很高的相似性。我们应该认识到，流动人口子女也是中国未来的建设者，因此，妥善解决流动人口子女问题是促进社会主义市场经济发展，加快新型城镇化、现代化建设步伐的客观要求。同时，这也是将个人与国家、民族利益一体化，凝聚每一个梦想，最终实现中国梦的坚实基础。

本书分析留守儿童、流动儿童的生存发展态势，探究留守儿童、流动儿童处境不利的影响机制，构建留守儿童、流动儿童积极发展体系，梳理相关政策，为改善流动人口子女处境不利的状况提供政策建议。在西安交通大学、国家社会科学基金等的资助下，课题组于2015年12月启动相关调查，于2018年底结束，历时三年。在调查的过程中，课题组成员与留守儿童及其家庭发生了许多感人的故事。课题组成员真切地感受到留守儿童对父母亲情的渴望。课题组秉持"身心健康的儿童才是未来希望之所寄"的价值理念，希望本书能为儿童福利保障工作贡献绵薄之力。

本书有两个相互关联的研究内容：一是探讨流动背景下，我国留守儿童、流动儿童在心理健康、教育、行为发展和社会适应等方面的动态发展状况及其影响机制；二是基于以上研究提出改善流动人口子女发展状况的政策建议。研究的重点议题包括流动背景下留守儿童和流动儿童教育问题、心理健康、行为发展及其发展状况的动态监测。与此同时，本书也重点关注留守经历对个人教育、健康和成年后社交能力的影响。

在数据收集方面，除了充分利用已有数据资源（如第六次全国人口普查数据、中国流动人口动态监测调查数据和珠三角、长三角地区流动人口调查数据）外，课题组利用大规模调查和个案访谈的方法分别在流出地、流入地，以及将流出地、流入地匹配收集定量数据和定性资料，借此建设新的流动人口子女发展数据库。

流出地调查采用多阶段分层方案，采用PPS抽样方法。为了实现研究目标，流出地调查使用了多种问卷，包括学生问卷、主要监护人问卷、教师问卷、学校问卷，同时收集了学生体检报告和学生成绩单。学生问卷采取自填方式，为保证数据质量，调查员对问卷中的问题逐一进行解释，学生根据自身情况在纸质问卷上进行填答。主要监护人问卷以召开家长会的形式集中进行填答，采取一问一答的方式，由调查员根据主要监护人所做回答在电脑上选填。教师问卷主要涉及班主任对班级中每一位学生的评价，由班主任针对每位学生的情况在纸质问卷上作答。学校问卷由教导主任或校长填答。学生体检报告来自当地教育部门每学期给每位学生出具的体检报告单。除此之外，课题组在流出地进行了4次家庭入户和学校访谈，收集到4个家庭共8份留守儿童及其外出务工父亲或（和）母亲的访谈资料，收集班主任和校长访谈资料各2份。

流入地调查以质性访谈为主，以东莞某镇一所私立小学和乡办小学为研究对象，从学生、家长、教师三个维度了解流动人口及其子女在流入地的生活、工作和学习等情况，访谈内容主要包括：所在社区、居住环境、父母迁移经历、社会关系、工作经历、入学选择、儿童照顾、学业成就、心理健康、休闲/娱乐/消费和行业、城市等。

最终，课题组对学生的学习成绩、健康（身心健康）情况、行为、家庭环境、学校环境和交友网络有了全面的了解。在陕西省的调查中，课题组于2017年10~12月还收集了留守儿童家庭和学校空间坐标数据，进行了地理编码，以便对各种结果进行进一步的空间分析，这一研究目前正在进行中。

  本书的创新点体现在以下两个方面。

  从学术贡献来讲，本书拓展了新的研究领域和视角。第一，本书系统地研究了留守儿童的学习成绩、教育期望、心理健康和教育投入等议题，从社会网络角度探讨留守儿童的社交行为以及霸凌问题。第二，"曾留守"概念的使用，将曾经留守儿童视为一个群体，与非留守儿童和留守儿童进行比较研究。第三，使用2013年中国流动人口动态监测调查数据，我们给出了新的定义二代流动儿童回流的方法。这个方法可被广泛应用到其他有关回流研究的项目中。第四，留守经历的长期影响是全球范围内的热点问题，也是国外和国内学者关注的问题。我们关注了留守经历对个人教育、健康情况和成年后社交能力的影响，发现童年的留守经历确实会对个体成年后的教育、健康、行为等产生持久影响。这是本课题对留守经历长期影响研究领域的重要推进。第五，引进比较研究的视角。比较的视角可以使我们获得一些无法通过单一研究设计获得的结果，这些结果可以为建立解释迁移行为的新理论奠定基础。本书中引入了国际比较视角，把中国陕西地区的经验跟墨西哥的经验进行比较，发现并对比二者之间的异同。

  从数据贡献来讲，本书为学界、政府和社会提供了关于流动人口子女发展的系统资料。课题组将流出地和流入地进行匹配调查，在陕西省、四川省和广东省东莞某镇进行了多次问卷和田野调查，收集了丰富的问卷数据和访谈资料。此外，课题组还收集了留守儿童家庭和学校空间坐标数据，用以分析留守儿童的空间分布特征，属国内前沿研究。这些数据将记录中国社会转型过程中流动人口子女发展的动态变化，为今后的研究者和决策者提供丰富的研究资料。

  本书由六部分组成，分别探讨留守儿童和流动儿童动态发展状况、教育问题、心理健康、行为发展以及留守经历的长期影响，展望部分基于对留守儿童和流动儿童发展政策的梳理，结合各篇文章的研究发现，提出促进留守儿童和流动儿童积极发展的政策建议。

  第一部分探讨留守儿童和流动儿童的动态发展状况。儿童随迁，则从留守儿童变为流动儿童；若回流，则由流动儿童变为留守儿童。因而掌握流动人口子女身份变化的决定因素显得尤为重要。第一篇文章分别从流入地、流出地两个方面，从儿童自身和作为流动人口的父母等角度来探讨影响儿童随迁的因素。儿童随迁直接影响中国的城镇化发展，同时通过影响父母长期居住意愿和户口迁移意愿而间接影响我国城镇化进程。第二篇文章从代际差异的视角分析了我国两代流动人口子女随迁决策的异同，发现流动人口内部的代际差异也会导致其子女随迁决策过程和结果的不同。第三篇文章的研究发现，二代流动儿童的回流受多方面因素影响，其中以儿童年龄、家庭状况、迁移距离和地区因素最为明显。

第二部分考察留守儿童和流动儿童教育问题。其中，第四篇文章基于社会分层等理论提出了一个理论性分析框架：父母外出通过影响孩子对三类资本（经济、社会、人力）的获取和积累进而影响孩子最终的教育期望。令人遗憾的是，父母外出的负向效应一旦产生就很难消除。第五篇文章关注流动儿童的教育，特别是流动儿童的学校选择过程和影响其择校的因素。在全球化发展的背景下，留守儿童问题早已成为一个国际性问题。第六篇文章基于中国陕西和墨西哥的数据，从比较视角分析了父母外出对留守儿童教育期望的影响，发现父母外出对孩子教育期望的影响在不同的社会环境下是不同的。第七篇文章概括了我国西部地区农村留守儿童和非留守儿童家庭教育投入的三种模式。

本书第三部分用两篇文章来探讨留守儿童和流动儿童的心理健康问题。基于课题组收集的数据，第八篇文章研究亲子交流、教养方式和儿童内在人格特质（自尊）在父母外出务工和儿童抑郁之间发挥的中介作用，以及汇款和家务负担在父母外出务工影响儿童抑郁过程中的调节作用。第九篇文章研究亲子亲合对农村留守儿童孤独感的影响。研究发现，农村留守儿童存在较高的心理孤独感。不同留守类型的农村留守儿童的孤独感水平也有所不同。

本书第四部分由两篇关注留守儿童行为发展的文章构成。第十篇文章的研究结论表明，留守状态确实在一定程度上影响青少年的同伴关系网络。第十一篇文章则向我们揭示了父母流动是否会增加留守儿童卷入校园欺凌的风险。

第五部分探讨留守经历的长期影响。第十二篇文章的研究发现表明，早期有过留守经历的外来工更倾向于较少参与面对面社交接触的活动。第十三、十四篇文章的研究发现，父母外出对留守儿童的教育与健康均有长期的负面影响。

书中所展现的研究成果是课题组成员的集体智慧，课题组成员将大量精力投入论文的撰写中。梁在教授和悦中山教授在已发表文章的版本的基础上又对每一篇文章进行了加工和修改，作者们经历了无数次集体讨论、修改、再讨论、再修改。正是诸位作者严谨求实的治学精神和团结协作的工作作风最终促成了本书的出版。按照文章顺序，各篇文章的作者如下。《序言》，梁在、李文利、悦中山；第一篇文章《儿童与中国的城镇化》，梁在、李远飞、悦中山；第二篇文章《中国两代流动人口子女随迁决策的比较研究》，李文利、梁在；第三篇文章《二代流动人口回流决策的影响因素分析》，李巧、梁在；第四篇文章《父母外出经历与农村留守儿童的教育期望——基于三类资本及其作用机制的中介效应分析》，梁在、郝明松；第五篇文章《选择还是制约：中国城市的流动儿童教育》，梁在、悦中山、李远飞、李巧、周爱华；第六篇文章《父母外出与子女教育期望——基于中国陕西与墨西哥的比较研究》，孙斐诺、刘珍、Kathryn S. Schiller、梁在；第七篇文章《留守经历与农村儿童家庭教育投入研究》，梁在、李文利；第八篇文章《父母外出务工对农村儿童抑郁的影响——基于陕西省大荔县、南郑县和四川省金堂县调查数据的分析》，悦中山、梁在、汪倩、陈鑫银；第九篇文章《亲子亲合对农村留守儿童孤独感的影响研究——基于四川省金堂县调查数据的分析》，刘金华、吴茜、秦陈荣；第十篇文章《谁更受欢迎：留守经历与儿童的同伴关系网络——基于 2016～2017 年陕西省调查数据的分析》，李远飞、程诚、Glenn Deane、梁在；第十一篇文章《父母流动如何影响儿童卷入校园欺凌——基于陕西省大荔县和南郑县小学的实证分析》，朱晓文、刘伽彤、梁在；第十二篇文章《父母流动对儿童行为的长期影响：以"80后"外来工为例》，刘志军、周博、梁在；第十三篇文章《父母外出对子女教育和健康状况的长期影响》，梁在、孙斐诺；第十四篇文章《父母外出与留守儿童的贫血情况研究》，孙斐诺、梁在；第十五篇文章《城镇化与流动儿童、留守儿童的未来》，梁在、李巧、王楠。在此对以上作者及付出辛劳的所有课题组成员表示最诚挚的感谢！

感谢"西安交通大学人文社会科学学术著作出版基金"和"中央高校基本科研业务费专项资金资助"对书稿出版的支持，感谢国家社会科学基金、梁在教授长江学者配套研究基金支持，感谢中山大学周大鸣教授团队，中国人民大学段成荣教授，中央民族大学杨菊华教授，西南财经大学杨成刚教授、曹德骏教授、杨帆教授，南京大学刘林平教授，美国宾夕法尼亚大学陈欣银教授以及调查地政府部门、学校对课题调查的支持和帮助！借此机会感谢四川省金堂县著名返乡创业企业家文仁浩先生、西南科技大学贺新生教授多年来对我们田野工作的大力支持和无私奉献。

参考文献

段成荣，2015，《我国流动和留守儿童的几个基本问题》，《中国农业大学学报》（社会科学版）第1期。

段成荣、杨舸，2009，《中国流动人口状况——基于2005年全国1%人口抽样调查数据的分析》，《南京人口管理干部学院学报》第4期。

〔美〕帕特南，罗伯特，2017，《我们的孩子》，田雷、宋昕译，中国政法大学出版社。

Putnam, Robert D. 2015. *Our Kids*: *The American Dream in Crisis*. New York: Simon & Schuster.

目录

第一部分 留守儿童和流动儿童动态监测研究

儿童与中国的城镇化 ………………………………………………… / 3
中国两代流动人口子女随迁决策的比较研究 ………………………… / 14
二代流动人口回流决策的影响因素分析 ……………………………… / 36

第二部分 留守背景下留守儿童和流动儿童的教育问题

父母外出经历与农村留守儿童的教育期望
　　——基于三类资本及其作用机制的中介效应分析 ……………… / 61
选择还是制约：中国城市的流动儿童教育 …………………………… / 79
父母外出与子女教育期望
　　——基于中国陕西与墨西哥的比较研究 ………………………… / 97
留守经历与农村儿童家庭教育投入研究 ……………………………… / 112

第三部分 流动背景下留守儿童和流动儿童心理健康

父母外出务工对农村儿童抑郁的影响
　　——基于陕西省大荔县、南郑县和四川省金堂县调查数据的分析
　　………………………………………………………………………… / 133
亲子亲合对农村留守儿童孤独感的影响研究
　　——基于四川省金堂县调查数据的分析 ………………………… / 154

第四部分　流动背景下留守儿童行为发展及其影响因素

谁更受欢迎：留守经历与儿童的同伴关系网络
　　——基于2016~2017年陕西省调查数据的分析 …………………… / 171
父母流动如何影响儿童卷入校园欺凌
　　——基于陕西省大荔县和南郑县小学的实证研究 ……………… / 186

第五部分　留守经历的长期影响

父母流动对儿童行为的长期影响：以"80后"外来工为例 ………… / 207
父母外出对子女教育和健康状况的长期影响 …………………………… / 225
父母外出与留守儿童的贫血情况研究 …………………………………… / 240

第六部分　展望

城镇化与流动儿童、留守儿童的未来 …………………………………… / 257

第一部分

留守儿童和流动儿童动态监测研究

儿童与中国的城镇化

由于中国的留守儿童与流动儿童数目巨大，这两个群体的教育、健康（包括身体和心理健康）问题受到了学术界、政府部门以及媒体等相关方的广泛关注。但学术界并未充分探讨受迁移影响的儿童与中国迅速发展的城镇化之间的关系。我们认为，从大的框架出发，儿童和中国城镇化的关系包括两个方面。第一，儿童随迁可以直接影响城镇化的进程。留守儿童的巨大规模在一定程度上限定了中国城镇化的发展空间。第二，儿童随迁对父母在流入地的长期居住意愿和户口迁移意愿有重要影响，而这也会间接地作用于城镇化的进程。本文的目的就是深入探讨这两个问题。

一 儿童与城镇化

从20世纪70年代以来，中国经历了一场快速的城镇化。在1978年，全中国（港澳台除外）只有不到18%的人口居住在城市，到了2020年，这一数字已经接近64%（见图1）。而中国城市的数量也从193个增加到了656个。与此紧密相连的是中国经济的快速增长，2010年中国已经成为世界第二大经济体。尽管如此，中国各城市也开始面临一系列前所未有的挑战，比如2亿多流动人口在城市的融合以及城市住房和教育的不平等。

与很多国家不同，中国的城镇化并不是由城镇人口生育率的增长带来的（Brockerhoff，2000）。事实上，中国城镇人口的生育率多年以来一直低于更替水平。中国的城镇化更多地源自数量庞大的流动人口（Liang et al.，2008）。与此紧密相关的一个群体就是这些流动人口的子女，包括流动儿童和留守儿童。

父母迁移对子女的影响一直是人口迁移研究领域的一个热点话题。国际移民研究大都集中在探讨并改善这些子女在教育、健康、社会与认知发展以及经济流动等方面的结果上（Tienda and Haskins，2011）。这些研究

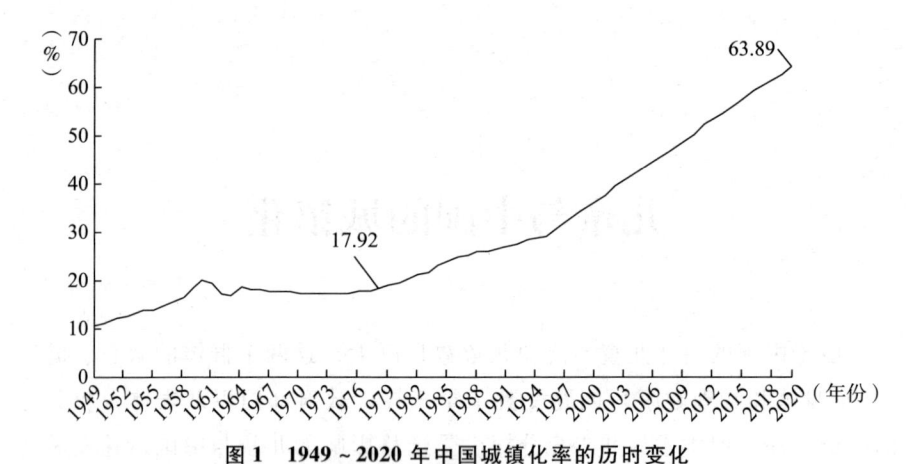

图 1 1949~2020 年中国城镇化率的历时变化

资料来源：国家统计局官网（http://www.stats.gov.cn/tjsj/）。

的一个共识是，与留守儿童相比，流动儿童在教育、健康等方面都有着更好的表现（Brockerhoff，1990，1994，2000）。相对来讲，鲜有研究深入探讨子女随迁如何反过来推动中国的城镇化。

根据《国家新型城镇化规划（2014—2020 年）》，各级政府应将流动人口随迁子女义务教育纳入其教育发展规划和财政保障范畴，采取各种措施保障随迁子女平等享有受教育权利。[①] 可以看到，这一规划在很大程度上肯定了子女随迁对促进中国城镇化的积极作用。

二　儿童随迁

（一）子女随迁与流动人口的社会融合

研究通常将流动儿童与留守儿童分开来探讨，但流动与留守的区分并非固定不变：当父母把曾经留守在家的子女带在身边，他们也就成为流动儿童。因此，有必要考察究竟是何种因素在这些转变中发挥重要作用。有一种研究进路就将这种转变看成是流动人口在流入地不断调适的过程或阶段（Piore，1979）。在这一过程中，第一阶段是"漂泊阶段"，移民（主要是男性）开始迁移到一个地方。在这一阶段，移民不得不经常变换工作，

[①]《国家新型城镇化规划（2014—2020 年）》，http://www.gov.cn/zhengce/2014-03/16/content_2640075.htm。

收入也相对较少,但他们仍把大部分收入寄回老家。在身份认同上,他们倾向于把自己看成是身处异乡的他者或过客。

第二阶段是所谓的"过渡阶段"。当在流入地的工作稳定下来,收入逐步提高时,移民就会开始安顿更多的家人,因而有了配偶及子女的随迁。第三阶段是"定居阶段",移民不再视自己为他者,流入地成了新的"故乡"(Massey,1987:671)。基于这一理论框架,本文系统考察如下三组影响子女随迁的因素:子女特征、家庭因素以及流入地特征。

(二) 子女随迁

1. 儿童随迁的基本情况

儿童特征,尤其是年龄和性别,会影响父母对其随迁的决策。比如年龄,年纪较小的孩子通常需要父母提供更多的照料,因而更可能被父母带到流入地(陶然等,2011)。加上教育制度的影响,子女随迁的可能性也会随着儿童年龄的增长而降低,尤其是在初中后期。截至2012年,绝大部分城市都不接受流动儿童参加本地高考。这样一来,一些期望念高中或上大学的流动儿童就不得不迁回老家。

表1按儿童年龄及户口(父亲的户口)展示了子女随迁的情况。可以看到,与城市户口的儿童相比,农村户口的儿童更不可能随父母流动到城市。另外,不论是城市户口还是农村户口,儿童随着年龄的增长,其随迁的可能性都会逐渐降低。

表1 按年龄和户口划分的流动儿童比例

年龄(岁)	农村户口 流动儿童比例(%)	农村户口 儿童总数(人)	城市户口 流动儿童比例(%)	城市户口 儿童总数(人)
0	84.72	6146	87.60	1371
1	76.54	7100	80.54	1295
2	72.44	7407	77.52	1112
3	70.87	7543	76.82	1143
4	71.87	7412	78.33	983
5	71.53	7204	75.73	886
6	73.50	6921	75.19	802
7	70.74	6811	77.11	817

续表

年龄（岁）	农村户口 流动儿童比例（%）	农村户口 儿童总数（人）	城市户口 流动儿童比例（%）	城市户口 儿童总数（人）
8	70.29	6056	71.28	679
9	71.30	5853	72.73	660
10	69.52	5603	74.43	704
11	68.11	5837	69.39	735
12	64.66	5569	68.23	705
13	61.05	10431	63.10	1168
14	58.91	5210	62.63	586
15	57.66	4969	61.88	522
0~15	70.27	100862	75.08	13582

注：在流入地出生的儿童未纳入分析。
资料来源：2012年中国流动人口动态监测调查。

另外，性别也是一个重要因素：在广大农村，性别不平等的现象仍非常普遍（Matthews and Nee，2000）。鉴于流入地城市有着远比乡下更为丰富优质的教育机会，流动人口通常愿意将儿子而非女儿带入城市接受更好的教育。我们的实证分析结果（Liang et al.，2017）也印证了这一点：对于农村儿童来说，男孩随迁的可能性要高于女孩，而且这一差距在学龄阶段儿童中表现得更为明显；这种男性偏好的现象在拥有城市户口的流动人口中并不存在。

2. 家庭因素与子女随迁

在流入地安置子女通常需要在住宿、日常生活开支以及教育上投入更多的资源。因此，父母更多的经济资源（表现在收入以及住房条件上）会增加子女随迁的可能性。我们的分析（Liang et al.，2017）发现，对于农村户口的学龄儿童而言，家庭在流入地的月均收入越高，他们被父母带在身边的可能性越大；而不论儿童年龄或户口，家庭在流入地住房条件的改善（拥有正式租房甚至自有房屋）也能增加儿童随迁的可能性。如果配偶或父母也一同在流入地，流动人口就更有可能将子女带到流入地。另外，当父母对流入地的情况更加熟络（比如待的时间足够长，或者结识了一些本地人）时，其子女被带到流入地的可能性也会增加。

3. 流入地因素与子女随迁

此外，流入地的特征也会影响子女随迁的计划。首先，房价是影响父母决定的重要因素。近几十年来城市房价的飞涨对于很多低收入的流动人口而言无疑是一个巨大的负担。用区县一级的房价来衡量流动人口在城市所面临的住房压力，我们发现（Liang et al., 2017），对农村户口的流动人口而言，高昂的房价会导致他们把子女带在身边的希望破灭；城市户口的流动人口可能因为较好的家庭经济条件而对此不是十分敏感。

其次，流入地的就学情况也是父母重点考虑的因素。我们可以用缴纳赞助费的比例来间接测量流动儿童在流入地入学的难度。表2具体展示了各省（区、市）赞助费缴纳比例的情况。可以看到，即使像北京这种常规的人口流入地，仍有相当比例的流动人口得为子女入学缴纳赞助费。对于农村户口的学龄儿童而言，这一比例越高，他们随迁的可能性越会显著降低，而城市户口的学龄儿童则基本不受影响。

表2 流动人口学龄阶段子女缴纳赞助费的比例的省份之间的差异

单位：%

省（区、市）	赞助费缴纳比例	省（区、市）	赞助费缴纳比例	省（区、市）	赞助费缴纳比例
北京	29.81	安徽	27.71	四川	16.33
天津	26.42	福建	4.56	贵州	4.85
河北	20.40	江西	40.78	云南	6.21
山西	12.33	山东	21.17	西藏	14.53
内蒙古	10.56	河南	21.28	陕西	21.40
辽宁	9.28	湖北	15.97	甘肃	17.22
吉林	8.23	湖南	18.14	青海	5.48
黑龙江	2.94	广东	21.13	宁夏	4.00
上海	8.13	广西	6.08	新疆	3.36
江苏	36.54	海南	27.78		
浙江	13.42	重庆	37.36		

注：在流入地出生的儿童未纳入分析。
资料来源：2012年中国流动人口动态监测调查。

三 儿童对父母长期居住及户口迁移意愿的影响

(一) 从长期居住到户口迁移

由于户籍制度的影响，城镇化在中国的语境下至少有两重含义：一是在城市长期居住，二是将户口迁到城市。由表3可以看到，长期居住与户口迁移是两个紧密相联但又不完全等同的策略选择。虽然有户口迁移意愿的流动人口通常会更愿意在流入地长期居住，但在一些情况下，流动人口可能只打算在城市停留一段时间，并没有计划获取当地户口。

表3 长期居住意愿与户籍迁移意愿之间的列联表分析

		户口迁移意愿	
		否	是
长期居住意愿	否	17460 (66.77%)	4074 (13.32%)
	是	8689 (33.23%)	26512 (86.68%)
总计		26149 (100%)	30586 (100%)

注：括号内为占比。
资料来源：2012年中国流动人口动态监测调查。

已有文献通常只关注流动父母的一些背景特征、城市住房市场的约束以及户口迁移的制度壁垒。本文在此基础上引入了流动子女的视角。其必要性在于，父母外出流动的一个重要目的是让他们的子女接受更好的教育以便在未来找到更好的工作，而教育资源和就业机会主要集中在城市而非农村。因此，将子女带入城市深刻地影响流动父母的定居策略。

(二) 子女因素与城市居留意愿

1. 儿童特征

从表4、表5可以看到，有子女随迁在有长期居住意愿的流动人口（以下简称"居住者"）或户口迁移意愿的流动人口（以下简称"迁移者"）中的比例要明显高于其在没有这些意愿的流动人口（以下分别简称"非居住者"和"非迁移者"）当中的比例。这在一定程度上表明，流动人口在考虑其家庭在流入地的长期规划时，子女是一个非常重要的因素。具体而言，子女因素对流动人口城市居留意愿的影响至少体现在以下三个方面。

表4 按长期居住意愿划分的描述性统计

单位：%

变量	总体	非居住者	居住者
子女特征			
有子女随迁	47.52	34.36	55.57
有未成年子女随迁	41.42	30.02	48.39
有6~12岁子女随迁	17.75	11.92	21.32
有13~15岁子女随迁	5.40	3.45	6.59
有0~5岁子女随迁	21.37	16.19	24.55
有子女入读本地公立学校	25.30	19.13	29.07
样本量	56735	21534	35201

资料来源：2012年中国流动人口动态监测调查。

表5 按户口迁移意愿划分的描述性统计

单位：%

变量	总体	非迁移者	迁移者
子女特征			
有子女随迁	47.52	40.32	53.67
有未成年子女随迁	41.42	35.16	46.76
有6~12岁子女随迁	17.75	14.46	20.56
有13~15岁子女随迁	5.40	4.36	6.29
有0~5岁子女随迁	21.37	18.43	23.90
有子女入读本地公立学校	25.30	22.30	27.86
样本量	56735	26149	30586

资料来源：2012年中国流动人口动态监测调查。

首先，有子女同在流入地的流动人口通常在当地有更深厚的基础，进而影响他们的居留选择。子女的存在使流动人口通过社区、学校等正式或非正式机构拓展他们在本地的社会关系。换言之，流动子女为其父母间接创造了更多融入当地社区的机会。美国的研究也证实了这一点，由于语言上的优势，子女在移民父母与学校之间充当了有效的中间人角色（Portes and Rumbaut，2014）。

其次，在城市接受教育使流动儿童发展出更强的城市认同，因此也更加适应城市的劳动力市场。事实上，在本研究的调查样本中，大约25%的流动儿童甚至就出生在其父母所在的流入地。他们对其父母所来自的故土知之甚少，难以形成对农村老家的身份认同。这些孩子的未来只能在城市才能实现，其父母因此只能选择将根扎在城市。Dustmann（2013）对德国移民的研究也发现了类似的逻辑，当子女在德国的职业前景优势明显时，移民父母一般更倾向于留在德国而非回迁。

最后，流动儿童就读于城市公立学校也会间接影响父母在流入地的居留计划。在很长一段时间内，流动人口要支付一笔额外的费用（赞助费或其他名目）以使其子女能够入读当地的公立学校。尽管中央政府早在2001年就明令禁止这种做法，但各地的执行情况存在明显差异。截至2012年，缴纳赞助费的情况仍然存在（Liang et al.，2017）。对流动人口来说，规避赞助费的一个有效方法就是将户口迁入当地。因此，一个合理的推测是，有子女就读于当地公立学校的流动父母会更倾向于将户口迁入流入地。表4及表5的结果也间接地印证了这一点：相比非居住者和非迁移者，有子女入读本地公立学校的比例在有长期居住意愿和户口迁移意愿的流动父母中更高。

2. 城市住房与教育资源

除了儿童及家庭因素外，流入地城市的特征，尤其是与儿童相关的公共资源配给（比如住房市场及教育资源），也会影响流动人口在当地的长期规划。表6对比了不同群体在城市住房市场和教育资源方面的特征。相比非迁移者和非居住者，虽然迁移者和居住者都选择了居住代价更高（更高的房租收入比和房价收入比）的城市，但他们同时选择了教育资源更加丰富（比如更多的学校）的城市。进一步的分析发现（Liang and Li，2018），流动人口对城市房价尤为敏感：房价收入比越高，他们在当地长期居住以及将户口迁入的意愿就会越低。尽管户口迁移意愿受到的影响相比长期居住意愿更加明显，儿童随迁却会使流动人口更愿意承受房价压力而将户口迁入当地。另外，城市教育资源越丰富，不论是学校数量越多还是师生比越大，流动人口在当地长期居住及户口迁入的意愿都会越高，同样，户口迁移意愿受到的影响相对更大。

表6 城市住房市场和教育资源的描述性统计（分长期居住意愿及户口迁移意愿）

变量	居住者 均值	居住者 (标准差)	非居住者 均值	非居住者 (标准差)	迁移者 均值	迁移者 (标准差)	非迁移者 均值	非迁移者 (标准差)
平均房租（百元）	7.97	(3.195)	6.72	(2.933)	8.37	(3.207)	6.47	(2.766)
房租收入比	0.13	(0.034)	0.12	(0.038)	0.13	(0.032)	0.12	(0.038)
样本量	35201		21534		30586		26149	
房价（千元/米²）	11.76	(4.748)	10.34	(5.384)	12.32	(4.525)	9.47	(5.292)
房价收入比	1.74	(0.493)	1.69	(0.642)	1.80	(0.468)	1.60	(0.643)
样本量	22175		10119		20902		11392	
小学数量（所）	486.75	(347.415)	349.17	(331.237)	519.90	(334.824)	330.67	(335.119)
小学师生比	0.06	(0.010)	0.06	(0.011)	0.06	(0.009)	0.06	(0.011)
中学数量（所）	355.68	(275.818)	217.41	(221.505)	392.02	(274.271)	195.06	(207.621)
中学师生比	0.08	(0.020)	0.08	(0.025)	0.09	(0.019)	0.08	(0.026)
样本量	30687		18125		27082		21730	

注：平均房租由调查样本中按月缴纳房租的人口计算而得，房租收入比等于平均房租除以当地月均收入（流动人口家庭在当地的月均收入），房价收入比等于当地住宅平均房价除以当地月均收入，（中、小学）师生比等于当地教师数量除以学生数量。

资料来源：2012年全国流动人口动态监测调查，《中国城市统计年鉴—2012》（国家统计局城市社会经济调查司，2013），《中国房地产统计年鉴—2012》（国家统计局，中国指数研究院，2012）。

四 总结与讨论

人口流动与城镇化推动了近几十年来中国经济的高速发展，从而深刻地改变了中国。在可预见的未来，城镇化仍将继续推动中国经济的繁荣，因为城镇化有利于将中国以出口为主导的经济转型成更多地由内部消费所驱动的经济。中国已经完成《国家新型城镇化规划（2014—2020年）》设定的目标，即在2020年将城镇化率提高至60%，下一阶段则需要采取措施巩固已有的成果以实现上述的经济转型，比如放开放宽流动人口在流入地的落户限制，以使其充分享受城市居民应有的权利。

我们的分析表明，中国新型城镇化是否能可持续在很大程度上取决于地方政府是否真正将流动人口的子女纳入其政策考虑的范围：子女的需求在城市得不到有效满足，流动人口就只能"用脚投票"。

参考文献

国家统计局城市社会经济调查司编，2013，《中国城市统计年鉴—2012》，中国统计出版社。

国家统计局、中国指数研究院编，2012，《中国房地产统计年鉴—2012》，中国统计出版社。

雷万鹏、汪传艳，2012，《农民工随迁子女"入学门槛"的合理性研究》，《教育发展研究》第24期。

陶然、孔德华、曹广忠，2011，《流动还是留守：中国农村流动人口子女就学地选择与影响因素考察》，《中国农村经济》第6期。

Brockerhoff, Martin. 2000. "An Urbanizing World." *Population Bulletin* 55 (3): 3–4.

Brockerhoff, Martin. 1990. "Rural to Urban Migration and Child Survival in Senegal." *Demography* 27 (4): 601–615.

Brockerhoff, Martin. 1994. "The Impact of Rural-Urban Migration on Child Survival." *Health Transition Review* 4: 127–149.

Dustmann, Christian. 2013. "Children and Return Migration." *Journal of Population Economics* 16: 815–830.

Liang, Z. and Li, Y. 2018. "Urbanization and Children in China." Paper presented at the annual Meeting for Population Association of America, Denver, Colorado, April: 26–28.

Liang, Z., Luong, H. V., and Chen, Y. P. 2008. "Urbanization in China in the 1990s: Patterns and Regional Variations." In *Urban China in Transition*, edited by John R. Logan, pp. 205 – 225. Blackwell.

Liang, Z., Yue, Z., and Li, Y. 2017. "Going to the City or Staying behind: Migration Decision of Children in China." Paper presented at the annual Meeting for Population Association of America, Chicago, Illinois, April: 27 – 29.

Massey, Douglas S. 1987. "The Settlement Process among Mexican Migrants in the United States." *American Sociological Review* 51: 670 – 684.

Matthews, Rebecca and Victor Nee. 2000. "Gender Inequality and Economic Growth in Rural China." *Social Science Research* 29 (4): 606 – 632.

Piore, Michael. 1979. *Birds of Passage: Migration and Labor in Industrial Societies*. New York: Cambridge University Press.

Portes, Alejandro and Ruben G. Rumbaut. 2014. *Immigrant America: A Portrait*. Berkeley: University of California Press.

Resosudarmo, Budy P. and Daniel Suryadarma. 2014. "The Impact of Childhood Migration on Educational Attainment: Evidence from Rural-Urban Migrants in Indonesia." *Asian Population Studies* 10: 319 – 333.

Tienda, Marta and Haskins, Ron. 2011. "Immigrant Children: Introducing the Issue." *The Future of Children* 21: 3 – 18.

中国两代流动人口子女随迁决策的比较研究[*]

一　引言

　　儿童是一个国家的未来，而童年时代的经历对人的一生有着重要的影响，因此留守儿童问题应得到持续关注和及时、妥善的解决。解决留守儿童问题的一个有效办法是促进儿童随迁。首先，父母在一个人的成长过程中起到不可替代的作用：与父母生活在一起的孩子可以得到最好的照料和教养，有利于孩子形成健全的人格和成功社会化。其次，随迁的儿童与父母生活在一起有利于促进家庭成员之间亲密关系的建立，有利于社会和谐、稳定地发展。最后，以往关于我国人口迁移流动的研究已多次证实我国人口迁移呈现明显的家庭化模式，促进留守儿童随迁已成为顺应我国社会发展的必要措施（段成荣等，2013）。众所周知，城市教育资源和卫生健康资源均优于农村，因此无论是为解决现实问题或是顺应社会发展，我们都应将促进留守儿童随迁作为目前以及未来一段时间内重点研究的议题。

　　目前，新生代流动人口（生于1980年以后）已成为我国流动人口最主要的构成部分。我国相关流动人口代际差异的诸多研究表明：新生代流动人口与老一代流动人口存在诸多不同。例如：新生代在受教育水平、就业期望、留城意愿、对子女的教育期望等方面较老一代有所提高（段成荣、马学阳，2011）。同时，影响新生代流动人口生活满意度的因素与影响老一代流动人口生活满意度的因素有显著的不同（俞林伟、朱宇，2017）。悦中山等（2009）的研究认为，新生代流动人口外出打工

---

[*] 本文最初发表于《人口学刊》2019年第3期；收入本书时有修改。

的动因已经实现了从生存理性到经济理性和社会理性的跃迁。新生代流动人口外出的目的已经从单纯的赚钱走向多元化。该研究认为寻求生存是老一代流动人口的生活逻辑，而寻求发展是新生代流动人口的生活逻辑。

　　显而易见，我国两代流动人口在个体禀赋、价值诉求和职业发展等方面确实存在诸多不同。基于以上事实：我国家庭化迁移已由"夫妻共同流动"向"核心家庭化"过渡；新生代流动人口已成为我国流动人口的主力军；新生代与老一代流动人口在各方面均存在诸多不同。一个有待考察的问题是：作为我国流动人口主力军的新生代流动人口与老一代流动人口在子女随迁决策问题上是否存在代际差异，这种差异体现在哪些方面，以及具体的差异机制如何。以往研究注重将流动人口看作一个整体来对其子女随迁决策影响因素进行研究，但既然我国流动人口群体内部已有明显的代群分化现象，且新生代流动人口已成为主力军且呈现稳步增长趋势，那么从代际视角分析两代流动人口关于子女随迁决策的过程，将是很有必要性的工作。本文依据2013年中国流动人口动态监测调查数据，将对象聚焦新生代流动人口与老一代流动人口两个子群体，分析其子女随迁决策的差别。

二　文献综述和研究框架

（一）文献综述

1. 代际视角的相关理论和实证研究

　　国内学术界对于新生代流动人口的界定主要是指1980年以后出生的流动人口，"新生代"的概念最早由学者王春光（2001）提出，此后关于新生代与老一代的研究也基本以此为界定标准。

　　关于"代际差异"概念，从该理论方面来看，20世纪50年代德国社会学家卡尔·曼海姆提出了代际差异理论，该理论是指因出生年代与成长背景不同而导致的各代群在价值观、偏好、态度与行为等方面呈现出的具有差异性的群体特征。根据曼海姆的理论，重大社会历史性事件对处于不同年龄阶段群体的影响是有差异的，这种差异是产生代际差异的基础（陈玉明、崔勋，2014）。美国社会人口学家Norman Ryder认为："每一个队列从其独特的发展过程中获得一致性和连贯性，从而形成其期群特有的宏观特征。连续的期群之间由于正规教育内容的变化、同伴群体的社会化以及特殊的历史经验而产生不同。"（Ryder，1965）基于以上理论，本文认为我国代际差异产生的原因有以下几点。

首先，我国自1978年实施改革开放以来，计划经济向社会主义市场经济转型，封闭的传统社会向开放的现代化社会转型，现代化建设以及随之而来的工业化、城镇化、全球化和互联网对我国传统文化产生持续、深刻的影响。改革开放这一重大社会历史性事件为我国新生代流动人口提供了一个前所未有的经济、政治、文化等宏观方面的背景，进而导致两代流动人口在成长环境和接受教育等诸多方面存在差异。正是由于这诸多差异，两代人在社会认同感、生活期望值及未来期望方面有显著的不同，从而使新生代流动人口成为亟须市民化且易于市民化的群体（刘传江、程建林，2007）。

其次，20世纪70年代以来，我国全面推行计划生育政策。随着计划生育政策的深入实施和人民生活质量的不断提高，计划生育政策深刻地影响了人们的生育观，我国人口生育观念和生育水平已经发生了根本性的变化。有研究表明，20世纪80年代出生的育龄妇女少生、晚生、优生的意愿趋势明显，以孩子为中心的观念也在弱化，性别选择更趋向无偏好化（李建新、骆为祥，2009）。相较于老一代流动人口，出生于1980年后的新生代流动人口显然更加注重养育子女的质量而非数量。

最后，大量实证研究结果证明了我国流动人口代际分化现象已成事实。王东和秦伟（2000）认为，20世纪90年代后期以来，中国流动人口已不再是一个高度同质的群体，而是开始分化为两代不同的群体——第一代流动人口和新生代流动人口。其他有关我国流动人口代际差异的研究也表明两代流动人口在个人特征和受教育程度（段成荣、马学阳，2011）、社会融合（何军，2011）、流动动因（悦中山等，2009）、生活满意度（俞林伟、朱宇，2017）等方面存在差异。

综上所述，改革开放和生育政策带来了我国社会经济、政策、文化以及生活方式等的变迁，在这些因素的多重效应下，两代流动人口之间不同的生育观和价值诉求很有可能直接或间接影响其子女随迁决策的过程。

2. 我国流动人口子女随迁决策影响因素研究

关于我国流动人口子女随迁决策影响因素的研究，根据其影响因素归属为流入地还是流出地可将其分为两大阵营：流入地相关因素的单一影响和流入地、流出地双重因素的影响。从以往研究来看，大多数学者更关注流入地相关因素的影响。

许召元等（2008）认为流动人口的文化程度、收入水平、工作稳定程度以及从事的行业类型等因素对其子女就学地的选择有显著影响。陶然等（2011）的研究除了考虑到流动人口自身特征外，还将影响流动人口子女就学地选择的家庭因素和城市因素也纳入研究框架。他们发现流动人口子女的性别和年龄、流动人口的工作类型、流动人口家庭非农收入占家庭总收入的比重和城市公办学校的教育政策对其子女就学地的选择有显著影响。与其他研究结论不同的是，该研究并未观测到流动人口的受教育程度和家庭人均收入对其子女就学地选择的显著影响。

其他强调流入地影响的研究，如许传新、张登国（2010）将经济资本、文化资本、社会资本和社会融合的视角纳入研究框架，认为流动人口自身的经济资本、文化资本、社会资本以及在城市的适应状况对子女的教育选择有显著性影响。杨舸等（2011）从家庭结构、家庭社会经济地位和流入地的教育政策等出发进行研究，发现母亲是否外出、父母外出时间、儿童就学难易程度、住房条件和生活成本是影响流动人口子女是否随迁的最主要因素。

另外一些研究则认为流动人口子女是否随迁受到流入地、流出地相关因素的双重影响。从流动人口子女在流出地和流入地的两种生存状况着手进行研究，梁宏、任焰（2010）认为日常生活中的家庭结构及其父母的居住模式是流动儿童和留守儿童各种问题的根源，其研究发现流动人口子女是否流动在很大程度上受制于自己的年龄、农村的社会支持、迁移距离和父母在城市的生存状态，同时他们的流动与否不仅是其父母理性选择的结果，还与国家、地方、生产等方面的制度有关。吕利丹等（2013）以重庆市为例，从流动人口家庭化视角出发研究子女随迁的阻碍因素，发现影响流动人口子女随迁的因素在儿童特征、父母特征及家乡的居住条件等多个层次上同时存在，而且父母特征是决定子女是否随迁的最主要因素。

一项有关我国流动人口子女随迁决策影响因素的研究通过分组的方法将不同户口性质的留守儿童进行区分，将留守儿童划分为农村留守儿童和城市留守儿童，并建立了一个随迁决策的研究框架，比较农村儿童和城市儿童随迁决策的差异。研究发现，农村儿童学龄阶段的性别偏好持续存在，即所谓的"重男轻女"——相比于女孩，男孩更容易发生随迁。城市上涨的房价和受教育机会的较难获得成为农村儿童随迁的重要障碍。流动儿童进入流入地公立学校就学依然面临诸多挑战（Liang，2016）。

尽管学术界对于我国流动人口子女随迁决策研究积累了较多的前期结果，但我们认为我国流动人口群体内部的代际分化现象对其子女随迁决策过程的影响并没有得到应有的关注。

（二）研究框架：流动人口子女随迁决策影响因素

总结上述相关文献可知，既有文献关于流动人口子女是否随迁的影响因素主要集中在儿童自身特征、父母自身特征、流出地因素和流入地因素四个方面。

人口流动迁移的"推拉理论"认为："人口流动存在两种动因，一是居住地存在推动人口流动迁移的力量，二是迁入地存在吸引人口迁移的力量，这两种力量的共同或者单方面作用导致了人口迁移。"艾佛雷特·李（Lee，1966）通过提出中间障碍的概念对推拉理论进行了补充。他认为，人口迁移包括三个方面的因素，分别是目的地、原住地和二者之间的一系列中间障碍，并将中间障碍归纳为四类因素：与迁移者原住地有关的因素；与目的地有关的因素；介于原住地与目的地之间的障碍因素；迁移者个人因素。每种因素都有正向、负向、中性三种效应，那些能够促进迁移的称为正向因素，对迁移不利的则为负向因素，能够吸引和排斥人们居住在某一地区的平衡力量为中性因素（佟新，2010）。

结合上述理论和已有成果，本文着重将流入地拉力因素对流动人口子女随迁决策的影响纳入研究框架和模型中。具体为以下几个方面：子女自身特征、父母个人因素、迁移因素（时间和空间两个维度：流动距离、流动时间、流入地区等）、家庭因素（家庭子女数、家庭结构和家庭在流入地的社会经济因素等）以及最重要的代际因素。

上述随迁影响因素有五个方面，但因"迁移因素"和"代际因素"实质上是作为父母的流动人口自身情况，而"代际因素"为本文重点研究对象，所以将"迁移因素"归于"父母个人因素"中进行解释，而对"代际因素"将重点解释。具体解释如下。

首先，子女自身特征。流动人口在考虑是否带孩子随迁时会受到儿童自身性别的影响。以往研究表明流动人口在子女随迁决策时有明显的男孩偏好，本研究将子女性别加入研究框架，检验两代流动人口在其子女随迁决策时是否存在"男孩偏好"。对于子女年龄，考虑到学龄阶段的孩子年龄越大其在流入地入学越困难，因此也将年龄加入模型进行分析，这样便于考察年龄对子女随迁概率的影响。

其次，父母个人因素。这包括父（母）所属代际类型（下文将详细讨论）、父（母）的受教育程度、城市居留时间、流动范围、流入地区（东部、中部、西部）、就业身份、工作强度、当地社会资本。本研究认为父（母）的受教育程度越高，其对子女的教育期望越高，也越注重亲子之间的互动，这样就越有可能安排子女随迁。同时，城市居留时间越长，对流入地的饮食、气候、地理、人文等方面的适应性就越强，也能够积累一定的社会资本，会更有利于子女随迁。此外，随迁的孩子需要成人的精心照顾，因此就业身份和工作强度也会影响流动人口是否安排子女随迁。受我国区域经济发展不平衡的影响，流动人口涌入经济发达地区，导致发达地区出现高物价和高房价现象，这些地区的教育资源紧缺，增加了流动人口子女入学的难度，因此将流入地区纳入模型进行控制。

再次，家庭因素。以往研究表明，家庭子女数是影响子女是否随迁的重要因素，因此本研究也将其作为控制变量纳入模型。而家庭在流入地的经济因素，如收入、是否夫妻共同流动等也是影响子女是否随迁的重要因素。要安排孩子随迁，就要为孩子提供基本的生活保障，如一定的物质基础、受教育机会和妥善的照料，因此，本研究将以上因素纳入思考框架内。

最后，关于代际因素的影响。如前文所述，改革开放这一重大社会历史性事件决定了新生代流动人口出生并成长于一个全新的社会宏观背景，这一系列政治、经济、文化等的调整导致新生代流动人口有着更高的受教育程度、谋求发展而非谋求生存的外出动因以及更强烈的城市定居意愿等。这说明新、老两代流动人口在自身能力、外出动因和价值诉求上存在差异。此外，计划生育政策的实施使得我国人口生育观念和生育水平已经发生了根本性的改变。研究表明，"80后"育龄妇女少生、优生、晚生的意愿趋势明显，以孩子为中心的观念弱化，性别选择也更趋向于无偏好化（李建新、骆为祥，2009）。这是两代流动人口在生育观念和生育水平上的差异。因此，更高的受教育程度和技能将促使新生代更有能力定居城市社会；谋求发展而非谋求生存的外出动因、更强烈的城市定居意愿以及较大的夫妻共同流动比重将促使他们更有可能定居城市；更少的子女数有利于其集中财力来安排子女随迁；男女平等的生育观念或将导致其在子女随迁选择问题上做出无性别偏好的决策。这些差异展示了新生代流动人口在安排子女随迁上较老一代的优势条件，而此优势条件也是新、老两代流动人口子女随迁决策差异的基础。

需要说明的是，本研究框架只考察3~12岁流动人口子女是否随迁。这是因为：首先，3~12岁的孩子处于幼儿园和小学受教育阶段，他们都面临在城市的受教育问题；其次，样本中新生代流动人口12岁以上的子女人数较少，为保证新、老两代流动人口样本量平衡（有相当数量和年龄的子女），故将12岁以上的儿童排除在样本范围外。

与现有研究相比，本文的贡献有以下两个方面。第一，现有研究大多使用区域性数据，数据代表性有一定的限制，而本文使用2013年中国流动人口动态监测调查的八城市数据，一个直辖市与其余七个城市所处省份分别为：上海市、福建省、湖北省、湖南省、江苏省、陕西省。此八城市遍布我国东、中、西三个地区，对于全国的情况有一定的代表性。第二，本文从代际视角考察我国两代流动人口子女随迁决策过程的异同，这为相关研究提供一个新的视角。

三　数据与方法

（一）数据和样本

本文的定量数据使用2013年中国流动人口动态监测调查数据，包括问卷A和问卷C两部分的所有数据。调查样本共16878个，3~12岁流动人口的子女为本文的研究对象。调查中，每个被抽中的流动人口都被要求回答其每个子女的基本信息，包括性别、出生年月、出生地、现居地以及受教育情况等信息。我们用这些题目找到子女样本，同时用"现居地"定义子女是否随迁。

此外，学术界关于新生代流动人口身份界定问题出现了一些新的观点。在借鉴前人已有成果的基础上，本文沿用之前广泛使用的新生代流动人口概念，即将新生代流动人口界定为1980年后出生的流动人口。

2013年中国流动人口动态监测调查数据共包含16878个样本，其中1980年后出生的流动人口为9343人，占总样本的55.4%。有子女的新生代流动人口为5252人，共回答子女数为6489人，其中3~12岁子女数为4302人，老一代流动人口3~12岁子女数为4079人。

（二）研究设计和变量处理

定量方法采用二元logistic回归，将上述框架内的影响因素纳入模型探讨流动人口3~12岁子女随迁决策的影响因素。将家庭中任一子女随迁看作"1"，有子女但没有子女随迁看作"0"，这样就得到了作为二分变量的因变量："子女是否随迁"。

自变量由研究框架中的五个方面的因素构成。其中代际因素为核心解释变量，其余为控制变量。在这五个方面的因素中，对"流入地区"按照我国经济发展水平划分为东部、中部和西部三个地区。"工作强度"变量为"周工作天数"与"每天平均工作小时数"相乘再除以5（以每周工作5天算）后再减去8（以每天工作8小时算），该值越大则表示工作强度越高。"当地社会资本"则是对原问卷中问题进行重新编码得到：若在"平时与谁来往比较多"这个问题上回答有"本地户口亲戚"、"本地户籍同事"、"政府管理服务人员"或"本地同学/朋友"四个选项中其中一项的得分为1，认为该样本有当地社会资本，否则视其无当地社会资本。除此之外，其余变量均是对原数据的简单编码和处理得到。

（三）变量的定义及其分布

表 1 变量的描述性统计

变量	老一代流动人口					新生代流动人口					变量类型
	样本量	均值/占比	标准差	最小值	最大值	样本量	均值/占比	标准差	最小值	最大值	
因变量											
子女是否随迁											二分变量
1=随迁	2728	66.88%				2595	60.32%				
0=留守	1351	33.12%				1707	39.68%				
自变量											
子女性别											二分变量
1=男	2333	57.20%				2393	55.63%				
2=女	1746	42.80%				1909	44.37%				
子女年龄											定序变量
3~6岁	1147	28.12%				2830	65.78%				
7~12岁	2932	71.88%				1472	34.22%				
本地月收入（元）	4056	6653.68	6205.27	1000.00	80000	4237	6556.86	5351.83	900	80000	定距变量

续表

变量	老一代流动人口					新生代流动人口					变量类型
	样本量	均值/占比	标准差	最小值	最大值	样本量	均值/占比	标准差	最小值	最大值	
本人受教育程度											定序变量
1＝未上学	59	1.45%				29	0.67%				
2＝小学及初中	3047	74.70%				2952	68.62%				
3＝高中及中专	751	18.41%				1035	24.06%				
4＝大专	160	3.92%				219	5.09%				
5＝本科及以上	62	1.52%				67	1.56%				
流入本地年限（年）	4079	5.74	4.81	0.00	38	4302	4.35	3.56	0	23	定距变量
是否夫妻共同流动											二分变量
1＝是	3716	92.58%				3983	93.52%				
0＝否	298	7.42%				276	6.48%				
当地社会资本											二分变量
1＝有当地社会资本	1559	38.22%				1624	37.75%				
0＝无当地社会资本	2520	61.78%				2678	62.25%				
工作强度	3768	12.51	3.31	1.40	25.2	3769	12.15	3.25	0.8	25.2	定距变量

注：此表格内仅展示了代际差异较明显的变量。

四 实证结果

为探讨新、老两代流动人口在子女随迁决策上是否存在差异以及具体在哪些方面有差异,本研究首先采用卡方检验和二分类逻辑回归等双变量方法描述研究框架内的各个因素与因变量的相关关系。其次使用二分类 logistic 回归模型检验 3~12 岁流动人口子女随迁决策过程中是否存在代际差异,并分别对新、老两代流动人口做分样本的 logistic 回归模型,以对比这两个群体在子女随迁决策上的具体差异。最后用代际变量与相关变量做交互模型,深入考察差异机制。

(一)双变量分析结果

从表 1 中可以看到,老一代流动人口 3~12 岁随迁子女比例为 66.88%。新生代流动人口 3~12 岁随迁子女比例为 60.32%,低于老一代流动人口子女随迁的比例。老一代流动人口平均本地月收入为 6653.68 元,略高于新生代流动人口平均本地月收入的 6556.86 元。在受教育程度上,两代流动人口受教育程度占比最高的都是"小学及初中",但新生代流动人口的较高学历组占比均大于老一代流动人口。此外,新生代流动人口夫妻共同流动的比例略高于老一代,而老一代流动人口的工作强度和有当地社会资本的比例均高于新生代流动人口。以上结果均为未控制其他因素影响的情况下所得,下面进行二分类 logistic 回归模型分析。

(二)流动人口子女随迁决策代际差异的回归结果

表 2 是流动人口子女随迁决策代际差异的 logistic 回归模型,分别对全样本流动人口、农村户口流动人口和城市户口流动人口的 3~12 岁子女随迁决策进行分析。从三个模型结果来看,"代际"变量在全样本、农村样本和城市样本三个模型中系数均为负向,且均显著。这就说明,总体来看,新生代流动人口比老一代流动人口安排其 3~12 岁子女随迁的可能性小。对此,可能存在以下解释。首先,新生代流动人口在城市扎根的程度不如老一代那么深。表 2 中"流入本地年限"在全样本、农村样本和城市样本 3~12 岁子女随迁决策模型中系数均为正向,且均显著,说明流

动人口在城市居留时间越久,其子女发生随迁的可能性就越大。再看新、老两代流动人口城市居留时间上的差异。从表1中的"流入本地年限"来看,老一代流动人口在流入地居留时间平均为5.74年,而新生代流动人口在流入地平均居留年数为4.35年,二者平均流入地居留时间相差1.39年。老一代流动人口在流入地居留时间最长可达38年,而新生代流动人口在流入地最长居留时间仅为23年,二者最长居留时间相差15年之久。显然,新生代流动人口在城市居留时间没有老一代流动人口长,他们在城市的适应、融合以及各方资源的积累自然不如老一代流动人口深入和丰富。

表2 流动人口子女随迁决策代际差异的 logistic 回归模型

解释变量	子女是否随迁		
	全样本	农村样本	城市样本
子女性别(参照组=女)	0.004 (0.055)	0.026 (0.057)	-0.200 (0.225)
子女年龄	-0.014 (0.011)	-0.011 (0.011)	-0.037 (0.053)
家庭子女数	-0.289*** (0.046)	-0.256*** (0.048)	-0.593** (0.226)
本地月收入	0.242*** (0.065)	0.142* (0.067)	1.352*** (0.275)
本人受教育程度(参照组=未上学)			
小学及初中	-0.462 (0.280)	-0.556 (0.288)	-1.422** (0.483)
高中及中专	-0.470 (0.287)	-0.615* (0.296)	-1.440** (0.452)
大专	0.119 (0.317)	-0.139 (0.342)	-1.027* (0.482)
本科及以上	0.923* (0.401)	0.188 (0.525)	
流动范围(参照组=市内跨县)			
跨省流动	-0.303* (0.121)	-0.325** (0.125)	0.031 (0.528)
省内跨市	-0.177 (0.120)	-0.230 (0.124)	0.603 (0.498)
流入本地年限	0.109*** (0.007)	0.106*** (0.008)	0.163*** (0.034)

续表

解释变量	子女是否随迁		
	全样本	农村样本	城市样本
流入地区（参照组=西部）			
东部	-0.419*** (0.091)	-0.406*** (0.094)	-0.682 (0.383)
中部	0.201* (0.100)	0.257* (0.104)	-0.298 (0.404)
就业身份（参照组=雇员）			
雇主	1.026*** (0.116)	1.065*** (0.120)	0.770 (0.514)
自营劳动者	0.892*** (0.071)	0.905*** (0.073)	0.552 (0.318)
家庭帮工	1.480*** (0.184)	1.485*** (0.186)	0.711 (1.166)
工作强度	-0.046*** (0.009)	-0.045*** (0.009)	-0.033 (0.040)
当地社会资本	0.177** (0.058)	0.177** (0.060)	0.109 (0.232)
是否夫妻共同流动	2.902*** (0.161)	2.973*** (0.181)	2.822*** (0.414)
代际	-0.362*** (0.063)	-0.299*** (0.066)	-0.970*** (0.287)
截距项	-3.389*** (0.633)	-2.592*** (0.656)	-11.396*** (2.480)
判定系数	0.1718	0.1648	0.2872
样本量	7394	6744	630

注：括号中为标准误；*** $p<0.001$，** $p<0.01$，* $p<0.05$。

其次，子女外出打工后，留守农村的父母不但无人赡养，同时还要肩负起抚养孙辈的重任。虽然子女外出打工会提高家庭的经济收入，但留守农村的老人在经济上往往入不敷出，这导致老人们在养老问题上承担着精神和物质上的双重压力（朱静辉，2010）。样本中新生代流动人口父母平均年龄为 54 岁，老一代流动人口父母的平均年龄为 64 岁，可以看出新生代流动人口的父母在抚养孙辈上有着明显的年龄优势。也就是说，新生代流动人口可以把子女留在老家由其父母代为抚养，而老一代流动人口的父母年龄较大，自身都面临严峻的健康和经济困难，更不可能为子女照顾孩子。

综上所述，新生代流动人口带子女随迁的可能性小于老一代流动人口是可理解的。图 1 显示的是两代流动人口流入本地年限与其子女随迁概率的关系，随着 X 轴上的"流入本地年限"的推移，新、老两代流动人口安排子女随迁的概率趋于相等。

同时，值得关注的是，随着我国流动人口群体代际更替，新生代流动人口终将会取代老一代流动人口而构成我国流动人口整个群体。但新生代流动人口安排子女随迁的比例相对较低将会导致更多的留守儿童。因此，除了考察新生代流动人口安排子女随迁的比例相对较低的深层次原因之外，更应该审视现存流动儿童教育政策和制度，为流动人口随迁子女提供更完善的城市受教育环境。

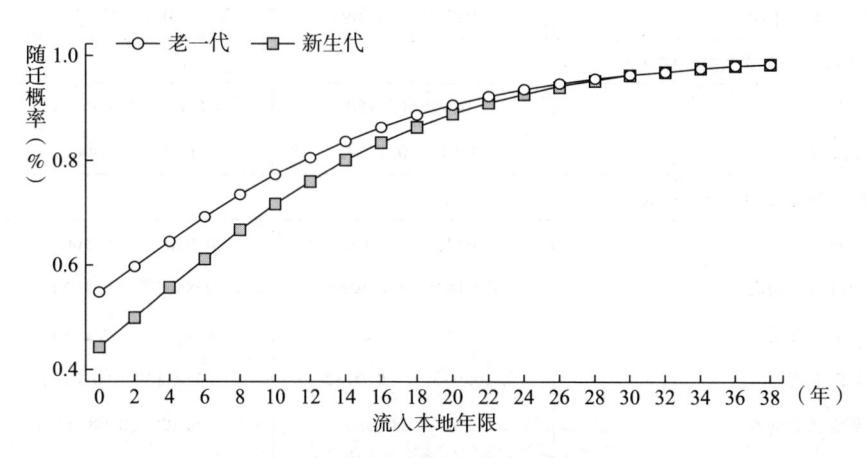

图 1　中国两代流动人口子女随迁概率对比

（三）分样本回归模型结果

从表 2 中可以看到新、老两代流动人口在其 3~12 岁子女随迁问题上确实存在差异，表 3 将展示两代流动人口在子女随迁决策上的具体差异。

表3 流动人口子女随迁决策的分样本 logistics 回归模型

解释变量	子女是否随迁	
	老一代流动人口	新生代流动人口
子女性别（参照组=女）	0.010 (0.081)	-0.008 (0.076)
子女年龄	-0.041** (0.015)	0.017 (0.017)
家庭子女数	-0.353*** (0.064)	-0.249*** (0.069)
本地月收入	0.082 (0.091)	0.418*** (0.095)
本人受教育程度（参照组=未上学）		
小学及初中	-0.891* (0.387)	0.233 (0.456)
高中及中专	-0.786* (0.401)	0.142 (0.462)
大专	0.071 (0.469)	0.614 (0.490)
本科及以上	0.727 (0.636)	1.469* (0.574)
流动范围（参照组=市内跨县）		
跨省流动	-0.115 (0.167)	-0.537**
省内跨市	0.065 (0.163)	-0.463**
流入本地年限	0.097*** (0.009)	0.122***
流入地区（参照组=西部）		
东部	-0.156 (0.130)	-0.673*** (0.129)
中部	0.192 (0.142)	0.251 (0.144)
就业身份（参照组=雇员）		
雇主	1.082*** (0.165)	0.910*** (0.166)
自营劳动者	0.914*** (0.099)	0.849*** (0.102)
家庭帮工	1.475*** (0.292)	1.397*** (0.238)
工作强度	-0.035** (0.013)	-0.058*** (0.013)
当地社会资本	0.255** (0.086)	0.109 (0.080)
是否夫妻共同流动	3.122*** (0.223)	2.659*** (0.236)
代际	-2.030* (0.882)	-5.345*** (0.936)
截距项	0.1856	0.1599
样本量	3690	3704

注：括号中为标准误；*** $p<0.001$，** $p<0.01$，* $p<0.05$。

表3中共有两个模型，分别为新生代流动人口、老一代流动人口3~12岁子女随迁决策影响因素。如表3所示，新、老两代流动人口3~12

岁子女随迁决策影响因素确实存在差异，主要表现在"子女年龄"、"本地月收入"、"流动范围"以及"当地社会资本"这四个变量上，解释如下。

第一，"子女年龄"对老一代流动人口子女是否随迁产生显著的负向影响，也就是在义务教育学龄阶段，随着儿童年龄的增加，老一代流动人口安排子女随迁的可能性越小。这一结果与以往的研究结论一致，即处于义务教育阶段的留守儿童，随着年龄的增长其就学需求也会相应增加，但流入地教育资源的紧缺和获取流入地教育机会成本的提高会导致其在流入地就学的困难不断变大，这就为其随迁设置了更大的阻碍，因而就越不可能发生随迁。然而，如模型结果所示，"子女年龄"在新生代流动人口模型中的系数为正（尽管统计上不显著）。这说明，对于新生代流动人口来说，随着其3~12岁子女年龄的增加，他们安排子女随迁的可能性将会不断增大。这是与老一代流动人口在子女随迁决策上所不同的一点。新生代流动人口比老一代流动人口有着更强的城市定居意愿，他们的迁移动机是谋求发展而并非老一代的谋求生存，因此随着孩子年龄的增大和自己在城市里逐渐扎根，他们会想办法给子女提供城市的教育机会和生活。后续模型将对"代际"和"子女年龄"进行交互分析。

第二，"本地月收入"在老一代流动人口3~12岁子女随迁模型中系数为正，但不显著。而在新生代流动人口3~12岁子女随迁模型中系数为正，且具有较高的显著性。这说明在利用流入地收入因素预测流动人口是否安排其子女随迁时应该考虑代际因素的调节作用，也就是说，流入地的收入因素对流动人口子女是否随迁的影响在代际是不同的。后续模型将对"代际"与"本地月收入"进行交互分析。

第三，"流动范围"为分类变量，以"市内跨县"为参照组，从模型结果中可以看出，"跨省流动"和"省内跨市"只在新生代流动人口子女随迁决策上产生了显著的负向影响，而在老一代流动人口子女随迁决策上的影响不显著。说明相比于市内跨县，省内跨市和跨省流动这两种流动类型均不利于新生代流动人口子女随迁，且从"跨省流动"和"省内跨市"的系数上来看（分别为 －0.537 和 －0.463），新生代流动人口流动距离越远，其3~12岁子女随迁的可能性越小。

第四，"当地社会资本"为虚拟变量，有当地社会资本取值为1，没有为 0。从模型结果来看，该因素对老一代流动人口子女是否随迁起着显著的正向作用，而对新生代流动人口子女是否随迁则没有显著影响。说明在流入地是否有社会资本是老一代流动人口安排子女随迁的一个影响因素，而其在新生代流动人口子女随迁问题上无显著影响。这一点可能是两代流动人口在城市融合上所存在的差异造成的。

本研究并未发现流动人口子女随迁过程中存在显著的性别偏好。也就是，新、老两代流动人口子女随迁决策的过程也许并不存在"男孩偏好"，或者说随着时间的推移，两代流动人口的性别观念都趋于平等化。这点与以往结论有所不同。其他变量，如"本人受教育程度"在新、老两代流动人口的模型中均表现出了显著性。但对新生代流动人口来说，其是在本人受教育程度达到本科及以上时才显示出显著的正向影响。"流入本地年限"在新、老两代流动人口子女随迁模型中均表现出显著的正向影响，说明流入时间越长，越有利于子女随迁的发生。而相比于流入西部地区，东部成为新、老两代流动人口子女随迁的最不"友好"地区（在老一代流动人口模型中统计上不显著），中部地区则与西部地区无显著性差异。"就业身份"在两代流动人口子女随迁问题上影响一致：参照于雇员来说，雇主、自营劳动者和家庭帮工均有利于新、老两代流动人口子女随迁的发生。说明工作时间弹性越大，越有利于其子女随迁。相反，若工作时间过长，经常加班，会导致其无暇顾及随迁的子女，不利于子女随迁。"是否夫妻共同流动"在两代流动人口中均产生显著的正向影响，说明夫妻共同流动会促进流动人口子女随迁的发生。这点是很容易理解的，因为要安排子女进城生活，首先要为孩子提供一定的物质基础，除此之外恰当的照料者则是最重要的因素。此外，夫妻共同流动的家庭在城市定居的可能性也更大，因此更易安排子女随迁。

（四）交互模型

从表 2、表 3 的模型结果可以看出，新生代流动人口与老一代流动人口关于其子女随迁的决策过程确实存在差异，具体表现在"子女年龄"、"本地月收入"以及"当地社会资本"等几个方面。为考察其具体的差异机制，本文做了以下两个交互模型：分别用"代际"与"本地月收入"和"子女年龄"做交互（见表 4）。

表 4　代际与本地月收入、子女年龄的交互分析

	交互模型 1（代际 × 本地月收入）系数	交互模型 2（代际 × 子女年龄）系数
代际（新生代 = 1）	-1.87*	-0.80***
代际 × 本地月收入	0.17	—
代际 × 子女年龄	—	0.06**
其他变量	已控制	已控制
样本量	7394	7394

注：*** $p < 0.001$，** $p < 0.01$，* $p < 0.05$；表中未汇报标准误和控制变量的回归结果。

表 4 是在控制其他变量的情况下，"代际"分别与"本地月收入"和"子女年龄"做交互后的结果。代际变量在两个模型中均有显著性，且系数均为负值，说明总体来看，新生代流动人口比老一代流动人口安排子女随迁的可能性小。这与表 2 的结果是一致的，此处不再赘述。

在交互模型 1（代际和本地月收入的交互模型）中，其交互项系数为 0.17（统计上不显著）。这就表明在控制其他变量的影响下，对于新生代流动人口而言，本地月收入对子女随迁的影响要比老一代流动人口高 17%（见图 2）。我们也用 3～15 岁的子女样本来检验了代际和本地月收入的交互项的作用，其他变量不变。结果显示交互项系数统计上显著。这说明本地月收入对子女是否随迁的代际影响差别在高年级孩子群体中更明显，在城里念初中的费用要比小学高很多。

同理，在交互模型 2 中，交互项系数为 0.06。说明在控制其他变量的影响下，子女年龄每增加 1 岁，对新生代流动人口而言，子女年龄对子女随迁的影响要比老一代流动人口高 6%（见图 3）。

对于这种收入效应的差异，一个可能的解释是：伴随着收入的增加，相比于老一代流动人口，新生代流动人口可以优先安排子女随迁。这有以下几点原因。首先，从家庭结构角度出发，改革开放以来尤其是 20 世纪 90 年代以来，我国家庭结构迅速核心化，核心家庭大量增加（贺雪峰，2008）。传统大家庭解体，核心家庭占据主导地位，从而不可避免地导致代际关系倾斜、代际关系重心下移现象出现，人们更加注重的是对自己子女的抚养和教育的投入（刘桂莉，2005）。其次，如前文所述，出生于 80 年代后的新生代人们，其父母的年龄尚未达到需要由子女照顾和赡养的阶段，他们在生活上可自理，因而新生代流动人口在客观上也可以优先考虑

对子代的抚养而非对上代的赡养义务。再次，计划生育政策深刻地影响、冲击着人们的生育观，人们已经习惯并享受优生优育所带来的生活"红利"，我国人口生育观念和生育水平已经发生了根本性的变化。有研究表明，80年代出生的育龄妇女少生、晚生、优生的意愿趋势明显，以孩子为中心的观念也在弱化，性别选择更趋向无偏好化（李建新、骆为祥，2009）。因此新生代流动人口比老一代流动人口家庭子女数少。更少的子女数意味着更低的城市生活、教育成本，子女随迁实现起来也更容易，可能性更大。最后，新生代流动人口的外出动因是寻求发展，他们有着更强的城市定居意愿，他们的未来是在城市生活，可以合理预期新生代流动人口将子女留在老家只是暂时的，当他们的经济收入达到一定水平时，他们会带自己的孩子进城生活，而不是让孩子留守在老家。

反观老一代流动人口，他们受自身局限性（如较低的受教育程度、寻求生存的外出动因和较少的价值诉求等）、父母需要赡养以及生育观念等的影响，当收入有所提高时，他们需要综合考虑各方开销并将家庭收入合理分配在赡养老人和抚养子女等事宜上。因而，当收入增加时，新生代流动人口可以"集中财力"来安排子女随迁，而老一代流动人口则需要将其家庭收入合理划分、妥善配置。

对于"代际"与"子女年龄"的交互效应，子女年龄的增加也就是新生代流动人口在流入地居留年数的增长。新生代流动人口在流入地定居时间越长，其在流入地就扎根越深，在流入地积累的经济和社会资本就更足，也更有能力为子女提供较好的生活。在强烈的定居意愿下，安排子女随迁是其实现城镇化重要的步骤。而老一代流动人口虽然也会因为在流入地工作时间的增加而积累一定的经济和社会资本，但因其家庭子女数较多，城市教育机会的难以获得，在是否安排子女随迁的问题上，他们比新生代流动人口要考虑的因素更多，面临的决策困境更大。

五　结论

实证结果显示：（1）与老一代流动人口相比，新生代流动人口安排其3~12岁子女随迁的概率要小，这可能是因为新生代流动人口在城市扎根未深，且其留守农村的父母比老一代流动人口的父母有更大的年龄优势；（2）新、老两代流动人口3~12岁子女随迁决策影响因素的差异主要表现

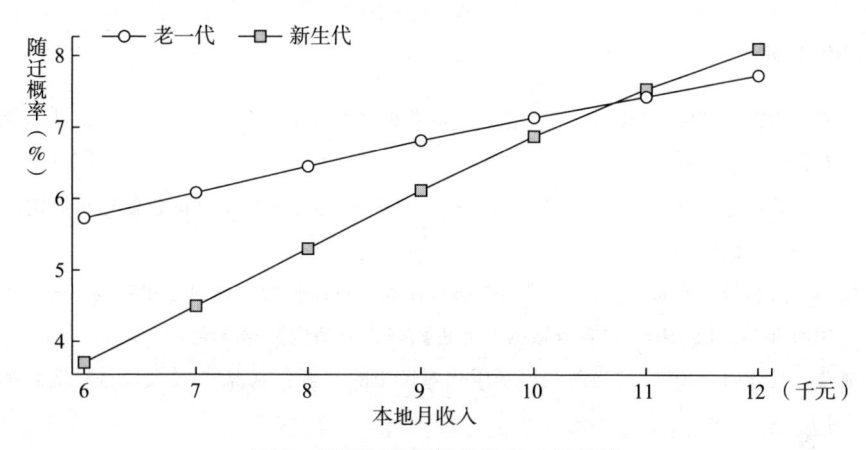

图 2　代际与本地月收入的交互结果

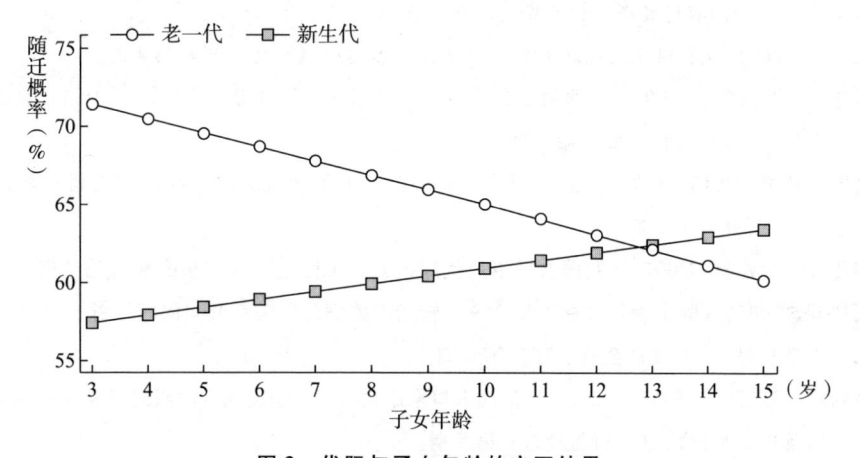

图 3　代际与子女年龄的交互结果

在"子女年龄"、"本地月收入"、"流动范围"以及"当地社会资本"这四个因素上。进一步的交互分析发现,在控制其他变量的影响下,对于新生代流动人口而言,本地月收入对子女随迁概率的影响要比老一代流动人口高17%。子女年龄每增加1岁,新生代流动人口子女随迁的概率比老一代流动人口子女随迁的概率高6%。

这种"收入效应"和"年龄效应"的差异很有可能是两代流动人口在家庭结构、生育观念、城市定居意愿和自我价值诉求等方面的差异所造成的。强烈的城市定居意愿导致新生代流动人口子女随迁概率随子女年龄增长而增大,而老一代流动人口在子女随迁问题上则面临更大的决策困境。

参考文献

陈玉明、崔勋，2014，《代际差异理论与代际价值观差异的研究评述》，《中国人力资源开发》第 13 期。

段成荣、靳永爱，2017，《二代流动人口——对新生代流动人口的新划分与新界定》，《人口与经济》第 2 期。

段成荣、吕利丹、邹湘江，2013，《当前我国流动人口面临的主要问题和对策——基于 2010 年第六次全国人口普查数据的分析》，《人口研究》第 2 期。

段成荣、马学阳，2011，《当前我国新生代农民工的"新"状况》，《人口与经济》第 4 期。

何军，2011，《代际差异视角下农民工城市融入的影响因素分析——基于分位数回归方法》，《中国农村经济》第 6 期。

贺雪峰，2008，《农村家庭代际关系的变动及其影响》，《江海学刊》第 4 期。

李建新、骆为祥，2009，《生育意愿的代际差异分析——以江苏省为例》，《中国农业大学学报》（社会科学版）第 3 期。

梁宏、任焰，2010，《流动，还是留守？——农民工子女流动与否的决定因素分析》，《人口研究》第 2 期。

刘传江、程建林，2007，《我国农民工的代际差异与市民化》，《经济纵横》第 7 期。

刘桂莉，2005，《眼泪为什么往下流？——转型期家庭代际关系倾斜问题探析》，《南昌大学学报》（人文社会科学版）第 6 期。

吕利丹、王宗萍、段成荣，2013，《流动人口家庭化过程中子女随迁的阻碍因素分析——以重庆市为例》，《人口与经济》第 5 期。

陶然、孔德华、曹广忠，2011，《流动还是留守：中国农村流动人口子女就学地选择与影响因素考察》，《中国农村经济》第 6 期。

佟新，2010，《人口社会学》（第四版），北京大学出版社。

王春光，2001，《新生代农村流动人口的社会认同与城乡融合的关系》，《社会学研究》第 3 期。

王东、秦伟，2000，《农民工代际差异研究——成都市在城农民工分层比较》，《人口研究》第 5 期。

许传新、张登国，2010，《流动还是留守：家长的选择及其影响因素》，《中国青年研究》第 10 期。

许召元、高颖、任婧玲，2008，《农民工子女就学地点选择的影响因素分析》，《中国农村观察》第 6 期。

杨舸、段成荣、王宗萍，2011，《流动还是留守：流动人口子女随迁的选择性及其影响因素分析》,《中国农业大学学报》(社会科学版) 第 3 期。
俞林伟、朱宇,2017,《社会融合视角下流动人口的生活满意度及其代际差异——基于 2014 年流动人口动态监测数据的分析》,《浙江社会科学》第 10 期。
悦中山、李树茁、费尔德曼、杜海峰,2009,《徘徊在"三岔路口":两代农民工发展意愿的比较研究》,《人口与经济》第 6 期。
朱静辉,2010,《家庭结构、代际关系与老年人赡养——以安徽薛村为个案的考察》,《西北人口》第 3 期。
Lee, Everett S. 1966. "A Theory of Migration." *Demography* 3 (1): 47 – 57.
Liang, Z. 2016. "China's Great Migration." *Annual Review of Sociology* 42: 451 – 471.
Ryder, N. B. 1965. "The Cohort as a Concept in the Study of Social Change." *American Sociological Review* 30: 843 – 861.

二代流动人口回流决策的影响因素分析[*]

一 引言

中国是流动人口大国。2016 年流动人口达到 2.45 亿，人户分离人口达到 2.92 亿（中华人民共和国国家统计局，2017）。近些年来，流动人口内部出现了很多新的值得关注的群体，比如二代流动人口。本文中的二代流动人口指的是，在父母的流入地出生，并随着父母在流入地生活的群体（段成荣、靳永爱，2017）。2016 年中国流动人口动态监测调查数据显示，0~17 岁二代流动人口占二代流动人口总数的 27% 左右。

中国的二代流动人口有其自身的特殊性。从历史来看，因为城乡二元户籍制度的限制，大部分二代流动人口无法在流入地落户，所以产生了无法正常在当地接受义务教育等一系列问题；加之异地高考制度的不完善，所以大部分二代流动人口为了能够继续接受教育而不得不选择回流。但是，对于出生于城市、生长于城市的他们来说，已经熟悉了城市场域并生成了相应的惯习，这意味着返回农村就需要再熟悉和学习农村社会的环境条件、行为模式等，这将给回流的孩子带来身心等方面的压力或问题。

孩子是国家的未来，二代流动人口所遭遇的困境不仅影响其自身发展，还会影响一代流动人口。习近平总书记在党的十九大上提到，中国特色社会主义进入新时代，不仅要平稳快速发展，还要促进公平，使全国各族人民共享改革成果。[①] 一代流动人口群体为中国社会的发展做出了巨大贡献，也做出了巨大牺牲，因此如何让他们子女的利益不再受损，且能更

---

[*] 本文最初发表于《人口研究》2019 年第 3 期；收入本书时有修改。
[①] 《习近平：决胜全面建成小康社会 夺取新时代中国特色社会主义伟大胜利——在中国共产党第十九次全国代表大会上的报告》，http://www.gov.cn/zhuanti/2017-10/27/content_5234876.htm，最后访问日期：2022 年 2 月 25 日。

好地共享改革和发展的成果，是实现平衡充分发展的题中之义。

从学术研究的视角来看，针对二代流动人口的系统研究和实证分析还很缺乏。目前，国内关于流动人口的研究集中于一代流动人口、新生代农民工等，较少涉及二代流动人口，特别是鲜有实证研究利用大规模调查数据对二代流动人口的回流问题进行系统探讨。国外虽有学者关注二代流动人口，但是大部分为定性研究，定量分析很少，其中缺少相关数据是限制学者对这一群体进行深入研究的主要原因（Miao et al., 2013）。

基于上述现实背景和研究状况，本文将利用大规模调查数据对二代流动人口及其回流状况展开实证探讨。本研究的核心是，利用 2016 年中国流动人口动态监测调查数据，以 0~17 岁的二代流动人口为分析对象，剖析影响回流决策的个体因素、家庭特征因素、迁移距离因素和地区因素，并使用逻辑回归（logit regression）实证模型估计和检验不同因素的具体效应。通过此研究，一方面可以展现出回流决策及其影响因素的概貌，希望能够对该领域研究的推进有所助益；另一方面可以为政府相关部门制定科学、合理的流动人口管理方案或政策等提供参考，为提高我国的城镇化质量、实现社会的充分平衡发展服务。

二 文献综述

（一）回流的影响因素

20 世纪 90 年代以来，由二代移民引起的暴乱、犯罪等社会问题引起了国外社会各界的广泛关注。因此，二代移民的融合、迁移等问题一直是学术界研究的热点。部分学者同样关注导致二代移民回流的原因，从已有的研究来看，导致二代移民回流的因素可以从微观、中观和宏观三个层面来划分。

微观层面既包括个人原因又包括家庭原因，研究显示经济影响、教育隔离、主流社会的压力、家庭因素以及儿童照料等问题是导致二代移民回流的重要原因（King and Christou, 2008）。King 和 Christou（2008）研究了回流希腊的二代移民，结果显示二代移民无法适应主流社会的经济压力，经济原因是导致他们回流的决定性因素。另外，二代移民在流入地受到的教育隔离是导致二代移民回流的重要原因（Werfhorst et al., 2018）。

除了经济和教育因素之外，来自主流社会的压力也会促使大量二代移民回流。Levitt 等（2003）调查了波士顿的二代移民，研究发现这些二代移民和其父母一样处于竞争压力非常大的环境中，为了逃避来自主流社会的压力，他们会短暂地回到家乡度假，放松的状态和轻松的氛围让他们认为家乡是世外桃源一般的存在，这种印象是导致二代移民回流的主要原因。King 和 Christou（2008）对回流希腊的二代移民的研究同样发现这些二代移民将回流作为一种逃避主流社会的方式。

除此之外，家庭的影响是较为关键的导致二代移民回流的因素（Wessendorf, 2009）。Sala 和 Baldassar（2017）访谈了澳大利亚的意大利二代移民，结果显示，对二代移民来说寻求独立自主、发展友谊和婚姻关系等原因都会影响其回流决策，其中最重要的是家庭因素的影响，包括二代移民在家庭中构建的惯习，让二代移民回到意大利更加自在，回流意大利有回归家（home）的感觉等，这些家庭因素促使二代移民做出回流决策。King 和 Christou（2008）的研究同样证明了二代移民回流主要是为了寻找归属感，家庭环境是影响其回流的主要原因。Foner（2002）研究了西印度群岛的二代移民回流现象，他发现越来越多的移民父母将学龄儿童送回原来的国家和亲戚或者祖父母一起居住，一方面是为了让孩子得到更好的照料，另一方面更重要的是为了保护孩子免受美国街角生活（street-life）的侵袭。周皓、梁在（2006）研究了全国人口普查数据中的返迁流动人口，认为家庭户的因素对于返迁决策具有很强的解释力。从以上研究可见，二代流动人口的个人特征、经济状况、家庭因素等微观因素对二代流动人口回流的影响至关重要。

部分研究流动人口子女随迁决策的文献研究了中观因素对迁移行为的影响，梁宏、任焰（2010）根据对珠三角农民工的调查数据，考察了影响农民工子女是否随迁的因素，研究发现农民工在迁入地的居住条件、迁移距离、农民工自身年龄是最为重要的影响因素，就迁移距离而言，省内迁移的农民工更倾向于携带子女流动，跨省迁移的农民工通常会将子女留在农村。张翼、周小刚（2012）利用国家卫计委组织的中国流动人口动态监测调查数据，考察了流动人口子女的就学情况，发现农业户口、跨省迁移流动人口子女的辍学率很高。这些对于随迁决策的研究同样有助于我们对回流决策的研究，从以上研究可知，迁移距离对流动人口的迁移行为影响重大，这一因素同样影响二代流动人口的回流决策。除此之外，大量研究调查了社会网络对流动人口迁移的影响（Curran and Saguy, 2001）。Massey（1999）提出流动人口在流入地的网络是影响流动人口迁移决策的重要因素。流动人口的网络能够在找工作、孩子教育等事件上提供信息，促进流动人口融入本地（Liang, 2016）。因此，拥有较为丰富的社会网络资源的二代流动人口比社会网络资源贫瘠的二代流动人口的回流率更低。

许多学者同样认为宏观因素会影响人口的迁移行为（Newbold and Liaw, 2010）。Brown 和 Goetz（1987）研究了发展中国家与发展相关的宏观因素对迁移人员的影响。同样，在加拿大和美国这样的发达国家中，与发展相关的宏观因素也会影响迁移人口的迁移行为。部分学者认为全球经济不景气导致的对中国商品需求的下降，是许多东部沿海地区劳动力返回老家的主要原因（Chan, 2010）。Miao 等（2013）根据中国 1995 年 1% 人口抽样调查和 2000 年人口普查数据发现，失业率高的地区流动人口返迁的概率显著增加。

（二）中国二代流动人口的独特性

国外的研究较多从二代移民的主动选择出发分析移民的回流问题（Miao et al., 2013），因为二代移民鲜有因为不能取得主流社会居民身份而被迫回流。我国因为城乡二元户籍制度的限制，出生在流入地的二代流动人口不能获得当地户籍。二元分割的户籍制度产生的种种不便导致二代流动人口回流（唐杰, 2011）。二代流动人口是不同于一代流动人口的群体，他们对自己有较高的教育期望，希望能够通过教育实现向上流动，但是因为我国异地高考制度地区实施存在差异，大部分二代流动人口必须回到老家参加高考，这也是造成二代流动人口回流的重要原因（韩嘉玲, 2007）。吴开俊（2017）对珠三角地区流动人口子女教育问题的研究指出，目前我国珠三角地区教育资源供求矛盾突出，某些流入地城市存在隐性的制度排斥，这些原因导致流动人口子女无法在流入地接受教育，增加了他们返迁的概率。由此可见，制度和政策因素是导致我国二代流动人口回流的重要原因。

目前，国内学界对二代流动人口的研究相对较少，相关研究更多集中于这一群体本身的特点及诉求，较少关注导致二代流动人口回流的因素。但是，对于二代流动人口群体的研究能够帮助我们更好地理解二代流动人口的回流行为。因此，对于这一部分文献的回顾也是十分有必要的。

二代流动人口回流之后与父母分离居住，这一群体的处境类似于留守儿童，所以部分研究留守儿童的文献对研究回流二代流动人口具有借鉴意义。Liang（2016）在对留守儿童的研究中提出，因为缺乏父母的监护和感情支持，留守儿童可能会产生学业上和情感上的问题。Chen（2013）研究了农村儿童的时间分配，发现留守儿童在做家务上花费了更多的时间。Wen 和 Lin（2012）使用了湖南省的留守儿童数据，发现父母迁移对留守儿童的健康和学习产生不利影响，但是这种不利影响并没有体现在生活满意度上。王宗萍、段成荣（2015）的研究发现离开父母回流老家，同样会对二代流动人口的学习和情感产生不利影响。许多二代流动人口在返回老家之后，不能适应老家的生活，产生学习成绩下降、孤独等问题，部分二代流动人口因此放弃继续接受教育，返回城市进入劳动力市场。调查显示二代流动人口的就业领域局限在低端劳动力市场，各种权益得不到保障（王宗萍、段成荣，2015）。

但是，二代流动人口在发展过程中也出现了许多不同于留守儿童和一代流动人口的特点和问题。张庆武等（2015）在对北京市的二代流动人口的调查中发现，二代流动人口是以城市为本、远离乡村的一代。他们多数对于自己的老家并没有多少了解和感情，回流对于他们来说才是真正意义上的迁移。二代流动人口更加看重教育，对自己的教育期望很高，对自己的职业生涯有很好的规划（韩嘉玲，2007）。但是我国东部地区公办学校的流动人口入学率显著低于中部、西部地区公办学校流动人口的入学率（Liang and Yue, 2015），这说明发达地区的二代流动人口难以接受高质量的基础教育，并且这一群体不得不面临学校教育的断层，为了准备高考，大部分二代流动人口不得不返回老家，不稳定的学习环境影响了二代流动人口的受教育权利和社会流动（韩嘉玲，2007）。回流的二代流动人口面临的处境比留守儿童更为艰难，虽然回到老家，但是这个老家对他们来说并不熟悉。回流的二代流动人口不仅要适应没父母陪伴的日子，还要熟悉对他们来说完全陌生的环境，这是对回流二代流动人口心理的双重挑战（杨东平，2017）。

整体而言，国外对于二代流动人口的回流研究大部分为定性研究，定量分析较少。国内对于二代流动人口的研究还较缺乏，对于二代流动人口回流的研究更少，并且同样缺少定量分析。目前，国内外还没有针对回流二代流动人口进行的大规模调查，缺少相关数据是限制国内外学界对这一群体进行研究的主要原因（Miao et al., 2013）。综观国内外研究可以发现，二代流动人口逐渐成为流动人口的主要群体，二代流动人口的教育问题、成长环境影响这一群体的社会流动和人生发展，二代流动人口回流可能会切断这一群体的上升渠道。从而影响这一群体的未来及其下一代的成长，影响社会和谐稳定发展。因此，对于二代流动人口回流的研究是十分有必要的。本文在全国范围内首次使用全国性数据对影响二代流动人口回流的因素进行定量分析，希望能够对该领域的研究有所推进。

三 研究假设

根据对已有文献的梳理，对于影响二代流动人口回流决策的相关研究假设可从微观、中观、宏观三个层面提出。其中，微观因素假设包括二代流动人口特征以及家庭特征相关假设；中观因素假设包括社会网络和迁移距离相关假设；宏观因素假设与流动人口的流入地相关。

（一）微观因素相关假设

1. 二代流动人口特征相关假设

部分研究表明，流动人口在子女随迁的决策上带有明显的性别偏好（Liang，2016；陶然等，2011）。结合我国农村"重男轻女"的传统思想，本文认为在回流决策上可能同样存在性别偏好，即男孩更容易被父母带在身边培养，女孩比男孩更容易回流。据此，提出假设1a。

假设1a. 在性别选择上，女孩比男孩更容易回流。

因为没有城市户口，二代流动人口难以进入当地公办学校接受义务教育，只能就读于农民工子弟学校，而大部分农民工子弟学校教学质量欠佳。因此，相比之下，部分流动人口更愿意将子女送回老家的高质量公办学校读书。并且因为异地中考、高考政策的不完善，大部分二代流动人口难以在流入地接受系统持续的教育。2010年数据表明，我国流动儿童的小学入学率为85%，初中入学率为40%，高中入学率不足30%（杨东平，2017）。处于初、高中阶段的流动儿童大量回流。并且，目前我国各地学校的教学内容并不相同，二代流动青少年回流之后需要很长一段时间适应户籍地学校的教学方式和教学内容。尽早回到户籍所在地能尽早适应户籍地学校的教学进度，为中、高考做准备。因此，相较于马上面临高考的16～17岁二代流动人口，13～15岁的二代流动人口更容易回流。相较于13岁以下的二代流动人口，13~15岁年龄段的二代流动人口面临异地中考制度设置的"高门槛"，大部分不能达到中考报考条件的二代流动青少年被迫回流。因此，13~15岁二代流动人口可能比其他年龄段的儿童和青少年回流比例更高。据此，提出假设1b。

假设1b. 因为异地中、高考政策要求难以达到，13~15岁的二代流动人口比其他年龄组的二代流动人口更容易回流。

2. 二代流动人口的家庭特征相关假设

家庭资源对二代流动人口的回流决策具有十分重要的影响（King and Christou，2008），父母作为0~17岁二代流动人口的监护人，他们的处境和想法直接决定了二代流动人口的去向。父母的文化资本存量决定其职业地位和收入，同时，父母的职业、收入和流动次数、流动时长息息相关，流动次数和流动时长决定了家庭生活的质量和稳定性，频繁的流动会增加二代流动人口的成长和教育成本，低收入流动家庭难以承担随迁移行为增加的教育成本。频繁的流动不利于二代流动人口的教育和发展，也会增加其回流的概率。同时，在同一个城市流入时间越长表明该流动人口越有可能在城市找到稳定的工作，并在城市定居下来，融入城市。因此，提出假设1c。

假设1c. 父母受教育程度越高，其子女回流的比率越低；父母流动次数越多，其子女回流的比率越高；父母本次流动时间越长，其子女回流的比率越低。

大量研究发现，居住在户籍地的亲戚和兄弟姐妹能够吸引二代移民回流（King and Christou，2008）。相较于西方社会，中国社会更加重视血缘亲族关系。因此，兄弟姐妹的回流情况可能会对二代流动人口的回流决策产生影响。一方面，居住在老家的兄弟姐妹越多，证明该家庭能够在流入地落户的概率越小，二代流动人口回流的概率越大。另一方面，从陪伴角度来说，和兄弟姐妹一起回流可以减轻孤独感等负面情绪，能够在生活上相互照应。因此，提出假设1d。

假设1d. 兄弟姐妹出现过回流的二代流动人口更易回流。

（二）中观因素相关假设

1. 社会网络相关假设

大量对于社会网络的研究表明，在流入地拥有丰富社会网络资源的流动人口能够更好地融入当地社会（Massey，1999；Liang，2016）。因此，一个流动人口家庭有越多亲戚具有本地户口，证明该家庭可能在当地具有越多的关系网络，有更大概率能够留在本地。因此，该家庭的二代流动人口回流的概率也就越小。根据以上分析，提出假设2a。

假设2a. 有较少亲戚在本地居住的二代流动人口比有较多亲戚在本地居住的二代流动人口更容易回流。

2. 迁移距离相关假设

在迁移成本上，距离越远迁移成本也就越高，反之迁移成本也就越低。流入地和流出地相距越近，返回老家的成本就越低。因此，子女回流后，父母返回探望照料的成本也越低。反之，流入地和流出地相距越远，子女回流后，父母回家探望的成本越高，探望频率越低。因此提出假设2b。

假设2b. 迁移距离越近，迁移成本也就越低，因此二代流动人口越容易回流。

（三）宏观因素相关假设

宋锦和李实（2014）在研究农民工子女随迁决策中提出，户籍门槛越高的城市，对外来人口落户的控制越严格，从长期来看，农民工很难在这些城市定居，也不会将子女携带到流入地。户籍门槛较高的地区通常是经济发达、公共福利标准较高的东部地区。东部地区的基础教育水平高、公共福利待遇好，但是相应的进入东部地区公共福利体系的成本也很高。以教育为例，我国公办学校的教育资源优于农民工子弟学校，但是公办学校的招生名额十分有限，且优先招收当地户籍和住房在学校周边的适龄学生。因此，二代流动人口很难进入流入地的公办学校就读。同时，私立学校的学费往往十分昂贵，一般流动人口很难承担。故大部分东部、中部地区的二代流动人口只能进入教学质量较差的农民工子弟学校就读，部分家长出于让子女接受高质量教育的期望，选择将子女送回户籍地高水平公办学校接受教育（杨东平，2017）。因此，出于稳定居住和子女发展的考虑，部分父母选择将子女送回户籍地。据此提出假设3a。

假设3a. 东部地区落户难度大、落户门槛高，因此，相较于中部、西部地区，东部地区的二代流动人口更容易回流。

四 数据与方法

（一）数据

本研究采用的数据来源于2016年国家卫计委组织的中国流动人口动态监测调查数据。该数据涵盖全国31个省份（不包括港澳台）和新疆生产建设兵团信息，总样本量约为16.9万人，涉及流动人口家庭成员共计约45万人。流动人口动态监测数据的优越性在于，利用数据中关于流动人口子女出生地、户籍地以及现居住地的信息可以筛选出关于二代流动人口的数据。剔除不符合本研究条件的样本之后，共获得38429个样本。需要说明的是，研究二代流动人口回流的主要挑战是缺少合适的大型调查数据和合适的测量回流的方法。据我们所知，动态监测数据是少有的可以用来研究二代流动人口回流问题的大型调查数据。其他调查数据，如全国人口普查数据可以对留守儿童和流动儿童数量分别给出较为精确的估计，但是没有流动儿童回流信息。一般小型流动人口调查可以提供流动儿童回流信息，但对全国的情况没有代表性。在动态监测数据中，有子女的流动人口要回答每个子女的现居住地（和父母住在一起、住在户籍地或者其他地方）、出生地（本地、户籍地或者其他地方）。在这个基本数据基础上，我们给出定义回流二代流动人口的新方法，下文将详细介绍该方法的应用。

（二）变量设计

1. 因变量

本文的研究对象是出生于父母所在城市即流入地、户籍不在流入地且面临回流或者已经回流的0~17岁二代流动人口，利用中国流动人口动态监测调查中关于流动人口子女的情况调查表，选取出生地为本地，户籍不在本地，且现居住地为户籍地或者其他地方的0~17岁流动人口子女为研究对象。以流动人口子女是否出生于流入地判断其是否为二代流动人口，以现居住地是否为户籍地判断其是否发生回流，据此产生因变量，采用logit模型分析二代流动人口回流决策的影响因素。

我们用个案X举例说明如何定义二代流动人口以及回流。因为流动人口动态监测数据的特殊性，数据中的调查对象均为流动人口。因此，这些调查对象均非本地户籍人口。个案 X 为其中一个调查对象的子女，X 出生在父母流入地，即 X 的出生地不是户籍地，即认定个案 X 为二代流动人口。从个案 X 的现居住地可以判断其是否回流，如果 X 的现居住地为户籍地，则 X 产生回流（a）；如果 X 的现居住地为出生地或其他地方（非户籍地），则 X 未回流（b）（见图1）。为了总结已经回流的二代流动人口的特征，本文将未回流的二代流动人口作为参照对象。

注：☆表示二代流动人口的现居住地。

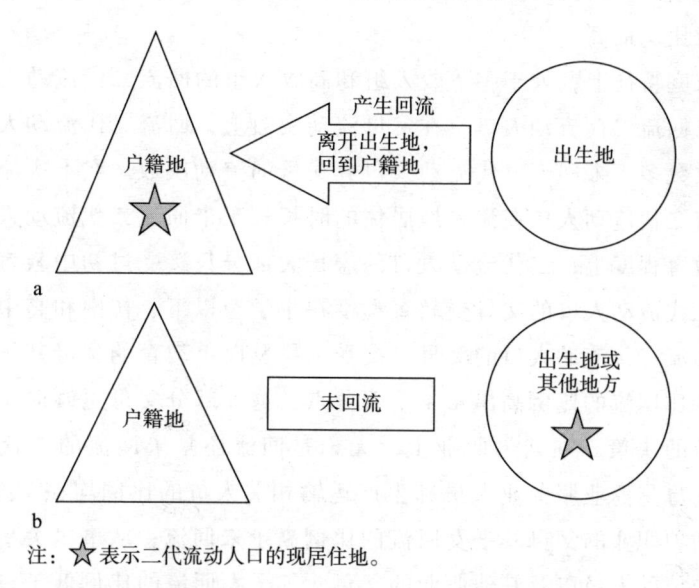

图1　测量回流（a）、未回流（b）二代流动人口

2. 自变量

自变量的选取根据假设分为三大部分，分别是：二代流动人口的相关人口特征和家庭特征、迁移距离和社会网络、流入地特征。

人口特征：主要包括性别和年龄。将年龄按照上学阶段分为 0～6 岁、7～12 岁、13～15 岁、16～17 岁，以测量我国的教育制度和相关规定对二代流动人口回流的影响。

家庭特征：包括父母受教育程度、父母职业、家庭月收入水平、父母流动次数、本次流动时长、回流的兄弟姐妹数量。

迁移距离：本文将迁移距离分为跨省、省内跨市、市内跨县。

社会网络：该自变量通过流动人口家庭在本地落户的亲戚数量来测量。

流入地特征：将流入地分为东部、中部、西部三个地区，分别测量地区差异对二代流动人口是否回流的影响。

3. 样本描述

二代流动人口回流与未回流特征对比见表1。在人口特征的对比上，回流的二代流动人口和未回流的二代流动人口在男女比例上差异不大，且都是50%左右，初步说明父母在进行回流决策时没有显著的性别偏好。在年龄上，除去0~6岁的二代流动人口，7~12岁、13~15岁、16~17岁的二代流动人口回流的比例均高于未回流的比例，其中7~12岁二代流动人口回流比例最高。

在家庭特征上，处于中等收入组和高收入组的回流二代流动人口比例均高于未回流二代流动人口。在父母流动次数上，回流二代流动人口的父母流动次数多于未回流二代流动人口其父母的流动次数。在本次流动时长上，回流二代流动人口在流入地居住的时长长于未回流二代流动人口。在父母受教育程度上，二代流动人口的家长大部分只接受过初中教育。产生回流的二代流动人口的父母受教育程度在小学及以下、初中和高中的比例高于未回流二代流动人口的父母，接受本科及以上教育的父母其子女未回流的比例比回流的比例高出4.4个百分点，这一部分父母更倾向于做出子女不回流的决策。在父母职业上，无论是回流还是未回流的二代流动人口，其父母是商业服务业人员和生产运输相关人员的比例均在70%以上，从事这两项职业的父母其子女回流的比例高于未回流；从事机关事业单位或技术岗位的人员以及其他职业的父母，其子女回流的比例低于未回流的比例。对于回流二代流动人口的回流的兄弟姐妹数量，需要说明的是，这一变量测量的兄弟姐妹同样是二代流动人口，并且已经回流。拥有已经回流的兄弟姐妹的二代流动人口样本为942。从表1来看，回流二代流动人口平均拥有的回流的兄弟姐妹数量显著高于未回流二代流动人口。拥有1个回流的兄弟姐妹的回流二代流动人口比例比未回流二代流动人口高20.7个百分点；拥有2个回流的兄弟姐妹的回流二代流动人口比例比未回流二代流动人口高2.04个百分点；拥有3个居住在户籍地的兄弟姐妹的二代流动人口则全部回流。

在中观变量上，回流二代流动人口家庭的本地亲戚数量多于未回流二代流动人口。从迁移距离来看，跨省流动的家庭其子女更加容易回流，其回流的比例比跨省流动家庭未回流子女的比例高出15.3个百分点，省内跨市和市内跨县的家庭其子女回流比例均低于未回流。

在流入地特征上，东部地区的回流二代流动人口比例比未回流二代流动人口高出14.7个百分点，中部地区和西部地区的回流二代流动人口的比例均比未回流二代流动人口低。

表1 回流二代流动人口与未回流二代流动人口的相关特征描述统计

		回流	未回流
因变量	人数（人）	2633	35796
微观变量	人口特征		
	男性（%）	54.5	54.2
	年龄		
	0~6岁	63.7	66.2
	7~12岁	24.2	24.0
	13~15岁	7.2	5.1
	16~17岁	5.0	4.6
	家庭特征		
	家庭月收入水平		
	低收入组	18.9	27.5
	中等收入组	31.1	29.9
	高收入组	50.0	42.6
	父母流动次数（次）	1.5	1.3
	本次流动时长（年）	8.8	8.2
	父母受教育程度（%）		
	小学及以下	12.9	12.2
	初中	52.4	49.1
	高中	21.9	21.5
	本科及以上	12.8	17.2
	父母职业（%）		
	机关事业单位或技术人员	8.1	9.3
	商业服务业人员	52.9	48.1
	生产运输相关人员	26.9	17.8
	其他	12.1	24.9
	回流的兄弟姐妹数量（个）	0.261	0.009
	0	76.3	99.1
	1	21.5	0.8
	2	2.1	0.1
	3	0.2	0

续表

		回流	未回流
中观变量	本地亲戚数量（个）	0.005	0.004
	迁移距离（%）		
	跨省	63.7	48.4
	省内跨市	23.7	33.4
	市内跨县	12.7	18.2
宏观变量	流入地特征		
	地区（%）		
	东部地区	64.8	50.1
	中部地区	13.8	18.3
	西部地区	21.5	31.6

五　研究结果

为了考察各个解释变量对 0～17 岁二代流动人口回流的影响，本文采用二元 logit 模型研究 0～17 岁二代流动人口回流的决策机制，将人口特征、家庭特征、社会网络、迁移距离和流入地特征依次放入模型，以考察各变量对回流决策的影响。二元 logit 模型估计结果见表 2。

从模型估计结果来看，性别不显著，在一定程度上说明父母在做出回流决策时性别偏好不明显，假设 1a 没有得到证实。在年龄上，相对于 13～15 岁二代流动人口来说，0～6 岁二代流动人口回流的比率下降了 31%［1 - exp（- 0.373）］，7～12 岁二代流动人口回流的比率下降了 28%，16～17 岁二代流动人口回流的比率下降了 23%。可见 13～15 岁子女回流的比率在整个 0～17 岁二代流动人口中最高，假设 1b 得到证实。图 2 也很好地佐证了这一点，从图 2 可以看出分年龄 0～17 岁二代流动人口的回流比例呈波浪状起伏，13～15 岁孩子的回流概率明显高于其他年龄段。这可能是因为大部分二代流动人口不能达到异地高考政策的标准，处于初中阶段的 13～15 岁二代流动人口必须返回户籍地参加中升高考试，为高考做准备。顾静华（2016）的研究也说明，回流的流动儿童会在农村学校经历一个长期的场域再熟悉、惯习再建构的过程，在这一过程中，大部分回流儿童都会出现学习成绩下降、教育期望降低、性格孤僻等负面表现。待回流儿童熟悉农村场域、建构相应的惯习后,上述负面表现又会有一定程度的减少。所以为了孩子能够尽早适应农村学校的学习环境,大部分家长都会选择在初中阶段将孩子送回老家。

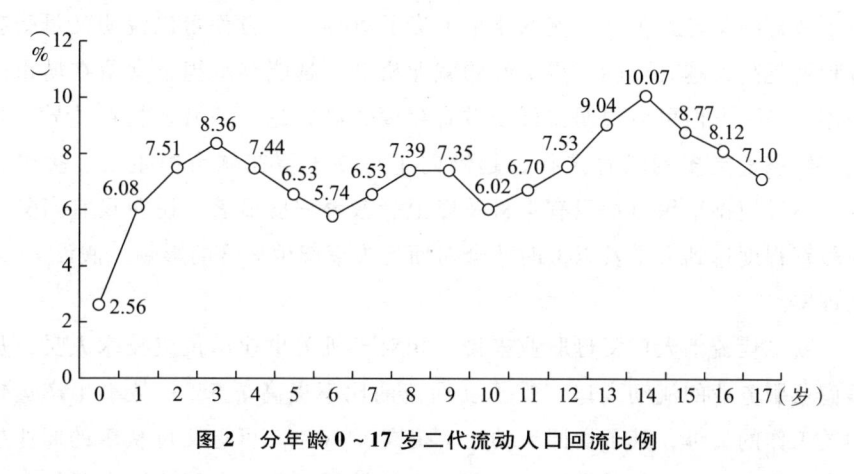

图2 分年龄0~17岁二代流动人口回流比例

模型2放入部分家庭特征变量。结果显示,相对于低收入家庭来说,中等收入家庭以及高收入家庭更倾向于将孩子送回老家。这一结果可以从两个方面予以解释,一方面,低收入家庭难以负担孩子在城市和农村的教育成本,部分低收入家庭的孩子会提早辍学,进入劳动市场,因此造成相对较低的回流率。另一方面,本研究所划分的中等收入家庭和高收入家庭的平均月收入水平分别为5549.02元和11616.91元,这两类家庭月收入水平在东部、中部地区城市仍属于中等水平,难以在城市落户。但是,相对于低收入家庭来说,中等收入家庭和高收入家庭更加注重下一代的教育问题,将孩子送回老家接受完整系统的公办教育,是使二代流动人口实现向上流动的唯一途径。因此,相对于低收入家庭来说,中等收入家庭和高收入家庭更倾向于将孩子送回老家。

模型2其他变量结果显示,父母流动次数每增加1次,其子女回流的比率提高10%。父母流动次数越多,说明父母越难给子女提供一个稳定的成长环境,随着流动而来的孩子教育等问题会增加流动成本。因此,父母流动次数越多,其子女回流的概率也越高。在本次流动时长上,父母本次流动时长每增加1年,其子女回流的比率下降5%,本次流动时长越长表明流动人口在流入地的生活越稳定,这在一定程度上说明流动人口在流入地拥有稳定的住所和工作。并且,在本地居住的时间越长也越容易发展出本地社会网络,越有可能融入本地社会。稳定的住所、工作以及交际网络都有利于二代流动人口在流入地生活和求学。在父母受教育程度上，相较于小学及以下受教育程度来说，接受初中教育的父母其子女回流的比率略有提高，接受高中教育的父母其子女回流的比率下降了3%，接受本科及以上教育的父母其子女回流的比率下降了26%。一方面可以说明父母受教育程度越高，越有可能获得更好的就业机会，越能够承担子女留在城市的费用。另一方面可以说明父母受教育程度越高，越了解城乡教育差异，越能够给孩子更多的教育选择，越倾向于将孩子留在城市中生活、接受教育。不过模型结果显示只有本科及以上受教育程度显著，说明只有当父母受教育程度达到大学及以上时才会对回流决策产生显著的影响。假设1c得到证实。

就二代流动人口父母职业来说，相对于机关事业单位或技术人员，从事商业服务业的流动人口，其子女回流的比率提高了5%；从事生产运输相关工作的父母，其子女回流的比率提高了34%。可见父母从事的职业越稳定、收入越高，其子女回流的概率也就越低。并且大部分城市对机关事业单位人员或技术人员放宽落户政策，因此，其子女回流的概率较低。但是，相比于机关事业单位和技术人员，从事其他职业的父母，其子女回流的比率下降了49%。究其原因，可能是从事其他职业的流动人口多数为社会底层工作者，这些流动人口从事的职业不稳定，工资也较低，难以承担孩子的教育支出。因此，他们的孩子可能刚刚完成义务教育或者没有完成义务教育就进入劳动力市场，不会面临教育政策导致的回流问题。

另外，模型2的结果显示，回流的兄弟姐妹数量对0~17岁二代流动人口回流决策的影响十分显著，回流的兄弟姐妹数量每增加1个，二代流动人口回流的比率提高2642%，假设1d得到证实。

模型3放入中观层面的相关变量。就社会网络这一变量而言，本地亲戚数量对0~17岁二代流动人口回流决策的影响并不显著，造成这一变量不显著的原因可能是相关样本量太少，假设2a没有得到证实。另外，在迁移距离对回流决策的影响上，省内跨市迁移家庭子女回流的比率比跨省迁移家庭子女回流比率低39%，市内跨县迁移家庭子女回流的比率比跨省迁移家庭子女回流比率低34%。可见，迁移距离越远，二代流动人口越容易回流。一种可能的解释是，迁移距离越远，迁移成本越高，流动人口在流入地的社会网络资源越少，融入流入地社会也越困难，相比于短距离迁移来说定居的可能性越小，因此，其子女也越容易回流。假设2b没有得到证实。

模型4放入流入地特征变量,模型结果显示,相对于东部地区来说,中部地区的0~17岁二代流动人口回流的比率下降21%,西部地区的0~17岁二代流动人口回流的比率下降31%。这可能与东部地区落户门槛高有关,虽然北上广等东部地区逐渐实行积分落户制度,放低落户条件,但是这些条件对于大部分文化程度较低的流动人口来说仍然很难达到。相较而言,中部、西部地区的落户条件相对宽松。因此,中部、西部地区流动人口其子女回流的比率相对于东部地区低,假设3a得到证实。

表2 二代流动人口回流因素的 logit 模型分析

变量	模型1	模型2	模型3	模型4
人口特征				
性别(参照组:女)	0.012 (0.041)	0.053 (0.044)	0.049 (0.044)	0.047 (0.044)
年龄(参照组:13~15岁)				
0~6岁	−0.373*** (0.080)	−0.354*** (0.098)	−0.383*** (0.098)	−0.406*** (0.098)
7~12岁	−0.326*** (0.087)	−0.433*** (0.100)	−0.459*** (0.100)	−0.483*** (0.100)
16~17岁	−0.264* (0.118)	−0.269* (0.133)	−0.267* (0.134)	−0.273* (0.134)
家庭特征				
家庭月收入水平(参照组:低收入组)				
中等收入组		0.285*** (0.063)	0.247*** (0.064)	0.190** (0.064)
高收入组		0.446*** (0.060)	0.355*** (0.061)	0.266*** (0.063)
父母流动次数		0.097*** (0.017)	0.089*** (0.017)	0.086*** (0.017)
本次流动时长		−0.043*** (0.005)	−0.046*** (0.005)	−0.047*** (0.005)
父母受教育程度(参照组:小学及以下)				
初中		0.001 (0.073)	0.008 (0.073)	−0.021 (0.074)
高中		−0.030 (0.083)	0.010 (0.083)	−0.023 (0.084)

续表

变量	模型1	模型2	模型3	模型4
本科及以上		-0.299** (0.096)	-0.255** (0.097)	-0.293** (0.097)
父母职业（参照组：机关事业单位或技术人员）				
商业服务业人员		0.049 (0.085)	0.076 (0.085)	0.111 (0.085)
生产运输相关人员		0.291** (0.092)	0.273** (0.093)	0.264** (0.093)
其他		-0.698*** (0.100)	-0.683*** (0.101)	-0.661*** (0.101)
回流的兄弟姐妹数量		3.311*** (0.076)	3.264*** (0.076)	3.238*** (0.076)
本地亲戚数量			0.219 (0.210)	0.266 (0.210)
迁移距离（参照组：跨省）				
省内跨市			-0.491*** (0.053)	-0.431*** (0.054)
市内跨县			-0.425*** (0.066)	-0.342*** (0.069)
地区（参照组：东部地区）				
中部地区				-0.234*** (0.067)
西部地区				-0.367*** (0.056)
截距	-2.282*** (0.080)	-2.519*** (0.156)	-2.220*** (0.159)	-2.013*** (0.162)
Pseudo R^2	0.001	0.141	0.147	0.149
样本数	38375	38375	38375	38375

* $p<0.05$，** $p<0.01$，*** $p<0.001$。

六　结论与讨论

二代流动人口已经成为一个逐渐壮大的群体，该群体的成长存在诸多阻碍，对自己的出路也充满迷茫。二代流动人口出生于城市，成长于城市，他们认为自己是城里人，并且拥有和城里人一样的行为模式和文化，但是却始终不被城市所认同。他们对自己的未来充满憧憬，希望通过奋斗过上体面生活，但是诸多阻隔让他们的城市梦破碎。因此，研究二代流动人口为何回流、具有哪些特征的二代流动人口容易回流对于促进社会公平具有十分重要的意义。

本文首次使用全国数据对二代流动人口的回流决策进行研究，我们的贡献之一是运用国家卫计委的数据提出一种测量二代流动人口回流的新方法。我们认为，这个方法的应用意义很大。运用这一方法可以使用每年的流动人口动态监测调查数据对二代流动人口回流问题进行系统研究，以观察该群体数量是在增加还是减少。这个信息对流入地政府部门制定有关政策至关重要。此外，通过对二代流动人口回流的模型分析，得到以下几点发现。

回流趋势呈现出明显的地区差别，东部地区的二代流动人口回流概率显著高于中部、西部地区。以户籍制度为基础建立的一系列地方教育政策、福利制度是导致东部地区二代流动人口回流比例高于中部、西部地区的重要原因。随着流动人口的增多，东部地区随迁子女以及二代流动人口数量逐渐增多，导致城市教育财政面临巨大压力。在有限的教育资源下，东部地区部分城市开始实行积分入学等教育名额分配机制。但是，由于积分指标、权重设置更加青睐高端人才，忽视大多数普通农民工，因此，这种模式无法保障普通二代流动人口的入学权益（杨东平，2017）。除了积分入学等"显性门槛"之外，二代流动人口以及随迁子女在城市的就学还存在学校选择等"隐性门槛"，具有优质资源的公办学校的学位并不会全部对流动儿童公开。不能进入公办学校的二代流动人口只能选择农民工子弟学校或者民办学校，然而，农民工子弟学校往往教学质量较差，民办学校收费过高，硬件设施和师资配置也难以和公办学校相比。两相权衡之下，回流成为二代流动人口破解城市教育困境的唯一方法。近年来，特大城市进一步控制人口规模，二代流动人口入学标准隐性提高，大量民办学校关停并转，大部分二代流动人口因为达不到入学标准或者因为公办学校没有学位，不能在城市接受义务教育，不得不回流（齐明珠、徐芳，2017；赵晗、魏佳羽，2017）。笔者在对二代流动人口及其父母的访谈中发现，大部分孩子回流的原因均是入学门槛高导致其没办法入读大城市的学校，为了继续读书而回流。

可见，继续教育面临的阻碍是导致二代流动人口回流的重要原因。孩子的教育问题是困扰流动人口的一大难题，因为入学门槛、异地中高考制度等限制，许多二代流动人口不得不中断在流入地的学习返回户籍地。但是，我国各地区学校教授内容不尽相同，回流的二代流动人口必然要经历一个再学习的过程。同时，回流是二代流动人口从流动变留守的过程，这种留守和其他留守儿童不一样，这种回流也与随迁子女的回流不一样。回流的二代流动人口不仅要与父母、朋友分离，承受情感上的孤独，还要独自来到一个陌生的地方，适应城乡差异。因此，回流二代流动人口的处境往往比留守儿童和回流的随迁子女更加困难，学习成绩的下降只是其中一个体现。

韩嘉玲（2007）对二代流动人口的研究显示，二代流动人口不同于一代流动人口，他们对自己有较高的教育期望，希望能够通过教育和竞争性考试实现向上流动。笔者通过对二代流动人口的访谈发现，大部分已经回流的二代流动人口都希望以后能够重新回到大城市生活。一个小时候随父母在天津读书、现在考上国内知名"985"大学的受访者说：

> 以前的（流动）经历其实对我影响很大，当时回来之后，只有一个想法，我以后一定还要再回去！但是父母没办法啊，他们没有这个经济能力，也没条件让我继续在天津上学。所以我只能读书，只有读书才能让我回去。

通过教育实现向上流动的回流二代流动人口只是少部分，大部分不愿意回流的二代流动人口和回流之后无法适应老家生活的二代流动人口只能中断常规教育，进入职高等培训学校学习专业技能或直接开始打工生涯。但是这与二代流动人口的教育期望和职业规划相悖，不稳定的学习环境进一步影响二代流动人口的社会流动。另外一个被访者提到，老家的"脏、破、旧"的生活环境让她十分不适应，更难适应的是老家的学校氛围，在学校没有朋友，上课氛围比较压抑，没有城市活泼。这一切都让她无法适应，因此在与父母商量之后，她选择了辍学，重新回到城市，成为一名零工。

当代社会，教育越来越成为向上流动的重要渠道，这一群体面临的教育难题阻碍了他们向上流动。随着二代流动人口数量的增多，这一教育困境影响的人群越来越多，严重阻碍我国流动人口素质的提高。文化资本是决定职业地位和收入的重要资本，缺乏高等教育的二代流动人口大部分只能在次级市场中游荡，难以进入初级市场。

孩子是国家的未来，二代流动人口所遭遇的困境不仅影响其自身发展，还影响一代流动人口乃至三代流动人口整体。习近平总书记在党的十九大上提到，中国特色社会主义进入新时代，不仅要平稳快速发展，还要促进公平，使全国各族人民共享改革成果。[①] 流动群体是改革发展的产物，第一代流动群体为了经济发展奉献了青春，他们及其子女的正当利益应该得到保障。

参考文献

段成荣、靳永爱，2017，《二代流动人口——对新生代流动人口的新划分与新界定》，《人口与经济》第 2 期。

顾静华，2016，《消失的资本——回流流动儿童在农村学校的教育经历》，社会科学文献出版社。

韩嘉玲，2007，《及早关注第二代农村流动人口的成长与出路问题》，《中国党政干部论坛》第 8 期。

梁宏、任焰，2010，《流动，还是留守？——农民工子女流动与否的决定因素分析》，《人口研究》第 2 期。

齐明珠、徐芳，2017，《"十三五"期间中国特大城市人口调控机制研究》，《中国人口科学》第 2 期。

宋锦、李实，2014，《农民工子女随迁决策的影响因素分析》，《中国农村经济》第 10 期。

唐杰，2011，《二代优先：当前城市户籍政策调整的一种思路》，《城市发展研究》第 11 期。

陶然、孔德华、曹广忠，2011，《流动还是留守：中国农村流动人口子女就学地选择与影响因素考察》，《中国农村经济》第 6 期。

王宗萍、段成荣，2015，《新生代流动人口的现状、困境及对策》，《人民论坛》第 3 期。

吴开俊，2017，《珠三角地区随迁子女义务教育状况、问题与政策建议》，载杨东平主

[①] 《习近平：决胜全面建成小康社会 夺取新时代中国特色社会主义伟大胜利——在中国共产党第十九次全国代表大会上的报告》，http://www.gov.cn/zhuanti/2017-10/27/content_5234876.htm，最后访问日期：2022 年 2 月 25 日。

编《中国流动儿童教育发展报告（2016）》，社会科学文献出版社。

杨东平主编，2017，《中国流动儿童教育发展报告（2016）》，社会科学文献出版社。

张庆武、卢晖临、李雪红，2015，《流动人口二代社会融入状况的实证研究——基于北京市的问卷调查分析》，《中国青年研究》第7期。

张翼、周小刚，2012，《我国流动人口子女受教育状况调查报告》，《调研世界》第1期。

赵晗、魏佳羽，2017，《北京义务教育阶段流动儿童教育现状》，载杨东平主编《中国流动儿童教育发展报告（2016）》，社会科学文献出版社。

中华人民共和国国家统计局编，2017，《中国统计年鉴—2017》，中国统计出版社。

周皓、梁在，2006，《中国的返迁人口：基于五普数据的分析》，《人口研究》第3期。

Baldassar, L. 2001. *Visits Home: Migration Experiences between Italy and Australia*. Melbourne: Melbourne University Press.

Basu, P. 2005. "Roots Tourism as Return Movement: Semantics and the Scottish Diaspora." In *Emigrant Homecomings: The Return Movement of Emigrants 1600 – 2000*, edited by M. Harper Manchester: Manchester University Press.

Brown, L. A. & Goetz, A. R. 1987. "Development-Related Contextual Effects and Individual Attributes in Third World Migration Processes: A Venezuelan Example." *Demography* 24 (4): 497 – 516.

Chan, K, W. 2010. "The Global Financial Crisis and Migrant Workers in China: There Is No Future as a Labourer; Returning to the Village Has No Meaning." *International Journal of Urban and Regional Research* 34 (3): 659 – 677.

Chen, J. J. 2013. "Identifying Non-Cooperative Behavior among Spouses: Child Outcomes in Migrant-Sending Households." *Journal of Development Economics* 100 (1): 1 – 18.

Coulon, A. D. and Piracha, M. 2005. "Self-Selection and the Performance of Return Migrants: The Source Country Perspective." *Journal of Population Economics* 18 (4): 779 – 807.

Curran, S. R. and Saguy, A. C. 2001. "Migration and Cultural Change: A Role for Gender and Social Networks?" *Journal of International Women Studies* 2 (3): 54 – 77.

Foner, N. 2002. "Second-Generation Transnationalism, Then and Now." *In The Changing Face of Home: The Transnational Lives of the Second Generation*, edited by Levitt P, Waters MC, pp. 242 – 252, Russell Sage: New York.

Hugo, G. 1979. "Village/Community Ties Village Norms Ethnic and Social Networks in Migration Decision Making and Behaviour: A Review of Evidence from The Third World." *Flinders University of South Australia Bedford Park Australia* 34 (4): 585 – 605.

King, R. and Christou, A. 2008. "Cultural Geographies of Counter-Diasporic Migration: The Second Generation Returns Home." *University of Sussex* 2: 445 – 467.

King, R. , Christou, A. , and Teerling, J. 2011. " 'We Took a Bath With the Chickens': Memories of Childhood Visits to the Homeland by Second-Generation Greek and Greek Cypriot 'Returnees' . " *Global Networks* 11 (1): 1 – 23.

Levitt, P. , DeWind, J. , and Vertovec, S. 2003. "International Perspectives on Transnational Migration: An Introduction. " *International Migration Review* 37 (3): 565 – 575.

Liang, Zai. 2016. "China's Great Migration. " *Annual Review of Sociology* 42: 451 – 71.

Liang, Z. and Yue, Z. 2015. "Determinants of School Choices among Migrant Children in China. " *Conf. Fisc. Reform Educ. Vulnerable Popul. China* 10: 27 – 28.

Massey, D, S. 1999. *Why Does Immigration Occur?: A Theoretical Synthesis*. Russell Sage Foundation.

Miao, D. C. , Liang, Z. , and Wu, Y. 2013. "Interprovincial Return Migration in China: Individual and Contextual Determinants in Sichuan Province in the 1990s. " *Environment & Planning A* 45 (12): 2939 – 2958.

Newbold, K. B. and Liaw, K. L. 2010. "Return and Onward Interprovincial Migration through Economic Boom and Bust in Canada, from 1976 – 81 to 1981 – 86. " *Geographical Analysis* 26 (3): 228 – 245.

Russell King and Anastasia Christou. 2014. "Second-Generation 'Return' to Greece: New Dynamics of Transnationalism and Integration. " *International Migration* 52 (6): 85 – 99.

Ryan, L. 2011. "Migrants' Social Networks and Weak Ties: Accessing Resources and Constructing Relationships Post-Migration. " *Sociological Review* 59 (4): 707 – 724.

Sala, E. and Baldassar, L. 2017. "Leaving Family to Return to Family: Roots Migration among Second-Generation Italian-Australians. " *Ethos* 45 (3): 386 – 408.

Wen, M. and Lin, D. 2012. "Child Development in Rural China: Children Left behind by Their Migrant Parents and Children of Nonmigrant Families. " *Child Development* 83 (1): 120 – 136.

Werfhorst, H. , Herman, G. , and Heath, A. 2018. "Selectivity of Migration and the Educational Disadvantages of Second-Generation Immigrants in Ten Host Societies. " *European Journal of Population* 35 (2): 1 – 32.

Wessendorf, S. 2009. "Local Attachments and Transnational Everyday Lives: Second-Generation Italians in Switzerland and Italy. " *Göttingen: Max Planck Institute for the Study of Religious and Ethnic Diversity*, Working Paper 09 – 07.

第二部分

留守背景下留守儿童和流动儿童的教育问题

父母外出经历与农村留守儿童的教育期望

——基于三类资本及其作用机制的中介效应分析

一 研究背景与问题提出

随着城镇化的推进和经济社会发展均衡性的提高，我国农村地区留守儿童的数量开始减少，但是总规模依然庞大。从 2000 年到 2010 年，全国 0~17 岁的留守儿童从 2904.3 万人增加到 6972.8 万人，其中农村留守儿童从 2699.2 万人增加到 6102.6 万人，到 2015 年留守儿童的总量下降到 6876.6 万人，其中农村留守儿童下降到 4051 万人（段成荣等，2017）。如此大规模的留守儿童，在父母离开之后，他们的身心健康、教育获得、人生轨迹等会出现怎样的变化，其中会出现哪些优势，又会引发哪些问题，进而又会给中国特别是农村地区的未来发展带来何种影响？对此社会各界给予了持续的关注、研究和探讨（马晓凤，2004）。

近年来，随着中国经济进入"新常态"，宏观经济整体上面临下行压力，如 GDP 增速从 2012 年起开始回落，[①] 而 2015 年全面开始的"精准扶贫"工作，[②] 使得中国特别是广大农村地区进入一个新的发展阶段；2017 年"乡村振兴战略"的提出，[③] 更预示着农村地区的发展将迎来进一步的转型、升级。可以说，宏观环境的转变为农民工返回农村就业、创业等既

[①] 王敬文：《习近平"新常态"表述中的"新"和"常"》，https://www.chinanews.com.cn/gn/2014/08-10/6477530.shtml，最后访问日期：2014 年 8 月 10 日。

[②] 李婧：《习近平提"精准扶贫"的内涵和意义是什么》，http://www.ce.cn/xwzx/gnsz/szyw/201508/04/t20150804_6121868.shtml，最后访问日期：2015 年 8 月 4 日。

[③] 《习近平强调，贯彻新发展理念，建设现代化经济体系》，http://www.gov.cn/zhuanti/2017-10/18/content_5232647.htm，最后访问日期：2017 年 10 月 18 日。

提供了推力又提供了拉力，在一定程度上引发了"返乡潮""回流潮"（Miao et al.，2013），对留守家庭而言这意味着父母外出的经历正变得日益复杂。

基于上述现实背景，本文核心关注：父母外出的不同经历会如何影响孩子的教育期望。理论上教育期望可分为两类：受教育者（如孩子）对自己的期望，其他人（如父母）对受教育者的期望。本文关注第一类，即孩子期望未来自己能够达到的教育水平和状态。期望的高低通常建基于个人的性格偏好、自己的客观状况、父母老师等的影响、参考群体的期望水平等（Woelfel and Haller, 1971），因此本文认为从主观成分和客观成分的综合占比来看，教育期望是介于教育理想/梦想与学习表现/成绩之间的一个维度，不如理想、梦想那么主观，也不如成绩、表现那么客观。同时，基于威斯康星学派及教育分层研究，教育期望作为"家庭背景－孩子教育获得"的关键中间环节，通过提供学习的动力（如"自我实现预言"）和压力（如"自我认同"）等，对最终的学习成绩、学历获得等产生长期而重要的影响（Sewell and Shah, 1968a）。虽然教育期望如此重要，但是，父母外出的不同经历（如曾经外出还是现在外出、外出次数、外出时间等）会如何影响孩子的教育期望，以及中介因素和作用机制是什么，目前尚无系统性的定量研究予以分析和回答。

进一步，与本文关注的核心问题直接相关的研究集中于探究父母外出对孩子的学校表现、学习成绩的影响，并存在两种相反的理论观点亟待实证检验与回答。一种观点认为，父母外出对子女的学业成绩有正向影响，其核心实现路径是：父母通过外出打工提高经济收入，减轻家里的经济负担和资源约束，从而可增加对子女的教育投资，最终提升子女的学业成绩和教育获得（胡枫、李善同，2009）。另一种观点认为，父母外出将减少对子女的教育参与、学业监督等，同时留守的孩子需要花更多时间用于家务等劳动，学习时间会被压缩，这些都不利于孩子的教育、学习和发展，最终会降低孩子的学业成绩和教育获得（马晓凤，2004）。上述观点及其争论，也出现在国外针对移民家庭子女的教育获得研究中（Kandel and Kao, 2001; Liang, 2016）。那么，父母外出对孩子的教育期望是否也存在两种相反的作用力量？是否还有其他的作用和影响？孰强孰弱？又如何予以分析检验呢？

整体上看，新近研究多关注父母外出的不同模式及其带来的影响。例如，最具代表性的新近研究将父母外出模式细分为双亲均外出、仅父亲外出、仅母亲外出三大类，然后考察其对孩子的受教育机会、社会心理发展、学习成绩等的影响及其中存在的差异（袁梦、郑筱婷，2016）。可见，我们缺少对另一个维度——父母外出经历的关注和考察，而后文的分析结果将表明，父母外出的不同经历对孩子的资源获取、教育期望等会产生截然不同的影响，这意味着需要把不同的留守经历分开进行研究。

综合上述分析，本文将利用调查数据展开实证分析，主要回答以下问题：第一，父母外出经历与孩子的教育期望之间在理论逻辑上有何因果关联，在教育获得的理论体系中处于什么位置；第二，针对中间（中介）的影响因素及其作用机制，如何综合不同学科的研究视角以形成一个统一的理论性分析框架；第三，如何进行系统性的实证分析，以确证父母外出经历影响子女教育期望的具体作用效应（如总效应、中介效应）。

二 文献回顾和分析框架

（一）父母外出经历与子女的教育期望：三种作用机制

基于中外学者的研究，我们可以将父母外出经历影响子女教育期望的作用机制归纳成三种：基于经济资本的作用机制，基于社会资本的作用机制，基于人力资本的作用机制。

首先，我们之所以用资本这一概念来统领这些作用机制，是因为资本概念能很好地体现出不同行动者（如孩子）在各类资源占有、获取与积累上的差异及由这些差异导致的不同结果（如不同水平的教育期望）。举例来说，前述大量学者认为家庭的经济状况会影响孩子的教育获得，其实暗指经济状况越好的家庭可以投入越多的经济资源以提升孩子的学校环境、学习环境、课外学习条件等，进而带来更好的教育获得结果，可见经济资源投入的差异及其产生的影响在本质上就有了资本的含义，就好比投入于生产领域的经济资本及其产生的效应（林南，2005）。其次，基于社会学者提出的嵌入性视角和对资本的概念及类型的划分（Granovetter, 1985；林南，2005），以及经济学者提出的新人力资本理论（Sohn, 2010），我们认为除了经济资本，嵌入个人关系网络中的社会资本（如家人亲朋、老师同学等拥有的各种资源）、嵌入个人自身的人力资本（如个人的技术技能、智商情商等）也是影响个人生产和生活的主要资本形态，对于学生而言也是如此。

综上所述，纳入三类资本建立一个综合性的分析框架，不仅可从理论层次加大我们对这一议题的描述、解释和说明力度，而且从实证方法论的角度来说，若想全面察看父母外出经历如何影响子女的教育期望，则分析模型应纳入尽可能多的影响因素及其作用机制，以得出更为严格、可靠的估计结果。

1. 基于经济资本的作用机制

这一机制的核心是：父母外出经历通过影响对子女经济资本和物质资本的投入进而影响子女的教育期望。首先，威斯康星学派的基本观点认为，家庭经济状况越好则给予子女的教育资源投入越多，从而会提升孩子的教育期望（Sewell etal.，1970）。那么，父母外出会为家庭的经济收入带来怎样的变化？经济条件的变化又会怎样影响孩子的教育期望呢？对此，虽有大量研究有所提及或论述（Kandel and Kao，2001），但目前还没有系统性的实证分析，也未得出一致结论。中国学者中系统性的实证研究来自陶然、周敏慧（2012），他们利用安徽、江西两省1010名农村在校儿童的调查数据发现，父母外出家庭的经济收入确实高于非外出家庭，不过他们只估计了经济收入对孩子学习成绩的影响。在国外研究中，与中国父母外出务工类似的是国外家庭成员的移民，但针对墨西哥、多米尼加、南非移民群体等的研究多关注的是汇款对孩子学习成绩的影响，总体发现是汇款的增加会提升孩子的学习成绩和入学率（Kandel and Kao，2001），鲜有研究直接估计汇款对孩子教育期望的影响。

2. 基于社会资本的作用机制

这一机制的核心是：父母外出经历通过影响子女的社会资本状况进而影响子女的教育期望。参考社会学家林南等（Lin et al.，1981）、Coleman（1988）对社会资本的定义，这里的社会资本是指嵌入在孩子的关系网络中并能够在孩子的学习和教育过程中被动用的各种资源。若我们将孩子的父母、老师、同学等都视为孩子关系网络的成员，那么中外学者所强调的重要他人（如父母、老师、同辈群体）及其影响（Haller and Butterworth，1960）都可纳入社会资本的概念框架下，这表明此概念具有很好的理论概括性。

父母外出意味着父母这类重要他人的缺场，那么他们的缺场会对孩子的社会资本带来怎样的影响？进而又会怎样影响孩子的教育期望呢？对此，中外研究有着矛盾性的发现和判断。首先，大量中外研究表明，如果在孩子成长的过程中父母由于外出、离异等出现了缺场，缺少对孩子的陪伴、监督、指导等，则会对孩子的身心发展、行为规范、教育获得等产生不利影响（McNeal，1999），而这些不利影响的作用甚至会超过汇款等经济收入的提升起到的正向作用（胡枫、李善同，2009）。其次，中外都有学者持相反的观点：父母外出之后的见闻可以改变父母的知识和观念，比如农村地区且受教育水平较低的父母到城市后会震惊于城市的经济水平和发达程度，从而更加坚定了让孩子多读书、接受高等教育以走出农村的信念，这有助于对孩子进行更多的教育投入和培养，最终提升孩子的教育期望（Bohme，2015）。

3. 基于人力资本的作用机制

这一机制的核心强调：父母外出经历通过影响子女的人力资本（投资）状况进而影响子女的教育期望。我们关注到，经济学的传统人力资本（投资）理论认为人力资本的具体维度包括受教育水平、技术技能、工作经验、健康状况等（Schultz，1961），而经济学的新人力资本理论对此进行了拓展，认为人力资本还包括能力特质、性格特征、价值观念等潜在维度（Sohn，2010）。基于此，大量研究关注的影响留守儿童学习成绩与教育获得的个体因素如学习/劳动时间、智力水平、自我效能感、行为特征等，可以看成是人力资本或人力资本投资上的差异。

在理论逻辑上，父母外出对孩子的人力资本投资和积累有两种相反的作用路径，进而对孩子的教育期望产生双重作用效应。第一，负向作用路径，以学习时间的投入为例，中外很多经验研究发现，留守儿童比非留守儿童用于家务等劳动的时间更多、用于学习的时间更少，从而对其学习成绩等有负面影响（马晓凤，2004）。第二，正向作用路径，比如针对墨西哥移民家庭的研究发现，当子女意识到父母外出是为了自己而做出的各种牺牲，他们在学习中会更加投入和努力，希望通过提高学习成绩以回报父母，从而降低了父母缺失带来的负向影响（Dreby and Stutz，2012）。同样的状况也发生在中国，当留守儿童意识到父母外出打工的艰辛和不易后，为了减轻父母及家里的各种负担、不让父母操心，孩子们在学习上会更加努力，想以此报答父母的种种付出和牺牲（刘志军，2008；Hu，2017），正所谓"穷人的孩子早当家"。此外，父母外出为孩子出外看父母、增长见识、开阔眼界等提供了机会，这可能会直接影响孩子对读书求学的评价和判断，影响孩子对教育的期望。那么，除了上述不同类型的人力资本及其作用路径，还应该考虑纳入何种特殊类型的人力资本？在父母不同的外出经历下，它们会出现何种变化，又会如何影响孩子最终的教育期望呢？

（二）综合三类资本的分析框架

基于前述的理论梳理、三类资本及其作用机制，我们得到图 1 所示的综合分析框架。其中，为了尽可能回答已有研究中存在的问题或争论，我们需要从三类资本及其测量入手，具体的创新和突破如下：第一，在经济资本方面，除了考察家庭经济收入这一基础性指标，还将考察父母对孩子课外读物的投入情况，如果说前者体现了一个家庭对正式的学校教育投入的高低，那么后者体现了对非学校教育的投入状况，会因家庭而异，更具特殊性，因此与前者互为补充，能更全面地衡量一个家庭对孩子的经济投入状况及其带来的影响；第二，在社会资本方面，除了考察监护人（包括父母、爷爷奶奶等）对孩子的教育参与这一常见指标，还将纳入孩子的同伴网络及其具有的正负影响，后者还未得到已有实证研究的充分关注；第三，在人力资本方面，除了学者常关注的孩子的家务劳动/课外学习时间外，我们还将纳入孩子的能力特质（如共情能力、自控能力、交往能力），以及孩子出外看父母次数，以考察和检验父母外出是否会通过影响孩子的各种能力特质、见闻和思想等进而影响教育期望，这是已有研究未曾涉及的。

最后，为了更准确地估计出父母外出带来的净影响，我们需要在模型中控制其他可能影响孩子教育期望的干扰因素。依据本文最开始的阐述，这样的控制变量可分为宏观、中观、微观三个层次，具体包括孩子自身特质、监护人特质、学校特质三类。

三 研究设计

（一）数据

分析数据来自课题组于 2016~2018 年收集的"留守儿童和流动儿童动态监测研究"数据的陕西部分的数据。由于本书其他章节对数据获取过

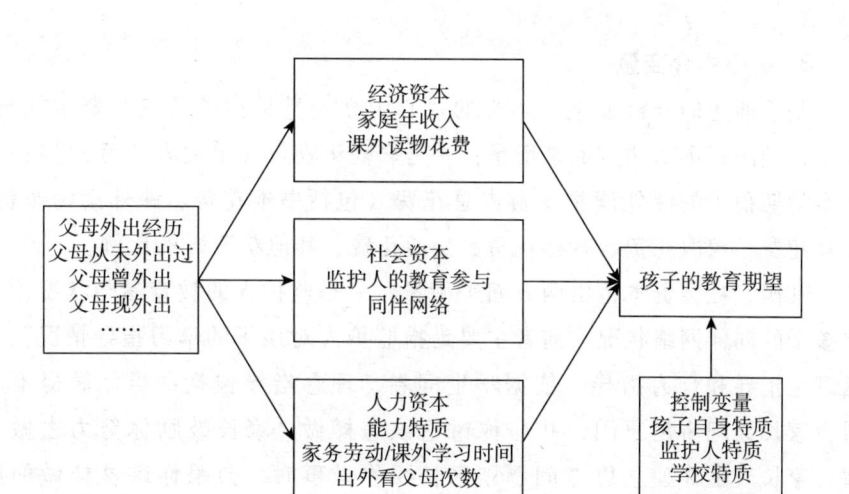

图 1　基于三类资本的综合分析框架

程有详细介绍，这里不再赘述。通过对学生问卷（被访者为学生）、主要监护人问卷（被访者为学生的主要监护人）、教师问卷（被访者为学生班主任）、学校问卷（被访者为学校负责人）的匹配合并与清理，进入最终分析的样本为 1024 个。

（二）变量

1. 因变量

因变量是子女教育期望。基于威斯康星学派的研究，结合学生问卷，这里将其操作化为两类：高中及以下（编码为 0）、大学及以上（编码为 1）。

2. 核心自变量

核心自变量是父母外出经历。根据主要监护人问卷中父母现在是否在家居住、父母外出的次数，将父母外出经历划分为不同的类型。首先，划为最基本的两大类：父母从未外出过（编码为 0），父/母曾经外出或现在外出中（编码为 1）。然后，为了进一步比较不同外出经历带来的影响及其差异，我们将有过外出经历的情况分开，从而划为四大类：父母从未外出过（编码为 0）、父/母现在外出中且是第一次（编码为 1）、父/母曾经外出但现在在家（编码为 2）、父/母曾经外出且现在外出中（编码为 3）。最后，针对有过外出经历的父母，统计父/母外出次数，以进一步考察父母外出的不同程度带来的影响。

3. 核心中介变量

基于前述的分析框架，本文的核心中介变量是孩子的三类资本状况。首先，经济资本由两方面来衡量：一是家庭年收入（单位为"万元"）；二是本学期孩子的课外读物花费占总花费（包括书本花费、课外读物花费、文具花费、校服花费、食宿花费、交通花费、其他花费）的比例。

其次，社会资本也由两方面来衡量：一是监护人的教育参与状况，二是孩子的同伴网络状况。前者主要是指监护人对孩子的学习指导情况，包括理念指导和行为指导。依据学生问卷，理念指导包括：当你做得不对时，家长会问清楚原因，并与你讨论该怎样做；家长鼓励你努力去做事情；家长鼓励你独立思考问题；家长要你做事时，会跟你讲这样做的原因。行为指导包括：家长询问你学校的情况；家长检查你的作业；家长辅导你的功课；家长和你一起做活动（如下棋、游玩）。分别将每个层次的4个题项（答案取值为1~5）进行简单相加，得分越高表示孩子在该层次得到的指导越多。后者依据孩子的同伴网络中同伴发挥的影响的性质，将其分为正面影响网络、负面影响网络。其中，正面影响网络指同伴鼓励自己做积极事情的状况，具体包括：学习成绩优良；鼓励你做你父母希望你做的事；在你心情不好的时候逗你开心；给你关怀和注意。负面影响网络指同伴鼓励自己做消极事情的状况，具体包括：逃课、旷课、逃学；违反学校纪律被批评、处分；打架；抽烟、喝酒；退学；叫你不要听父母的话；鼓励你做危险的事。将不同维度的行为进行简单相加（答案取值为1~4），得分越高表明此类网络的影响越大。

最后，人力资本的测量包括三个具体维度。一是孩子的能力特质，这里选用主要监护人问卷中对孩子10个方面的评价，通过因子分析，可以提取三个公因子，分别表示孩子的共情能力、自控能力、交往能力。其中，共情能力包括：用其他家庭成员物品前会征求别人同意；在别人遇到困难时会同情别人；能倾听朋友讲述困境。自控能力包括：能按时完成家务劳动；不需要提醒，就能保持房间的干净整洁；在与其他孩子争吵时能控制自己的脾气。交往能力包括：能主动找人说话，而不是等待别人先说；很容易交到朋友；会向合适的人汇报事故。二是孩子最近一个月平均每天的家务劳动时间和课外学习时间，依据学生问卷，前者为家务劳动（如做饭、做清洁）、帮家里干农活、照顾家人（如小孩子、老人或者病人）时间的总和，后者为课后学习（如做作业和阅读）、看课外书时间的总和。三是孩子是否去过父母打工的地方，依据学生问卷，具体操作化为以下三类：没去过（编码为0），去过（编码为1），父母从未外出过（编码为2）。

4. 控制变量

依据前面的分析框架，控制变量包括三类。第一类是孩子自身特质，具体包括性别、年龄、健康状况。第二类是监护人特质，具体包括父/母的最高受教育水平、父亲的政治面貌、监护人的社会资本——可以寻求帮助的网络。对于监护人可以寻求帮助的网络操作化如下。依据主要监护人问卷中监护人需要帮助时是否能够得到支持或帮助，具体包括五个方面：有心事或想法需要向人诉说，有其他事情时需要找人帮忙照看孩子，遇到日常生活中的小麻烦需要解决，生病需要照料，需要借数额不小的钱。将这五项进行加总，得分越高表明可以寻求帮助的网络越大。第三类是学校特质，具体包括：学校所在的县（编码为0、1）；学校的教学质量，衡量指标是本科及以上老师在所有老师中的占比；留守儿童的占比，即五年级的学生中留守儿童所占的比例。

（三）分析模型

后续实证分析使用广义结构方程模型（GSEM）。选择此模型的原因有三：一是因变量为非连续性的分类变量，这是传统的结构方程模型（SEM）无法处理的，需要使用 GSEM；二是这里需要进行中介分析，意思是需要估计不同的外出经历怎样影响了孩子的三类资本状况，以及三类资本状况的不同怎样最终影响了孩子的教育期望，而 GSEM 能高效完成此分析目标；三是变量的潜在特性，我们关心的中介变量为三类资本，但是无法实现完全测量，只能选取一些具体的维度对它们予以衡量，因此这三类资本就具有了潜变量的特质，而 GSEM 专门适合于针对潜变量的分析（Mueller，1996；邱皓政、林碧芳，2012）。

具体的分析需要分两步进行。第一步，利用 GSEM 做出基准模型，即只考察控制变量、核心自变量对教育期望的影响；第二步，在基准模型的基础上，分别加入核心中介变量——经济资本、社会资本、人力资本，以考察父母外出的不同经历会如何影响这三类资本，进而这三类资本及其差异又会如何影响最终的教育期望。

四 分析结果

(一) 描述性统计结果

因变量、核心自变量、核心中介变量的描述性统计结果见表1。因变量即子女教育期望,被访儿童中清楚回答了教育期望的有880人,其中教育期望为高中及以下的占18.41%,大学及以上的占81.59%。相比较来看,王甫勤、时怡雯(2014)针对上海居民(18~65岁)的抽样调查数据发现被访者少年时期望读大学的比例是74.8%,而魏勇、马欣(2017)通过具有全国代表性的CEPS(2013~2014)基线数据发现初中学生期望读大学的比例是81.5%,从侧面表明本文所分析数据的可靠性、代表性较高。

下面来看核心自变量的描述性统计结果。在父母外出经历类型方面,在有清楚答案的990名被访儿童中,父母从未外出过的非留守儿童占41.82%,在留守儿童当中,父/母现在外出中且是第一次的占13.74%,父/母曾经外出但现在在家的占21.41%,父/母曾经外出且现在外出中的占23.03%。对于有外出经历的父母,父/母外出次数平均为4.47次,最少的为1次,最多的为32次。

最后是核心中介变量的描述性统计结果。在经济资本方面,家庭年收入的均值为4.84万元,而孩子的课外读物花费占总花费的比例的均值为14%。在社会资本方面,监护人的教育参与中对孩子的理念指导的均值为14.38,稍高于对孩子的行为指导(均值为13.14);同伴网络产生正面影响的均值为10.46,远高于产生负面影响的情况(均值为1.45)。在人力资本方面,经过主成分因子分析提取的能力特质的三个维度中,共情能力的最低得分为-6.73、最高得分为2.04,自控能力的最低得分为-3.99、最高得分为1.88,交往能力的最低得分为-4.49、最高得分为1.94。过去一个月,孩子平均每天的家务劳动时间为146.49分钟,而平均每天的课外学习时间为158.75分钟。样本中37.01%的父母从未外出过,去过父母打工地方的孩子占32.58%,而没去过父母打工地方的孩子占30.41%。

表 1 核心变量的描述性统计结果

变量	占比（%）	均值	标准误	最小值	最大值
子女教育期望（$N=880$）					
高中及以下	18.41				
大学及以上	81.59				
父母外出经历类型（$N=990$）					
父母从未外出过*	41.82				
父/母现在外出中且是第一次	13.74				
父/母曾经外出但现在在家	21.41				
父/母曾经外出且现在外出中	23.03				
父/母外出次数（次）（$N=569$）		4.47	5.28	1.00	32.00
家庭年收入（万元）（$N=955$）		4.84	5.18	0.05	50.00
课外读物花费占比（%）（$N=968$）		14.00	0.14	0	0.83
监护人的教育参与					
理念指导（$N=1013$）		14.38	3.52	4.00	20.00
行为指导（$N=1006$）		13.14	3.67	4.00	20.00
同伴网络					
正面影响网络（$N=1009$）		10.46	3.71	0	16.00
负面影响网络（$N=1004$）		1.45	2.42	0	18.00
能力特质（$N=904$）					
共情能力		0.00	1.00	-6.73	2.04
自控能力		0.00	1.00	-3.99	1.88
交往能力		0.00	1.00	-4.49	1.94
家务劳动时间（分钟）（$N=939$）		146.49	125.24	0	599.29
课外学习时间（分钟）（$N=961$）		158.75	98.71	0	579.00
是否去过父母打工的地方（$N=1016$）					
没去过	30.41				
去过	32.58				
父母从未外出过*	37.01				

* 上面的统计结果来自主要监护人问卷，下面的统计结果来自学生问卷，两种统计口径不同，导致父母从未外出过的占比稍有不同。

（二）GSEM 分析结果

首先利用 GSEM 模型分析不同的外出经历对子女教育期望的总影响，

然后再分别放入核心中介变量经济资本、社会资本、人力资本，进行中介效应分析，所有的分析都在 Stata 中完成。其中，将父母外出经历分为两大类、四大类的结果。①

1. 父母外出经历划分为两类时的分析结果

整体来看，由基准模型发现，相比于父母从未外出过的孩子（非留守），父/母曾经外出（曾留守）或现在外出（留守）中的家庭的孩子读大学的期望较低（系数为 -0.24，未通过显著性检验，不过表现出了这一趋势）。

从具体的中介效应来看，通过经济资本模型发现：在趋势上，家庭年收入越高，则孩子上大学的期望越低（系数为 -0.02，不过未通过显著性检验）、课外读物花费占总花费的比例越高则孩子上大学的期望越高（系数为 1.06，不过未通过显著性检验）；相较于父母从未外出过的家庭，父/母曾经或现在外出的家庭收入更低、孩子课外读物花费占总花费的比例也更低（系数分别为 -0.84、-0.02，分别在 0.05、0.1 的水平上显著）。由此可得，父母外出家庭在总的经济状况上较差，不过反倒提升了孩子读大学的期望，但是父母外出家庭对孩子的课外学习投入不足，降低了孩子读大学的期望。

通过社会资本模型发现：监护人的教育参与特别是理念层次的指导是提升孩子教育期望的重要力量（系数为 0.12，在 0.01 的水平上显著），而孩子的负面影响网络越大则其教育期望越低，即对教育期望有很强的负面影响（系数为 -0.07，在 0.05 的水平上显著）；同时，在趋势上可以发现，相比于父母从未外出过的家庭，父/母曾经或现在外出的家庭对孩子的理念指导、行为指导更少（系数分别为 -0.28、-0.09，未通过显著性检验），同时孩子的负面影响网络会更大（系数为 0.16，未通过显著性检验）。由此可得，父母外出会给监护人的教育参与、孩子的同伴网络带来负面影响，进而会降低孩子的教育期望。

通过人力资本模型发现：一方面，能力特质中的自控能力在趋势上对孩子的教育期望有正面影响（系数为 0.14，不过未通过显著性检验），家务劳动时间越多则孩子的教育期望越低（系数为 -0.10，在 0.05 的水平上显著），孩子去过父母打工的地方在趋势上会提升孩子的教育期望（系

---

① 受限于篇幅，本文并未展示具体分析结果，若需要可向作者索要（ms.hao@xjtu.edu.cn）。

数为0.29，未通过显著性检验）；另一方面，父母外出对孩子的能力特质特别是共情能力会产生很大的负面影响（系数为-0.16，在0.05的水平上显著），且会使孩子需要将更多的时间用于家务劳动（系数为0.50，在0.05的水平上显著）。由此可得，父母外出会降低孩子整体的能力特质、加重孩子的家务劳动负担，从而降低孩子的教育期望。

2. 父母外出经历划分为四类时的分析结果

整体来看，此处结果与父母外出经历两分类结果一致，即相较于父母从未外出过家庭的孩子，父/母曾经或现在外出家庭的孩子在教育期望上较低，而这源于此类家庭的孩子在经济资本、社会资本、人力资本上的劣势或不足。

不过，此处有三点新发现值得特别关注。（1）总的来看，随着父/母外出次数的增加，孩子的教育期望不断降低。（2）相比于父母从未外出过的家庭，父/母第一次外出的家庭的孩子在教育期望和三类资本上几乎无任何差异，甚至在某些维度上呈现出优势，比如正面影响网络、负面影响网络、自控能力方面。（3）父/母曾经外出但现在在家、父/母曾经外出且现在外出中的家庭的孩子，在教育期望、各类资本方面表现都很差，比如，前一类家庭的孩子在课外读物花费占比上最低、正面影响网络最小、负面影响网络最大、自控能力最低、交往能力最低、家务劳动负担较重，后一类家庭的孩子在家庭总体经济状况上最差、理念指导所获最少、共情能力最低、家务劳动负担最重。

五 结论与展望

中国农村留守儿童的教育获得状况得到社会各界的广泛关注与持续探讨。基于威斯康星学派的教育期望研究架构（Sewell et al., 1970），综合社会学、经济学、教育学等的理论视角，结合中外特别是国外的移民家庭研究，本文尝试着提出了一个综合性的理论分析框架：父母外出通过影响孩子在三类资本（经济、社会、人力）上的获取和积累进而影响孩子最终的教育期望。然后，本文利用课题组于2016~2018年收集的"留守儿童和流动儿童动态监测研究"数据的陕西部分的数据，基于GSEM的分析结果，所得主要结论有三点。

第一，父母外出在整体上会降低孩子的教育期望，特别是随着父母外出次数的增加，孩子的教育期望不断降低。为了进一步检验这一理论判断，我们针对父母有外出经历的样本，将父母外出次数作为核心自变量，其他变量及其关系结构不变，重新运行了 GSEM 模型，结果发现随着父母外出次数的增多，孩子的教育期望及三类资本在趋势上变得更差。①

第二，父母外出特别是多次外出使得留守子女在经济资本、社会资本、人力资本的获取和积累上出现了不同程度的问题与不足，进而降低了孩子的教育期望。其中有几点新发现应引起足够的重视，首先，针对经济资本的中介效应分析表明，经济条件相对较差但非常重视孩子学习投入的家庭最有利于孩子教育期望的提升，这表明"穷人的孩子早当家"（刘志军，2008；Hu，2017）的实现需要其他条件的支撑和配合，这一研究发现提升了对经济资本作用路径的认识，并填补了教育期望研究在实证分析维度的空白。其次，针对社会资本的中介效应分析表明，父母外出导致的监管缺失使得孩子更容易结交"坏学生""差学生"，会形成更小的正面影响网络、更大的负面影响网络，从而导致教育期望降低，这一作用路径是已有实证研究很少关注的，需要引起注意。最后，针对人力资本的中介效应分析表明，父母外出的孩子在整体的能力特质上表现较差，虽然在自控能力上表现出了优势，但是这一优势随着父母外出次数的增多迅速消失，由于能力特质如共情能力、交往能力一旦形成就会长久存在，并会持续性地影响孩子未来的社会资本、人力资本建构等方方面面（Steinberg et al.，2010），因此应予以足够重视。

第三，父母外出的负向效应一旦产生就很难再得以弥补或消除。分析结果表明，与父母从未外出过的非留守儿童相比，父母目前是第一次外出的留守儿童在教育期望和各类资本上无显著差异，甚至还表现出了一定的优势；但是，父母曾经外出但现在在家的孩子却在各方面都表现得很差，让人很是担忧，比如课外读物花费占比最低、正面影响网络最小、负面影响网络最大、自控能力最低、交往能力最低、家务劳动负担非常重。为什么父母回到家之后孩子的品行和境况并没有得到改善呢？基于现实观察，结合前期研究（Miao et al.，2013），我们认为这类父母的回流很可能是一种负向选择或无奈之举，比如因工受伤而无法再打工或因资历欠缺而找不到合适的工作。可以想见，此类父母有可能正面临健康、收入来源甚至连

---

① 限于篇幅未列出具体分析结果，有需要可联系本文作者提供（ms. hao@xjtu.edu.cn）。

自己都无法照料的问题,更遑论解决孩子在上述各个方面遇到的难题,因而我们将之称为"双重危机"家庭。对于这类家庭和孩子,社会工作者、政府部门和社会各界应予以重点关注和帮扶。

参考文献

段成荣、赖妙华、秦敏,2017,《21 世纪以来我国农村留守儿童变动趋势研究》,《中国青年研究》第 6 期。

段成荣、杨舸,2008,《我国农村留守儿童状况研究》,《人口研究》第 3 期。

胡枫、李善同,2009,《父母外出务工对农村留守儿童教育的影响——基于 5 城市农民工调查的实证分析》,《管理世界》第 2 期。

胡枫、史宇鹏,2013,《农民工汇款与输出地经济发展——基于农民工汇款用途的影响因素分析》,《世界经济文汇》第 2 期。

李汪洋,2017,《教育期望、学习投入与学业成就》,《中国青年研究》第 1 期。

梁玉成、吴星韵,2016,《教育中的户籍隔离与教育期望——基于 CEPS2014 数据的分析》,《社会发展研究》第 1 期。

林南,2005,《社会资本:关于社会结构与行动的理论》,张磊译,上海人民出版社。

刘志军,2008,《留守儿童:基于一个村落的人类学研究》,《中南民族大学学报》(人文社会科学版)第 3 期。

刘志军、徐芳,2020,《留守经历与社交困难——基于新生代外来工的实证分析》,《社会发展研究》第 3 期。

吕利丹、王非,2017,《人口流动与儿童教育:基本事实与解释》,《人口研究》第 6 期。

马俊龙,2017,《外出务工、教育期望与子女学习成绩》,《教育与经济》第 5 期。

马晓凤,2004,《农村留守儿童的教育关怀——甘肃省通渭县 S 中学调研个案》,《当代教育与文化》第 2 期。

邱皓政、林碧芳,2012,《结构方程模型的原理与应用》,中国轻工业出版社。

任倩,2017,《两次农民工"返乡潮"比较研究——基于贵阳市 2008 年和 2016 年背景分析》,《纳税》第 13 期。

陶然、周敏慧,2012,《父母外出务工与农村留守儿童学习成绩——基于安徽、江西两省调查实证分析的新发现与政策含义》,《管理世界》第 8 期。

王甫勤、时怡雯,2014,《家庭背景、教育期望与大学教育获得——基于上海市调查数据的实证研究》,《社会》第 1 期。

魏勇、马欣,2017,《中学生自我教育期望的影响因素研究——基于 CEPS 的实证分析》,《教育学术月刊》第 10 期。

吴帆、张林虓,2018,《父母参与在青少年行为发展中的作用——基于 CEPS 数据的实证研究》,《中国青年研究》第 12 期。

吴霓,2004,《农村留守儿童问题调研报告》,《教育研究》第 10 期。

吴愈晓、黄超,2016,《基础教育中的学校阶层分割与学生教育期望》,《中国社会科学》第 4 期。

谢贝妮、李岳云,2012,《父母外出务工对子女高中教育的影响》,《经济管理》第 11 期。

叶敬忠、王伊欢、张克云、陆继霞,2006,《父母外出务工对农村留守儿童学习的影响》,《农村经济》第 7 期。

袁梦、郑筱婷,2016,《父母外出对农村儿童教育获得的影响》,《中国农村观察》第 3 期。

Amuedo-Dorantes, C. and Pozo, S. 2011. "Accounting for Remittance and Migration Effects on Children's Schooling." *World Development* 38 (12): 1747 – 1759.

Becker, Gary S. 1962. "Investment in Human Capital: A Theoretical Analysis." *Journal of Political Economy* 70 (5): 9 – 49.

Bohme, Marcus H. 2015. "Migration and Educational Aspirations-Another Channel of Brain Gain?" *IZA Journal of Migration* 4 (12): 1 – 24.

Coleman, James S. 1988. "Social Capital in the Creation of Human Capital." *American Journal of Sociology* 94: 95 – 120.

Dreby, J. and Stutz, L. 2012. "Making Something of the Sacrifice: Gender, Migration and Mexican Children's Educational Aspirations." *Global Networks* 12 (1): 71 – 90.

Edwards, A. C. and Ureta, M. 2003. "International Migration Remittances and Schooling: Evidence from el Salvador." *Journal of Development Economics* 72 (2): 429 – 461.

Granovetter M. 1985. "Economic Action and Social Structure: The Problem of Embeddedness." *American Journal of Sociology* 91 (3): 481 – 510.

Haller, Archibald O. and Butterworth, C. E. 1960. "Peer Influences on Levels of Occupational and Educational Aspiration." *Social Forces* 38 (4): 289 – 295.

Heckman, James J. and Corbin, C. O. 2016. "Capabilities and Skills." *Journal of Human Development and Capabilities* 17 (3): 342 – 359.

Hu, Feng. 2012. "Migration, Remittances, and Children's High School Attendance: The Case of Rural China." *International Journal of Educational Development* 32 (3): 401 – 411.

Hu, Shu. 2017. "'It's for Our Education': Perception of Parental Migration and Resilience among Left-behind Children in Rural China." *Social Indicators Research* 5: 1 – 21.

Kandel, William and Douglas S. Massey. 2002. "The Culture of Mexican Migration: A Theoretical and Empirical Analysis." *Social Forces* 80 (3): 981 – 1004.

Kandel, William and Kao, G. 2001. "The Impact of Temporary Labor Migration on Mexican Children's Educational Aspirations and Performance." *International Migration Review* 35 (4): 1205 – 1231.

Liang, Zai. 2016. "China's Great Migration and the Prospects of a More Integrated Society." *Annual Review of Sociology* 42 (1): 451 – 471.

Lin, Nan. 1999. "Social Networks and Status Attainment." *Annual Review of Sociology* 25: 467 – 487.

Lin, N., Ensel, W. M., and Vaughn, J. C. 1981. "Social Resources and Strength of Ties: Structural Factors in Occupational Status Attainment." *American Sociological Review* 46 (4): 393 – 405.

Lu, Yao and Treiman, D. J. 2011. "Migration, Remittances and Educational Stratification among Blacks in Apartheid and Post-Apartheid South Africa." *Social Forces* 89 (4): 1119 – 1143.

Mckenzie, D. and Rapoport, H. 2011. "Can Migration Reduce Educational Attainment? Evidence from Mexico." *Journal of Population Economics* 24 (4): 1331 – 1358.

McNeal, R. 1999. "Parental Involvement as Social Capital: Differential Effectiveness on Science Achievement, Truancy, and Dropping Out." *Social Forces* 78 (1): 117 – 144.

Miao, David Chunyu, Zai Liang and Yingfeng Wu. 2013. "Interprovincial Return Migration in China: Individual and Contextual Determinants in Sichuan Province in the 1990s." *Environment and Planning A* 45: 2939 – 2958.

Mincer, J. 1970. "The Distribution of Labor Incomes: A Survey with Special Reference to the Human Capital Approach." *Journal of Economic Literature* 8 (1): 1 – 26.

Mueller, R. O. 1996. *General Structural Equation Modeling*. New York: Springer.

Schultz, T. W. 1961. "Investment in Human Capital." *The American Economic Review* 51 (1): 1 – 17.

Sewell, W. H. and Shah, V. P., 1968a. "Parents' Education and Children's Educational Aspirations and Achievements." *American Sociological Review* 33 (2): 191 – 209.

Sewell, W. H. and Shah, V. P., 1968b. "Social Class, Parental Encouragement, and Educational Aspirations." *American Journal of Sociology* 73 (5): 559 – 572.

Sewell, W. H., Haller, A. Q. and Ohlendorf, G. W. 1970. "The Educational and Early Occupational Status Attainment Process: Replication and Revision." *American Sociological Review* 35 (6): 1014 – 1027.

Sewell, W. H., Hauser, R. M., Springer, K. W., and Hauser, T. S. 2003. "As We

Age: A Review of the Wisconsin Longitudinal Study, 1957 – 2001." *Research in Social Stratification & Mobility* 20 (4): 3 – 111.

Sohn, K. 2010. "The Role of Cognitive and Noncognitive Skills in Overeducation." *Journal of Labor Research* 31 (2): 124 – 145.

Steinberg, L., Lamborn, S. D., Dornbusch, S. M., and Darling, N. 2010. "Impact of Parenting Practices on Adolescent Achievement: Authoritative Parenting, School Involvement, and Encouragement to Succeed." *Child Development* 63 (5): 1266 – 1281.

Tarvid, A. 2013. "Unobserved Heterogeneity in Overeducation Models: Is Personality More Important Than Ability?" *Procedia Economics and Finance* 5 (13): 722 – 731.

Woelfel, Joseph and Haller, Archibald O. 1971. "Significant Others, The Self-Reflexive Act and the Attitude Formation Process." *American Sociological Review* 36 (1): 74 – 87.

选择还是制约：中国城市的流动儿童教育[*]

一 引言

2020年全国人口普查数据显示，我国流动人口的数量多达4.9亿。即使采用最低估计值，我国仍然拥有世界上最多的迁移人口。此外，段成荣等（2022）的研究表明，2022年我国的流动儿童规模达到7109万人，比2010年增加了一倍。大量的儿童受到人口迁移的影响。

目前，流动儿童面临的关键问题是受教育机会和儿童福利（Chiang et al.，2012）。教育对于流动儿童来说很重要，因为接受教育是实现社会经济流动的基础，也是让他们免于陷入次级市场的关键（Wu and Zhang，2015）。随着中国经济的发展，教育有望成为社会经济流动中越来越重要的筛选机制。

本文主要关注6~12岁儿童的择校情况。流动儿童早期教育十分重要，因为许多研究表明，儿童早期环境会对其社会经济流动和健康产生长期影响（Case et al.，2005）。实际上，对于弱势儿童（例如本文中的流动儿童）来说，有更充分的证据表明，幼儿期的投资和干预在其大学入学和就业方面带来了更有利的结果（Chingos and Peterson，2012）。鉴于中国流动儿童的不利处境，我们有理由认为学校选择很重要。

由于缺乏城市户口，流动儿童无法享受到与当地儿童一样的受教育机会。在中国流动人口迁移的早期（例如20世纪80年代和90年代初期），

---

[*] 文章已发表［Liang, Z., Yue, Z., and Li, Y. et al., "Choices or Constraints: Education of Migrant Children in Urban China." *Population Research & Policy Review*, 2019, 39 (4)］。收入本书时更新了部分数据。

由于相关教育政策不够完善，流动儿童只能缴纳高额"赞助费"才能入读当地公立学校。尽管官方政策明确规定不应对入读公立学校的流动儿童收取额外费用，但这种现象仍屡禁不止。由于面临高昂的教育费用和其他障碍，许多流动儿童难以进入公立学校。因此，农民工子弟学校仍然存在。这些农民工子弟学校通常设施较差，教师素质较低（Zhou，2014）。

本文使用2012年中国流动人口动态监测调查数据和项目组在中国部分城市的实地调查数据，研究了两个与流动儿童教育相关的问题：（1）流动儿童的父母选择让子女入读公立学校还是农民工子弟学校？（2）流动儿童的父母是否为子女入读公立学校支付赞助费？

二　文献综述

（一）学校选择和教育成果

教育社会学的关键领域之一是研究学校如何影响学习成果（Buchman and Hannum，2011），其中的一部分重要文献是关于公立学校和私立学校的选择。Coleman等（1982）和Hoffer等（1985）率先开创了这一领域的研究，他们比较了公立学校和私立（主要是天主教）学校学生的学习成绩。研究使用高中及高中以后的数据，结果表明天主教学校和其他私立学校的学生在词汇和数学上都比公立学校的学生表现出色。随后的许多研究都延续了这一研究方向。但是，该方向的研究普遍存在的问题是，如何区分选择就读私立学校的学生和学校的影响产生的选择性效应。

弗里德曼教育选择基金会关于随机实验的文章显示，在15项随机对照实验研究中，有12项显示学校选择对教育成果具有积极影响；2项研究显示，相比对照组，实验组更加具有负面影响；1项研究尚无定论（Friedman Foundation for Education Choice，2016）。因此，这些研究的证据支持了私立学校改善学习成绩的观点。

除此之外，还有部分文献研究学校选择如何影响中国流动儿童的学习成果。流动儿童的教育选择目前主要有三种：公立学校、农民工子弟学校和私立学校。中国城市地区的公立学校通常设施良好且师资力量较好，而农民工子弟学校设施较差，私立学校费用昂贵，只有精英阶层才能负担得起。对于绝大多数流动儿童来说，私立学校显然是遥不可及的。

关于学校选择对流动儿童的影响有两项主要研究值得回顾。其中一项研究发现，公立学校的流动儿童表现出了更好的学业成绩和心理健康水平（Lu and Zhou, 2013）。另一项研究是一组经济学家对3000名流动儿童进行的纵向研究（Chen and Feng, 2013）。该研究于2010年开始，在2012年和2014年进行了后续调查。他们通过数学和语文的标准化测试来衡量儿童的在校表现，结果发现公立学校的流动儿童在数学和语文方面的表现明显优于农民工子弟学校的流动儿童。另外，冯帅章、陈媛媛（2012）的研究还显示，社会经济地位最差的学生在就读当地公立学校中受益最大。这些与农民工子弟学校流动儿童学习成绩和社会心理有关的负面发现进一步强调了研究流动儿童学校选择的重要性。

（二）户籍、社会资本以及中国流动儿童的学校选择

长期以来，流动儿童入读公立学校始终存在阻碍。从流入地教育部门官员的角度来看，由于教育预算是基于具有当地户籍的人口数量做出的，因此，将流动儿童纳入其中意味着该城市将承担额外的财政负担（Gao, 2009；Liang and Chen, 2007）。但是这个观点忽略了流动人口为城市税收所做出的贡献。

20世纪80年代末到90年代初，流动人口必须向当地公立学校支付高额"赞助费"，才能让孩子在公立学校注册。还有许多流动儿童，其父母负担不起高额的赞助费，这导致农民工子弟学校的出现。为了满足流动儿童的教育需求，在20世纪90年代，中国城市中的农民工子弟学校大量增加。之后，农民工子弟学校的数量有所减少，但是仍有相当数量的农民工子弟学校存在。截至2015年，北京和上海分别有124所和157所农民工子弟学校（New Citizen Program, 2015）。在广州，2015年只有42%的农民工子女入读了当地的公立学校，其余的仍在农民工子弟学校就读（Yang, 2017）。

农民工子弟学校通常是由流动父母或具有流动人口身份的企业家组织的，他们具有一定的教学或管理经验。最初，他们聘请来自相同省份的教师。比如我们在福州市跟踪访谈的几所农民工子弟学校是由安徽来的有教育经验的老师开办的。近年来，部分农民工子弟学校聘用了一些从城市学校退休的教师。但是，基本事实仍然是，农民工子弟学校的基础设施差、教师水平不高。在某些情况下这些学校甚至可能达不到安全标准。从流动

父母的角度来看，这些农民工子弟学校有一些优势：学费能够负担得起、支付时间灵活以及地理位置近。鉴于以上对农民工子弟学校的分析，本文假设，如果入学是免费的，父母会更愿意让孩子入读当地的公立学校。

社会分层相关研究关注父母的社会经济背景与孩子的教育成果之间的联系（Blau and Duncan，1967）。但是，在中国，除了父母的社会经济背景外，还有其他重要因素会影响流动儿童的受教育机会和成果。政策就是其中之一。

有关流动儿童入读公立学校的政策演变经历了几个阶段。早些年的政策方针是，流入地政府和流出地政府都应协调对流动儿童的教育（Yang，2017）。随后，政策改变了基调，表示应该主要由流入地政府负责对流动儿童的教育。2001 年，《国务院关于基础教育改革与发展的决定》指出流动人口所在地的地方政府和公立学校应对流动人口子女的义务教育负主要责任，这一重要文件后来被称为"两为主"政策。2003 年，《关于进一步做好进城务工就业农民子女义务教育工作的意见》指出，确保将流动儿童与本地学生一视同仁。此外，该政策禁止向流动人口家庭收取额外费用，如"赞助费"等。2014 年，中共中央、国务院公布《国家新型城镇化规划（2014—2020 年）》（CNDRPRC，2014；Yang，2017）。该文件明确指出，地方政府应将农民工子女的教育纳入其教育、学校规划以及财政规划。

由于流动儿童教育问题的重要性，21 世纪以来，学术界对该问题的关注日益增加。早期的研究表明，流动儿童入学率较低，特别是在城市居住时间较短的农民工子女。但是，随着农民工子女在城市生活时间的增加，入学率也随之提高（Liang and Chen，2007）。Liang 和 Chen（2007）运用流出地与目的地关联的方法发现，在流动人口集聚社区，流动儿童的入学率实际上低于非流动儿童。Wu 和 Zhang（2015）使用最新数据证实了该结论。

这些发现引起了学界的极大关注，因为大多数父母流动的目的正是希望自己的孩子实现社会经济地位向上流动，包括获得更多的教育资源。最近的研究表明，流动儿童的入学率似乎已经接近本地儿童的入学率，这主要是因为大量流动人口子女入读了农民工子弟学校（Yang，2017）。根据 2010 年中国流动人口动态监测调查的数据，流动儿童公立学校的入学率已达到 74%（DFPCFPC，2011）。因此，关于流动儿童研究的关键问题是谁能上公立学校，以及流动父母是否必须为子女入读公立学校支付费用。

使用公立学校和农民工子弟学校相关数据进行的几项研究显示，择校过程和学生成绩具有重要联系（Chen and Feng，2013）。但是，早期研究中使用的研究设计并不理想，因为这些学校是由研究人员而非父母选择的。以前的研究也更多使用区域数据而不是国家层面数据。

本文的分析基于三大社会学理论：社会分层理论、关于移民适应的同化理论以及社会资本理论。由于社会的分层和同化将导致某种程度的标准预测和假设，因此本文的讨论将集中于社会资本理论及其对学校选择的影响。

自从 Blau 和 Duncan（1967）的开创性研究以来，社会分层理论一直关注家庭出身对儿童教育的影响。特别是父母的资源（例如收入和教育）是儿童教育和发展轨迹的主要预测指标（Buchman and Hannum，2011）。另外，家庭收入很重要，因为在某些情况下，让孩子上公立学校通常需要缴纳赞助费。此外，受过高等教育的家长知道公立学校的教育质量比农民工子弟学校更好。因此，本文假设在城市生活时间更长的父母能更好地融入城市生活，也更加希望自己的孩子能够和当地的孩子一样进入公立学校接受教育。

本研究强调社会资本在影响流动父母择校决定上的重要性。Coleman（1986）是最早探索社会资本与人力资本之间联系的学者之一，他认为"社会资本是由它的功能来定义，它不是一个单一的实体，而是多种多样的实体。社会资本和人力资本之间有两个共同点：它们都由社会结构的某些方面组成，并且促进了行动者的某些行动……"。在迁移研究领域，迁移网络通常被定义为一种社会资本，可以促进迁移过程以及移民在流入地的定居（Massey，1999）。作为社会资本的一种形式，迁移网络通常是指移民的来源地和目的地之间，以及来自同一家乡的人之间的联系。研究美国第二代移民的学者强调社会资本对儿童教育的重要性（Hao and Bonstead-Bruns，1998）。在本研究中，本地社会资本是指流动人口与流入地城市当地居民的社会关系。我们认为这是一种社会资本，因为它能够帮助流动人口在流入地定居，能让他们的孩子在当地公立学校上学。从这个角度来看，社会资本的使用类似于中国的"关系"。对"关系"的研究着重于分析个人如何利用当地的关系来寻找工作、晋升、商业交易以及获取稀缺资源。

农民工可能会利用当地居民与学校的联系获得入学机会。尽管目前的官方政策允许流动儿童进入公立学校就读，但流动儿童并不能全部入读公立学校。公立学校可能出于各种各样的原因无法接受流动儿童，比如没有足够的教学空间，或者农民工缺少子女入学必需的文件等。因此，为了进入公立学校，农民工往往不得不支付额外的费用。

最后，本文认为公立学校的招生状况会有很大的地区差异。特别是，中国东部地区的农民工子女进入公立学校的可能性比中部、西部地区的农民工子女要小。由于中国东部地区有大量流动人口流入，该地区对于公立学校的教育需求大于其他地区。因此，与其他地区的流动儿童相比，东部地区的流动儿童进入公立学校的概率更小。我们认为东部地区的流动人口更有可能为子女进入公立学校支付费用，因为农民工子女增多对公立学校入学率提出了更高的要求。

三 数据和方法

本研究的数据来自 2012 年国家卫计委组织的中国流动人口动态监测调查，数据总样本 158556 个。采用多阶段分层 PPS 抽样方法。被访者是 15～59 岁的农民工，这些农民工在调查地点居住了至少一个月。该调查收集了有关个人和家庭信息、简要迁移史以及农民工家庭的工作和生活条件信息。另外，还收集了有关被访者子女的信息，包括其当前居住地（在流入地或流出地），在流入地就读的学校类型以及是否为公立学校入学付费。社会资本的操作化使用农民工对以下问题的回答：在您的闲暇时间中，您在本地和谁来往最多？回应包括：同乡（户口在本地）；同乡（户口在老家）；其他本地人；其他外地人；很少与人来往。通过创建一个二分变量来衡量流动人口在当地的社会资本，如果农民工主要与当地人互动，则取 1，否则取 0。

使用此数据的主要优势有以下两个方面。第一，该数据具有全国代表性。它使我们能够对流动儿童在公立学校的入学情况以及缴纳赞助费情况进行系统分析。据我们所知，这是少数几个包含有关流动儿童公立学校赞助费支付情况的国家级数据之一。第二，为了研究学校的选择，样本需要包含大量被不同类型的学校录取的儿童。当前大多数关于流动儿童的研究和调查数据的学校数量不能够满足我们的研究需要。实际上，所有先前回顾的研究都涉及学校选择，这些研究中对学校的选择很难解释为什么学生选择一种类型的学校而不是另一种类型的学校，因为这一决定实际上是由研究人员做出的。相比之下，2012年中国流动人口动态监测调查数据非常适合本研究，因为该调查对流动人口进行了抽样，然后调查了他们子女的学校选择。这是本研究在方法论上的优势。该调查数据的主要缺点是，鉴于这不是一项关于流动儿童教育的专项调查，我们没有系统的学习成绩测量标准（例如测试成绩）可用于分析流动儿童的学校选择与学习成绩之间的关系。

在调查中，有孩子的被访者被问及他们的孩子是在公立学校、农民工子弟学校还是私立学校就读。对于那些其子女在公立学校就读的流动人口，会询问他们是否支付了赞助费。我们应该注意到，中国的"私立学校"概念与美国的情况不同。严格来说，中国的农民工子弟学校也是私立学校。此外，此类"私立学校"还包括一些专为有钱父母的孩子而设计的精英学校，其中包括一些富有的流动人口企业家。然而，此类别可能包括农民工子弟学校。例如，在上海，所有农民工子弟学校都被重新定义为私立学校（民办学校）。① 本文还研究了把孩子送进私立学校的农民工的社会经济背景，发现他们并不全是富有的。例如，对于私立学校的孩子来说，收入最高的25%的家庭平均月收入为12401元，而收入最低的25%的家庭平均月收入仅为2561元。我们认为，收入最低的25%的家庭代表了农民工子弟学校的孩子所在的家庭。由于地方政府的政策变化，这些农民工子弟学校现在已经变成了私立学校。目前，大约14%的流动儿童入读私立学校。因此，我们决定把私立学校纳入分析范围。

本文有两个主要的因变量。第一个因变量是具有三个结果的分类变量：是否入读公立学校、农民工子弟学校或私立学校。第二个因变量是流动儿童的父母是否为他们的子女上公立学校支付赞助费。对第一个因变量的分析使用多项式logit模型，对第二个因变量使用logistic回归。因为有些家庭在流入地有多个孩子，这将违反回归分析的标准假设。因此，我们决定使用人口平均模型来考虑可能存在于同一家庭中的儿童之间的联系（Hosmer and Lemeshow, 2000）。正如Hosmer和Lemeshow（2000）所说，

---

① 《为什么要将农民工子女学校纳入民办教育管理？》，http://edu.sh.gov.cn/zcjd_area_2487/20200706/0015-xw_49660.html，最后访问日期：2022年1月25日。

人口平均模型适用于每个聚类（在我们的案例中是家庭）中不变的协变量。为了代表中国的流动人口，模型中采用了调查机构提供的权重。

为了确定不同地区的流动儿童公立学校入学率的差异，我们区分东部、中部、西部进行研究。东部地区土地肥沃，经济发展和市场化水平最高。中部地区的农业条件也较好，但远远落后于东部地区。因此，我们使用西部、中部和东部作为代表流入地社会和经济状况分类的类别。

四 统计分析结果

在调查中，任何有孩子的父母需要报告每个孩子的地理位置，无论是在流入地还是在流出地（留守儿童）。表1显示，调查中共有48258名儿童（6~12岁），其中大多数居住在流入地。值得注意的是，在流入地，有11.18%的流动儿童不在学，而留守儿童中不在学的比例为7.46%。这与Liang和Chen（2007）的发现相符，即与留守儿童相比，流动儿童的教育更易中断。在不在学的孩子中，有一部分6岁的孩子，他们的生日在9月1日之后，因此未能及时入学。但是，即使考虑到这一点，6岁流动儿童的不在学率仍然高达50.37%，而6岁留守儿童的不在学率为39.16%（未在表1中显示）。

表1 6~12岁流动儿童和留守儿童入学率

单位：%

	流动儿童		留守儿童	总计
	在流入地	在其他地方		
小学	84.37	86.08	85.56	84.82
初中	4.45	6.94	6.98	5.41
不在学	11.18	6.98	7.46	9.76
样本量	29920	336	18002	48258

对于流动儿童来说，他们中的相当一部分要付费才能入读公立学校。数据显示，入读公立学校的流动儿童中约有20%支付了赞助费。

表2比较了入读公立学校、私立学校以及农民工子弟学校的流动儿童及其父母的基本特征，并对自变量进行了 t 检验。本文发现，在公立学校

就读的儿童中有23.1%出生在本地,而这一比例在农民工子弟学校中只有16.3%。实际上,在农民工子弟学校就读的儿童与当地孩子的唯一区别是,在流入地出生的流动人口子女没有当地户口,这对他们的受教育机会造成重大影响。这一事实表明在流入地出生的流动儿童并没有享受到平等的受教育机会。另外,我们还注意到,跨省流动的儿童往往在农民工子弟学校中占主导地位,农民工子弟学校中91.3%的流动儿童来自其他省份(而不是同一省份)。跨省流动人口的子女在以下几个方面处于劣势:可能存在的语言障碍(不同的方言)、课本和课程的差异,以及在流入地适应新教育体系所需的时间更长。另外,拥有更多本地社会资本的农民工父母更有可能让子女入读公立学校,这为本文的关键假设提供了初步的支持。

表2 变量描述

	公立学校 (N = 23754)		私立学校 (N = 2174)		农民工子弟学校 (N = 955)	
	均值/比例	标准差	均值/比例	标准差	均值/比例	标准差
儿童特征						
男性	0.572	—	0.601	—	0.604	—
年龄(岁)	8.88	1.82	8.74	1.83	8.86	1.83
出生在本地	0.231***	—	0.193*	—	0.163	—
家庭特征						
非农户口	0.125***	—	0.129***	—	0.052	—
孩子数量(个)	1.76***	0.72	1.88	0.78	1.90	0.73
家庭收入(元)	6262.97***	5872.32	6612.75***	6612.99	5561.10	5092.64
父亲的受教育程度(参照组:小学)						
初中	0.589***	—	0.617	—	0.637	—
高中	0.196***	—	0.206***	—	0.115	—
大学及以上	0.059***	—	0.054***	—	0.005	—
母亲的受教育程度(参照组:小学)						
初中	0.574	—	0.575	—	0.582	—
高中	0.153***	—	0.173***	—	0.048	—
大学及以上	0.034***	—	0.028***	—	0.001	—
迁移特征						

续表

	公立学校 ($N=23754$)		私立学校 ($N=2174$)		农民工子弟学校 ($N=955$)	
	均值/比例	标准差	均值/比例	标准差	均值/比例	标准差
迁移距离（参照组：市内跨县）						
跨省	0.586***	—	0.616***	—	0.913	—
省内跨市	0.294***	—	0.334***	—	0.074	—
流动时长（年）	6.56***	5.16	5.40	4.42	5.61	4.68
本地社会资本						
和本地居民的社会联系	0.343***	—	0.255***	—	0.134	—

*** $p<0.001$，* $p<0.05$。

本研究还发现，就全国而言，近 80% 的流动儿童入读公立学校。同时，区域差异也很明显，与中部、西部的流动儿童相比，东部的流动儿童上公立学校的可能性较小。

表 3 显示了多项式 logit 模型的结果，该模型分别预测了相较于入读农民工子弟学校，流动儿童入读公立学校和私立学校的比率。本文主要关注影响流动儿童入读公立学校和农民工子弟学校的因素。模型结果表明，儿童入读公立学校的概率与父母的受教育程度密切相关，母亲的受教育程度比父亲的受教育程度具有更大的影响力。这可能反映出这样一个事实，即母亲在为流动儿童寻找当地学校信息中扮演主要角色，并且更多地参与学校活动。这与早期的研究相吻合，与父亲相比，母亲对孩子的教育期望更高，并且与孩子在一起的时间更多（Collins and Russell, 1991）。此外，家庭收入越高，孩子上公立学校的可能性就越大，这与我们的预期相符。这一发现支持了本文的假设，即入读公立学校比入读农民工子弟学校需要更多的经济资源。与农民工子弟学校相比，家庭收入并没有对孩子入读私立学校产生影响，这可能是因为私立学校中有相当比例的孩子实际上来自并不富裕的家庭。

由于入读公立学校会花费更多的经济资源，因此有多个孩子的流动家庭其子女入读公立学校的可能性会降低。这实际上是一个令人不安的发现，如果流动儿童可以免费入读公立学校，那么从理论上讲，公立学校入学的可能性应该与家庭中的子女数量无关。另外，模型结果还显示，与市内跨县流动儿童相比，跨省流动儿童入读公立学校的可能性更小。

本文发现，和本地居民的社会联系较多的家长，将子女送进公立学校的可能性比送进农民工子弟学校的可能性大 200% 左右（概率比为 1.979）。一种解释是，有了当地朋友，流动儿童父母更有可能遵循本地人将子女送进公立学校而不是农民工子弟学校的规范。此外，拥有本地朋友还意味着获得本地社会资本，农民工在需要时可以利用这些资本。本地朋友往往对公立学校有更多的了解，甚至可能认识在公立学校工作的老师和行政人员。当农民工的本地朋友有学龄儿童时，尤其如此。这可能会促进公立学校招收流动儿童，也可能意味着流动父母通过本地朋友与公立学校的老师和行政人员建立联系。

非常重要的是，表 3 显示了公立学校入学率存在显著地区差异。具体而言，与西部地区的流动儿童相比，东部地区的流动儿童就读公立学校的可能性更小。这是一个政策性问题，因为东部地区的流动人口占我国流动人口的绝大部分。实际上，在本文的样本中，将近 3/4 的流动儿童居住在中国东部。显然，大量流动儿童受到此影响。当然，东部地区大量的流动儿童可能给当地教育系统带来负担。但是，东部地区也拥有最好的教育资源可以满足流动儿童的教育需求。考虑到北京、上海和广州这三个城市的重要性，本文还建立了将这三个城市与其他地区进行比较的模型（结果未在文中显示）。结果显示，这三个城市的流动儿童入读公立学校的可能性比入读农民工子弟学校的可能性要小。

表 3　6~12 岁流动儿童入读学校多项式 logit 模型

变量	公立学校 概率比	公立学校 标准误	私立学校 概率比	私立学校 标准误
儿童特征				
男性	0.946	0.080	1.105	0.111
年龄	1.027	0.024	0.994	0.027
出生在本地	1.235	0.146	1.148	0.167
家庭特征				
非农户口	1.293	0.263	1.441	0.336
孩子数量	0.850*	0.061	1.084	0.088
家庭收入	1.396*	0.218	1.309	0.262

续表

变量	公立学校 概率比	公立学校 标准误	私立学校 概率比	私立学校 标准误
父亲的受教育程度（参照组：小学）				
初中	1.146	0.152	1.537**	0.249
高中	1.380	0.274	1.690*	0.394
大学及以上	4.510**	2.362	4.962**	2.801
母亲的受教育程度（参照组：小学）				
初中	1.154	0.135	1.181	0.167
高中	2.723***	0.626	3.434***	0.899
大学及以上	14.538*	15.978	15.358*	17.263
迁移特征				
迁移距离（参照组：市内跨县）				
跨省	0.149***	0.028	0.253***	0.054
省内跨市	0.701	0.161	1.410	0.354
流动时长	1.047***	0.012	0.990	0.013
本地社会资本				
和本地居民的社会联系	1.979***	0.244	1.602***	0.226
流入地（参照组：西部）				
东部	0.235***	0.033	0.458***	0.071
中部	1.398	0.258	1.043	0.206
截距	24.672***	16.262	1.776	1.461
N	26883			

*** $p < 0.001$, ** $p < 0.01$, * $p < 0.05$。

表 4 将样本限制为当前在公立学校就读的流动儿童，考察其父母是否支付了赞助费。与本文假设一致，有多个孩子的家庭不太可能为孩子入读公立学校支付赞助费。另外，居住在东部地区的流动父母比居住在西部地区的流动父母更有可能为孩子入读公立学校支付赞助费。另外，和本地居民的社会联系较多的流动父母为了让子女进入公立学校而付费的可能性要高 115.2%。

表4　6~12岁入读公立学校流动儿童支付赞助费人口平均 logit 模型预测结果

变量	模型1 概率比	模型1 标准误	模型2 概率比	模型2 标准误
儿童特征				
男性	1.037	0.031	1.033	0.031
年龄	1.056***	0.009	1.056***	0.009
出生在本地	1.103*	0.046	1.080	0.048
家庭特征				
非农户口	1.032	0.063	1.033	0.063
孩子数量	0.857***	0.026	0.862***	0.027
家庭收入	1.417***	0.107	1.229**	0.095
父亲的受教育程度（参照组：小学）				
初中	1.379***	0.093	1.353***	0.092
高中	1.470***	0.121	1.417***	0.117
大学及以上	1.495***	0.178	1.411**	0.169
母亲的受教育程度（参照组：小学）				
初中	0.992	0.055	1.000	0.055
高中	1.066	0.082	1.067	0.083
大学及以上	1.154	0.153	1.133	0.151
迁移特征				
迁移距离（参照组：市内跨县）				
跨省			0.947	0.062
省内跨市			0.838**	0.057
流动时长			1.003	0.004
本地社会资本				
和本地居民的社会联系			1.152***	0.047
流入地（参照组：西部）				
东部			1.639***	0.108
中部			1.152	0.091
截距	0.039***	0.012	0.047***	0.015
N	19234		19234	
Wald χ^2	170.06***		263.11***	

*** $p < 0.001$, ** $p < 0.01$, * $p < 0.05$。

笔者在东莞的实地调查表明，流动父母常常因不符合政府设定的标准（例如，未达到所在城市规定的工作年限或者纳税金额不足）而为孩子入读公立学校支付额外费用，但是，支付赞助费并不是一件容易的事。几乎在所有情况下，中间人（通常是本地人）成为可以促进流动儿童入读公立学校的关键社会资本。

五　结论和讨论

本研究主要关注流动儿童受教育机会不平等问题，特别是流动儿童的学校选择过程和影响其择校的因素。一方面，如果从公立学校教育质量高于农民工子弟学校的假设出发，那么拥有更多资源的农民工更倾向于将他们的孩子送入公立学校。这与教育社会学的很多文献结论一致。另一方面，如果进入公立学校的机会对于每个孩子都是平等的，那么本研究的结果引发一些思考。例如，为什么家长关于孩子入读公立学校的决定取决于家庭中孩子的数量和家庭收入？显然，由于户口限制以及资源缺乏，农民工在将孩子送入公立学校时受到限制和阻碍（Kwong，2004）。农民工父母只能依靠经济资本和社会资本来获得让其子女入读公立学校的机会，户口仍然影响数千万流动儿童的受教育机会（Zhou et al.，2014）。

另外，关于社会资本的作用。部分文献通过测量辍学率和考试分数证明了社会资本对儿童教育成果的影响（Astone and McLanahan，1994）。在社会分层文献中，社会资本对于获得好职业和社会流动的重要性已被证明（Bian，1997）。本研究表明，社会资本在让流动儿童获得当地公立学校入读机会方面发挥着重要作用。的确，与当地居民的更多互动可以帮助流动人口及其家庭融入城市社会。但是，这却把没有良好社会资本的流动人口排除在外。

显然，本文的研究有力地证明，流动人口由于户口限制和资源缺乏，他们的子女在入学方面面临很多限制。2014年，上海关于流动儿童的入学政策规定，持有暂住证并在上海居住时间满两年的农民工，其子女可以在当地公立学校接受教育。到2015年，居住时间增加到3年（New Citizen Program，2015）。Liu 和 Wang（2017）对上海九个地区幼儿园的研究显示，根据新政策，只有57%的流动儿童有资格进入当地公立学校。笔者还注意到，新出台的农民工子女公立学校入学政策目的与《国家新型城镇化规划（2014—2020 年）》并不一致，后者旨在为农民工及其子女在城市定居提供便利。

尽管中央政府政策允许流动儿童在当地公立学校接受教育，但仍有 8% 的流动儿童就读于农民工子弟学校，这些学校的基础设施较差，资源较少，教师水平往往不高。未来的研究需要更深入探究流动父母将子女送入这些学校的原因，是因为缺乏进入当地公立学校的机会，或者是因为他们认为农民工子弟学校有更多来自家乡的孩子，这有利于子女的融入，还是因为农民工子弟学校更加便利？

另外，本文注意到公立学校招生的地区差异引发了另一个担忧（Chan and Ren，2018）。中国东部的农民工子女就读公立学校的可能性较小，他们的父母反而更有可能为子女入读公立学校支付赞助费。众所周知，东部沿海地区长期以来一直处于经济改革的前列，是对中国 GDP 贡献最大的地区，它们也是满足世界市场消费需求的世界工厂所在地。流动人口为中国东部的经济发展做出了巨大贡献。如今，相当比例的外来务工人员子女将留在东部地区。因此，确保这些流动儿童享有平等的受教育机会符合政府的利益。

关于本文的研究有几点需要注意。数据中可能存在少报情况。另外，可能某些农民工父母并不了解农民工子弟学校与私立学校之间的明显区别。如果是这样，我们对农民工子弟学校和私立学校的划分不一定十分准确。最后，本文的数据仅适用于流动人口群体。因此，我们无法将流动儿童与当地儿童的学校选择进行比较，这些问题有待出现更合适的数据之后进行研究。

参考文献

段成荣、邱玉鼎、黄凡、谢东虹，2022，《从 657 万到 3.76 亿：四论中国人口迁移转变》，《人口研究》第 6 期。

冯帅章、陈媛媛，2012，《学校类型与流动儿童的教育——来自上海的经验证据》，《经济学》（季刊）第 4 期。

Astone, N. and McLanahan, S. 1994. "Family Structure, Residential Mobility, and School Report." Demography 31: 575 – 584.

Beijing Education Commission. 2016. "The 2015 Document on Compulsory Education." Retrieved from March 15. http://www.bjedu.gov.cn/publish/portal27/tab1654/info38240.htm.

Bian, Y. 1997. "Bring Strong Ties back in: Indirect Ties, Network Bridges, and Job Searches in China." *American Sociological Review* 62: 266 – 285.

Blau, P. M. and Duncan, O. D. 1967. *The American occupational structure.* New York: Wiley.

Buchman, C. and Hannum, E. 2011. "Education and Stratification in Developing Countries: A Review of Theories and Research." *Annual Review of Sociology* 27: 77 – 102.

Case, A., Fertig, A., and Paxson, C. 2005. "The Lasting Impact of Childhood Circumstance." *Journal of Health Economics* 24: 365 – 389.

Chan, K. W. and Ren, Y. 2018. "Children of Migrants in China in the Twenty-First Century: Trends, Living Arrangements, Age-Gender Structure, and Geography." *Eurasian Geography and Economics* 2.

Chen, Y. and Feng, S. 2013. "Access to Public Schools and Education of Migrant Children in China." *China Economic Review* 26: 75 – 88.

Chiang, Y., Hannum, E., and Kao, G. 2012. "Who Goes, Who Stays, and Who Studies? Gender, Migration, and Educational Decisions among Rural Youth in China." *International Journal of Chinese Education* 1: 106 – 131.

Chingos, M. M. and Peterson, P. E. 2012. "The Effects of School Vouchers on College Enrollment: Experimental Evidence from New York City." Brown Center on Education Policy at Brookings and Program on Education Policy at Harvard Kennedy School.

Coleman, J. S., Hoffer, T., and Kilgore, S. 1982. "Cognitive Outcomes in Public and Private Schools." *Sociology of Education* 55: 65 – 76.

Coleman, J. S. 1986. "Social Capital in the Creation of Human Capital." *American Journal of Sociology* 94: S95 – S120.

Collins, W. A. and Russell, G. 1991. "Mother-Child and Father-Child Relationships in Middle Childhood and Adolescence: A Developmental Analysis." *Developmental Review* 11 (2): 99 – 136.

Committee on National Development and Reform of People's Republic of China (CNDRPRC). 2014. A New Blueprint for Urbanization in China (2014 – 2020). from http://ghs.ndrc.gov.cn/zttp/xxczhjs/ghzc/201605/t20160505_800839.html.

Division of Floating Population of China's Family Planning Commission (DFPCFPC). 2011. *The 2011 Report on China's Floating Population.* Beijing: China Population Publishing House.

Dongguan City Government. 2017. Point System for Public School Enrollment of Migrant Children. from http://www.dg.gov.cn/cndg/zfwj/201705/0bf678e951324b54b09037dfa72fc398.shtml.

Duan, C., LD, L. V., Guo, J., and Wang, Z. P. 2013. "Left behind Children in Rural China: Evidence from the 2010 Chinese Population Census." *Population Journal* 199: 37 – 49.

Friedman Foundation for Education Choice. 2016. "Does School Choice Have a Positive Academic Impact on Participating Students?" Retrieved March 15. from http://www.edchoice.org/school_ choice_ faqs/does-school-choice-have-a-positive-academic-impact-on-participating-students.

Gao, H. 2009. "Analyzing the Second Time Decision about the Two Principal Policy in the Context of Compulsory Education in the City." *Theory and Practice of Education* 2: 20 – 22.

Hao, L. and Bonstead-Bruns, M. 1998. "Parent-Child Differences in Educational Expectations and the Academic Achievement of Immigrant and Natives' Students." *Sociology of Education* 3: 175 – 198.

Hoffer, T., Greeley, A. M., and Coleman, J. S. 1985. "Achievement Growth in Public and Catholic Schools." *Sociology of Education* 58: 74 – 97.

Hosmer, D. W. and Lemeshow, S. 2000. *Applied Logistic Regression* (2nd ed.). New York: Wiley.

Kwong, J. 2004. "Educating Migrant Children: Negotiations between the State and Civil Society." *China Quarterly* 180: 1073 – 1088.

Liang, Z. and Chen, Y. P. 2007. "The Educational Consequences of Migration for Children in China." *Social Science Research* 36: 28 – 47.

Liang, Z. 2016. "China's Great Migration." *Annual Review of Sociology* 42: 451 – 471.

Liu, Y. and Wang, Y. 2017. "School Enrollment of Migrant Children in Shanghai." in Yang, D. (Ed.), *Annual Report on Education for China's Migrant Children*. Beijing: China Social Science Academic Press.

Lu, Y. and Zhou, H. 2013. "Academic Achievement and Loneliness of Migrant Children in China: School Segregation and Segmented Assimilation." *Comparative Education Review* 57: 85 – 116.

Massey, D. S. 1999. "Why Does Immigration Occur?" in C. Hirschman, P. Kasinitz, and J. DeWind (Eds.), *The Handbook of International Migration: The American Experience*. New York: Russell Sage Foundation.

National Bureau of Statistics of China. 2012. *Statistical Yearbook of China* 2012. Beijing: China Statistics Press.

New Citizen Program. 2015. Education of Migrant Children in China: 2015. Retrieved March 15. from http://wenku.baidu.com/link? url = GAfXdc3PnmLsmFuo20nr9DKAldwZQ0fnbvDOKp6kA5j8 – 0w0e94VYoM6Ej3mQ – RdNxstIXUQQ7GnHbKKOhZDcRxpSFAaHKm0yghPl2hHGJO.

Putman, R. D. 2015. *Our kids: The American Dream in Crisis*. New York: Simon & Schuster.

Shuaizhang, F. and Yuanyuan, Chen. 2012. "School Type and Education of Migrant Children: The Case of Shanghai." *China Economics Quarterly* 11: 1455 – 1476.

Shuaizhang, F., Yuanyuan, C., and Jiajie, J. 2017. *The Future of Cities-Shanghai Model of Migrant Children's Education*. Shanghai: Shanghai University of Finance and Economics.

Teachman, J., Paasch, K., and Carver, K. 1996. "Social Capital and Drop Out School Early." *Journal of Marriage and the Family* 58: 773 – 783.

Wu, X. and Zhang, Z. 2015. "Population Migration and Children's School Enrollment in China, 1990 – 2005." *Social Science Research* 53: 177 – 190.

Yang, D. 2017. "Studying by the Door of Beijing." in D. Yang (Ed.), *Blue Book on Education of Migrant Children in China*. Beijing: China Social Science Publishing House.

Yang, W. 2012. "Factors Associated with Educational Expectations for Migrant Children: An Analysis of Survey Data from Beijing." *Norwest Population* 2: 98 – 102.

Zhang, H., Behrman, J. R., Fan, C. S., Wei, X., and Zhang, J. 2014. "Does Parental Absence Reduce Cognitive Achievement? Evidence from Rural China." *Journal of Developmental Economics* 111: 181 – 195.

Zhou, H. 2014. *Panel Study on the Development of Migrant Children*. Beijing: Peking University Press.

Zhou, M., Murphy, R., and Tao, R. 2014. "Effects of Parents' Migration on the Education of Children Left behind in Rural China." *Population and Development Review* 2: 273 – 292.

父母外出与子女教育期望[*]

——基于中国陕西与墨西哥的比较研究

一 研究背景

在地位获得的理论框架中，教育期望被看作社会经济地位获得的关键预测因素（Sewell et al.，1969）。这个框架显示，父母和子女的教育期望受到经济文化背景的影响，并会内化成子女的学习动力，从而影响他们的学习行动和选择（Hao and Bonstead-Bruns，1998）。父母的教育期望和亲子关系显著影响子女的教育期望（Hao and Bonstead-Bruns，1998）。而对于外出打工的父母而言，他们的教育观念和行动都容易受到冲击和转变，从而深刻影响留守子女的成长。本文运用比较研究的方法，关注父母外出如何对中国和墨西哥的儿童产生影响。

移民家庭的子女教育期望一直是学者关注的焦点。一方面，大多数父母是为了获得更好的工作机会和更多的收入前往城市，而家庭经济条件的改善有利于子女的教育（Todaro，1969；Kandel and Kao，2000）。另一方面，父母监管的缺失会对子女的学习成绩造成负面影响（Kandel and Kao，2000）。子女可能会将他们受教育程度低但可获得打工收入的父母作为榜样并选择早早辍学，依靠父母的关系网外出打工（Kandal and Kao，2000），这些对于社

---

[*] 本文的主体内容译自作者于 2020 年发表在 Taylor & Francis Group 旗下的英文期刊 *Chinese Sociological Review* 上的论文，论文详细信息如下：Feinuo Sun, Zhen Liu, and Kathryn S. Schiller, "Parental Migration and Children's Educational Aspirations: China and Mexico in A Comparative Perspective." *Chinese Sociological Review*, 2020, 52（4）: 462 – 486 . doi: 10. 1080/21620555. 2020. 1779052。我们十分感谢出版社（Taylor & Francis Group）授权我们翻译该文并同意将该文中文版作为一篇文章收录在本书中，出版社网址为：https://www. tandfonline. com/。需要说明的是，与英文论文稍有不同的是，我们在中文版中增加了一些访谈资料。

会阶层比较低的家庭尤其明显。

众多移民研究学者（Portes，1997；Liang Miao，2013）指出，对两个地点的比较研究可以发现不同社会中社会现象的共性，更可以显示出不同社会因素的影响：研究地点的不同导致社会背景因素不同，而社会背景因素不同，迁移给社会带来的影响也不同。具体来说，研究地点的社会状况（包括经济发展水平、文化教育理念和性别关系）在一定程度上决定了父母外出如何影响子女的教育期望。中国和墨西哥都有历史性的大规模移民，造成了大量儿童留守在家（Lu，2014；Liang，2016）。中国陕西省和墨西哥在经济发展水平上有一定的可比性，而在文化教育理念和性别关系上较为不同，所以本文对两个地区进行比较研究。

本文的研究问题有二。其一，在中国陕西省和墨西哥，父母外出对子女的教育期望的影响有何不同？其二，如何用社会的经济发展水平、文化教育理念和性别关系来解释这些不同？本文考虑了四种不同的父母外出形式：父母均外出，父亲单独外出，母亲单独外出，父亲或母亲曾经外出但目前在家。同时，本文也关注父母外出对男童和女童的不同影响。本文所用数据来自2009~2012年墨西哥家庭生活调查（MxFLS）和2017年中国陕西省人口流动与儿童调查。我们关注小学四到六年级的学生。我们首先对比基于整体样本的有序logistic回归模型的结果，然后对不同性别的样本进行对比。研究结果显示了父母外出对子女教育期望的影响和这一影响在不同社会中的差异。

二 文献综述：父母外出和子女教育期望的关系

现有文献从经济、文化和社会角度探讨了父母外出对子女教育期望的影响，但对这个影响是有益还是有害依然有争议。支持父母外出有益的观点认为，由于更多的就业机会是人们选择外出打工的关键原因之一（Todaro，1969），有成员外出的家庭会有更高的收入，从而有利于子女教育。打工汇款不仅丰富了教育资源，降低了子女辍学的可能性，还使子女免于贫困带来的家务劳动负担（Kandel and Kao，2000）。另一些研究则提出了所谓的"移民优势"（immigrant optimism），即一种可以代际传递的文化资本。比如，受教育程度更高的农民更有可能去城市打工（王广慧、张世伟，2008；Liang and Miao，2013），他们对子女有更高的教育期望，进而使其子女也有更高的教育期望（Goyette and Xie，1999）。此外，外出打工的父母也往往有着自己的野心和理想并把这些传递给子女，使他们在学业上更有长进（Feliciano and Lanuza，2016）。

然而，支持父母外出有害的观点认为，父母监管的缺失、社会资本的传递和"模范效应"都会使子女的教育期望降低。研究发现，留守儿童的生理和精神健康都比其他同龄儿童要更差（Xu et al.，2018）。因此，这些儿童的教育期望和学习成绩都可能会受到不良影响（Liang，2016；Zhou et al.，2014）。对墨西哥家庭来说，移民子女会和移民组织有更多的互动联结，而组织中广为流传的移民相关信息、活动和社交网络等都使他们更容易选择外出打工而不是继续学业，从而降低他们的教育期望（Kandel and Kao，2000）。另外，因为大多数墨西哥移民从事低薪、低技术的工作，受模范效应的影响，他们的子女也会选择早早放弃学业外出打工（Kandel and Kao，2000）。

汇款、文化资本和社会资本都对塑造父母外出与子女教育期望的关系有作用，父母外出对子女教育期望的最终影响是有益还是有害在一定程度上取决于研究的特定条件。而比较研究可以揭露这些作用。Lu（2014）通过对墨西哥和印度尼西亚的比较研究发现，汇款对子女学业表现的影响取决于当地的经济发展水平和公共教育资源。相比于资源更丰富的地区，一个家庭的教育投资在资源匮乏的地区显得尤为重要。一个国内研究也表明，相比于中部和东部地区，汇款对子女教育期望的提升作用在经济水平更不发达的西部地区更为显著（叶静怡等，2017）。

Lu（2014）讨论了社会背景的经济发展水平这一因素，而本研究试图加入更多的对于社会背景因素的讨论，比如文化教育理念和性别关系。首先，不同社会的移民父母对子女教育投资的态度不同，而这种态度可以影响子女的教育期望。亚裔文化更认同家庭责任、重视教育投资并期待向上流动的教育回报，使父母和子女都有更高的教育期望（Hao and Bonstead-Bruns，1998）。然而在其他社会，父母外出打工的子女可能会接触到更多外出的信息和社交网络，从而发展出较低的教育期望，选择早早辍学打工（Kandel and Kao，2000）。所以，在一个更重视教育投资的社会里，父母外出有更积极的影响。

其次，子女的教育不仅被他们自身的性别影响，也被外出和留下的监护人的性别所影响，因此社会中的性别关系对子女教育期望也有一定的作用。一方面，在男性占绝对主导地位的社会，当父亲外出，母亲成为家庭主要决策者的时候，家庭教育投资可能会更加平等，从而使女儿获益（Lee and Park, 2011）。而当家庭经济状况因汇款得到改善的时候，女儿也会比儿子更能从中获益（Zhou et al., 2014）。另一方面，在男性主导的社会，女性往往承担起绝大部分照料家庭的责任。所以母亲外出会对子女产生更严重的负面影响（Lu, 2014）。由此可见，在男女更平等的社会，女孩和男孩将更平等地获益于父母外出的汇款，而且母亲外出所带来的伤害也会更小。

在经济发展水平不同、文化教育理念不同、性别关系不同的两个地区，父母外出与子女教育期望之间的关系在很大可能上是不同的。针对不同地区的比较研究可以让我们更清楚地了解父母外出对子女教育期望的影响在不同背景下的表现，以及父母外出的益处和害处在不同地区是如何相互平衡的（Lu, 2014）。我们选取中国陕西和墨西哥作为比较的两个地区。

三 研究地区：中国陕西和墨西哥

中国和墨西哥都是在近几十年内经历了大量人口迁移的发展中国家。Roberts（2007）认为，对比中国国内的城乡移民与墨西哥到美国的移民是十分有必要的。第一，这两种人口迁移现象十分相近。中国的城乡移民和墨西哥到美国的移民都受到两地不同生活水平的推拉，而且也都面临在迁入地落户的问题。第二，学术界有许多针对墨西哥国内留守儿童如何受到父母外出影响的探讨（Kandel and Kao, 2000），使我们好奇中国本土的情况是否与其一致。第三，中国（西部地区）和墨西哥教育发展水平相当，却有相当不同的文化背景和性别关系，[①] 刚好满足本研究的需求。在公共教育资源上，两地的小学入学率都比较高：墨西哥为 98.1%（World Bank, 2020a），而陕西省为 99.97%（陕西省人民政府, 2019）。根据 2019 年联合国开发计划署（United Nations Development Programme, 2019a, 2019b）的人文发展报告，中国和墨西哥的人口平均受教育年限都是 8 年。

中、墨更不同的地方在于文化教育理念和性别关系。东亚文化受儒家

[①] 墨西哥的数据是于 2009~2012 年收集的，而陕西省的数据是于 2017 年收集的，这里用作对比的统计数据是来自相应年份的。

思想影响深远，所以更注重教育投资和个人奋斗，使得即使社会经济地位较低的父母也对孩子的教育有较高的期望（Lyu et al., 2019）。根据文化资本理论，在有东亚背景的移民家庭中成长的孩子也会因父母较高的教育期望而有更高的教育期望和学业成就（Feliciano and Lanuza, 2016）。这种文化教育理念也体现在中国国内城乡移民群体中：对教育的向往和期待往往成为城乡迁移的动力（Cebolla-Boado and Soysal, 2018）。而墨西哥的文化是完全不同的。Kandel 和 Massey（2002）指出，因为长久的迁移美国的历史，墨西哥社会形成了一种"迁移文化"，使得很多墨西哥年轻人向往美国的生活，并认为迁移比教育更有助于提高收入。所以他们更倾向于早早辍学选择外出。根据这个特点，本研究的假设 1 是：在中国陕西，父母外出或者曾经外出的儿童比父母从未外出的儿童有更高的教育期望；而相反的是，在墨西哥，父母外出或者曾经外出的儿童比父母从未外出的儿童有更低的教育期望。

墨西哥和中国陕西的另一个不同点在于社会中的性别关系。社会中的性别关系使得在这两个不同的社会中，父亲外出和母亲外出的影响不同。墨西哥是高度父权社会国家，移民现象也是男性主导。根据经济合作与发展组织（OECD）提供的 2012 年的信息，墨西哥国内教育和职业发展的性别差异在逐年降低，但是依然十分显著。针对墨西哥的研究也发现，由于母亲是主要照顾家庭的角色，子女受母亲外出的影响很大（Dreby, 2010）。而中国相比于墨西哥两性更平等一些，这得益于计划经济时期对妇女权益和妇女劳动参与的政策倡导（Zheng, 2005）。中国妇女的劳动参与率为 61.84%，远高于墨西哥（World Bank, 2021b, 2021c）。中国妇女在城乡迁移中也有更多参与（Roberts, 2007）。所以中国社会比墨西哥社会两性关系更平等，可能意味着在中国，母亲外出的伤害相对来说更小一些。因此，本研究的假设 2 是：母亲外出的墨西哥儿童有更低的教育期望；而母亲外出对中国陕西的儿童没有显著消极影响。

此外，在性别更不平等的社会，父母外出可能会使得家庭对儿子和女儿的教育投资更平等，因为女儿在家庭中不如儿子被看重，所以家庭资源有限的时候会优先考虑儿子，家庭资源充足的情况下才会考虑女儿（Zhou et al., 2014）。所以，在父母外出情况下女儿可能获益更多，受的伤害更小。而中国社会的情况更为复杂，即使两性在学业成就上获得了更多平等（OECD, 2018），西部农村地区的父母依然存在重男轻女的思想（叶静怡等，2017），而城市因为计划生育政策实施情况较好，大量独生女的存在使得城市比农村性别关系更平等一些（Lee and Park，2011）。来到城市打工的父母可能会受到城市先进思想观念的影响而更平等地对待儿子和女儿。因此，女儿应当在父母外出中比儿子获益更多。本研究的假设3是：中国陕西女孩在父母外出中获益更多；墨西哥女孩则在父母外出中受到伤害更小。

四 数据和方法

本研究所用中国陕西的数据来自2017年陕西省的人口流动与儿童调查。此数据采用多层次分层整群抽样设计。首先，我们在陕西省抽取了南郑县和大荔县，之后南郑县的10个农村小学和大荔县的9个农村小学被随机抽取。这些小学中的所有五年级学生都接受了调查。本调查采用的问卷包括学生问卷、教师问卷、主要监护人问卷和学校问卷。而过去的研究表明，对学习水平的现实考量会影响教育期望，因此教育期望会根据学生的成绩而有所变化（Alexander and Martha，1979）。为了减少这些影响，本研究关注刚进入初期教育体系的小学生（五年级），以避免他们的成绩水平的混淆作用。陕西样本包括944名小学五年级学生。

本研究所用墨西哥的数据来自墨西哥家庭生活调查（MxFLS）。墨西哥家庭生活调查是一个对个人、家庭和社区层面都有细致了解的具有全国代表性的纵向调查。2002~2012年共收集了三波数据。调查收集了每个家庭成员外出的历史信息，使我们可以研究家庭成员的外出怎样影响留守在家的其他成员。在本研究中，我们采用最近的2009~2012年的数据。研究针对小学四、五、六年级的学生，最终样本共992人。

研究的因变量是子女教育期望。两个调查中都有相关问题，比如"你期望获得的学历水平是？"答案包括"小学"、"初中"、"高中"、"大学及以上"和"不知道"。因为在两个样本中选择"小学"的儿童都少于5%，我们把他们和初中组并在了一起，成为"初中及以下"组。两个样本中选择"不知道"的人都占12%，我们将他们从样本中剔除。

我们的关键自变量是父母外出情况，包括五种——父母外出、父亲外出、母亲外出、父亲或母亲曾经外出和父母从未外出。父母从未外出作为参照组。两个调查对这个变量的测量是相似的。对于墨西哥家庭生活调查，基于父母目前居住地的信息可知父母外出情况，这一方法与Lu（2014）的研究相同。父母死亡、分居或离婚的情况不包括在内。父母是否曾经外出则基于 2002 年、2005~2006 年的信息。对于陕西省 2017 年的调查，我们通过主要监护人问卷得到父亲或者母亲是否与孩子生活在同一家庭中。同样，因为非迁移的原因（离婚、死亡等）而不在一起的样本被剔除。如果父母都在家但是其中一方或者双方都有在其他地方居住超过 3 个月的经历，那么他们的子女会被归类于"父亲或母亲曾经外出"。

研究的控制变量包括两个样本中都有的年龄、性别和父母最高受教育程度，以及反映县别的二分变量（陕西样本）、家庭是否在农村（墨西哥样本）和儿童所在的年级（墨西哥样本）。年龄是一个连续变量，在墨西哥样本中取值为 11~16 岁，而在陕西样本中取值为 9~12 岁。性别变量中女性取值为 1。我们用一个四分类变量来测量父母最高受教育程度，包括"小学及以下"（参照组）、"初中"、"高中"和"大学及以上"。如果父母之一的受教育程度缺失，就用另一方的受教育程度的取值来替代。墨西哥样本的农村/城市变量和陕西的县别变量都是二分变量。因为墨西哥样本包括四、五、六年级的学生，我们也将年级变量考虑进去，以四年级为参照组。

因为因变量是有序变量，本研究采用有序多分类 logistic 回归模型检验父母外出的影响。我们分别针对两个总样本和不同性别的子样本建立模型。

五 研究结果

（一）描述性统计结果

描述性统计结果见表 1。两个样本的平均年龄（分别为 10.26 岁和 11.75 岁）和性别比例（女性比例分别为 51.38% 和 50.89%）都比较接近。然而，中国陕西和墨西哥的儿童在教育期望、父母外出情况和父母最高受教育程度上都有很大不同。首先，陕西儿童的教育期望明显比墨西哥儿童高出许多。在陕西，超过 80% 的儿童期望获得大学及以上文凭，而在墨西哥这一比例只有 55.69%。少于 5% 的陕西儿童的教育期望为初中及以下，但这一比例在墨西哥接近 18%。

统计结果显示，父母外出对于中国陕西的儿童更加普遍，超过 28% 的儿童父母至少一方目前是外出的，而 29.03% 的儿童父亲或母亲曾经外出。陕西样本中少于一半（42.69%）的儿童从未留守过，而在墨西哥这一比例高达 87.85%。在两个样本中父亲外出都占主导。父亲外出的比例在两个样本中都较高（12.61%和7.09%），而母亲外出的比例都较低（1.80%和1.26%）。我们也发现父母外出和父亲或母亲曾经外出的比例在两个样本中十分不同。近14%的陕西儿童父母外出但是只有1.71%的墨西哥儿童有此经历。在墨西哥，只有2.08%的儿童有过留守经历，远远低于中国陕西（29.03%）。

表1 中国陕西省和墨西哥儿童样本的描述性统计结果（基于2017年陕西省人口流动与儿童调查和2009~2012年墨西哥家庭生活调查）

变量	中国陕西省	墨西哥
	均值（标准差）	加权均值（标准差）
子女教育期望		
初中及以下（%）	4.45	17.88
高中（%）	13.14	26.43
大学及以上（%）	82.42	55.69
父母外出情况		
父母外出（%）	13.88	1.71
父亲外出（%）	12.61	7.09
母亲外出（%）	1.80	1.26
父亲或母亲曾经外出（%）	29.03	2.08
父母从未外出（%）	42.69	87.85
年龄（岁）	10.26（0.58）	11.75（0.85）
女性（%）	51.38	50.89
父母最高受教育程度		
小学及以下（%）	11.97	35.86
初中（%）	63.67	35.81
高中（%）	18.75	18.37
大学及以上（%）	5.61	9.96
农村（%）		20.53
年级		
四年级（%）	—	11.92
五年级（%）	100	40.21
六年级（%）	—	47.87
大荔县（%）	54.98	
样本数	944	992

父母最高受教育程度在墨西哥样本中更多样一些。在中国陕西，大部分儿童（63.67%）的父母仅有初中学历，只有5.61%的父母有大学及以上学历。而在墨西哥，接近10%的父母有大学及以上学历，而学历较低（小学及以下）的父母也占35.86%。这是因为墨西哥样本是具有全国代表性的样本，而陕西省样本集中在农村。因此我们预测父母受教育程度的影响在墨西哥样本中更为显著。

（二）回归模型结果总结

此部分分别进行了基于中国陕西省数据和基于墨西哥数据的子女教育期望影响因素的有序多分类 logistic 模型分析。[①]

我们发现在中国陕西，父母外出会显著降低儿童的教育期望。而母亲外出和父母曾经外出对墨西哥儿童的负面影响更大，部分支持假设2。即使已经回家，父母曾经外出对（墨西哥）儿童的消极影响依然存在，反映出父母外出带来的伤害是持续存在的。另外，中国陕西和墨西哥的女孩相比男孩都有更高的教育期望，这一发现与之前的研究发现一致（Wood et al.，2007）。居住地的不同也使儿童的教育期望不同。在墨西哥农村地区的儿童和大荔县的儿童都有更低的教育期望。父母的受教育程度对墨西哥的儿童十分重要（父母受教育程度越高，儿童的教育期望越高），但在陕西样本中没有发现这一关联。一个可能的解释是陕西样本中来自农村的父母较多，导致模型无法显示出父母受教育程度的不同是否会对儿童的教育期望产生影响。

基于不同性别样本的模型结果显示，无论在中国陕西还是在墨西哥，男童和女童受到的父母外出的影响都是不同的。在中国陕西，父母外出的男童比父母从未外出的男童有更低的教育期望，而父母曾经外出的女童则比父母从未外出的女童更可能有更高教育期望。这说明父母曾经外出对女童教育期望的提升作用非常大，也支持了我们的假设3。然而与假设3不同的是，我们发现父母外出对墨西哥儿童的影响都是负面的。父母外出也会使墨西哥男童有更低的教育期望，而女童更多受到母亲外出和父母曾经外出的影响。

[①] 限于篇幅，此处不展示模型结果，感兴趣者可向作者索要。

六　结　论

模型结果支持了一部分假设，也带来了超出预期的新发现。与我们的假设相同的是，尽管父母外出对中国陕西和墨西哥儿童的教育期望都有负面影响，但"母亲外出"和"父亲或母亲曾经外出"对墨西哥儿童影响较大，而陕西儿童只受到"父母外出"的影响。这一发现与我们的期望相符。墨西哥父母及其子女因文化因素而有更低的教育期望，外出的父母也可能成为子女的榜样而使其子女也选择放弃学业转而外出（Kandel and Kao, 2000）。而在中国陕西，外出的父母及其子女对教育投资和回报有更积极的期待，抵消了一部分父母外出的消极影响（Cebolla-Boado and Soysal, 2018）。我们在大荔县对外出务工的父母进行的访谈也显示出他们对于孩子教育的关心。比如一位父亲这样说：

孩子读书当然很重要，我没有多少文化，当然希望孩子多念书。我一年挣的钱大部分都花在了这两个孩子的教育上。（留守儿童 A 的父亲）

另一位父亲也表示只要有读书的机会，会一直供孩子读书，让孩子上大学。与此同时，这两位父亲都表达了最希望得到的帮助是能有更多途径辅导孩子的功课，显然这是他们最关心的事情。

我们也观察到了在两个地区中不同性别的不同经历。在中国陕西，父母外出对男童比对女童的伤害更大。一个可能的解释是男孩比女孩更容易受到早期人生逆境的影响（Zhou et al., 2014; Brooks-Gunn et al., 2002）。或者是与父母一起生活的男孩可以获得更多的教育资源和关注，所以当这些因为父母外出而被剥夺的时候，他们受到的影响要大于女孩。而对于女孩来说，父母曾经外出的经历对她们的教育期望有显著提高。这可能是由于外出打工回来的父母更加开明并更支持教育平等。另外，这些父母在城市工作后可能更相信对教育的投资可以获得经济回报。还有一个解释与移民的选择性相关。研究发现有更高教育期望的父母可能会将他们的子女送回家乡接受教育（李巧、梁在，2019）。相似地，有更高教育期望的父母更可能会在外出之后选择返乡教育子女，使得父母外出又返乡的儿童有更高的教育期望。

在墨西哥，母亲外出的女童有更低的教育期望。这一发现可以被墨西哥社会的性别关系所解释。OECD 在 2012 年公布的数据显示性别不平等在墨西哥社会依然十分显著。一方面，墨西哥女性更容易被当成家庭主要照顾者（Lu, 2014），所以家庭中母亲的缺失会严重影响儿童的教育期望。另一方面，母亲单独的外出可能对女童起到了一个模范作用（Kandel and Kao, 2000），使得母亲外出对女童比对男童的影响更大。而在陕西样本中，母亲外出并没有给儿童造成太大的影响。这一方面是由于母亲外出在中国比较普遍，另一方面是由于爷爷奶奶或者外公外婆会在母亲不在家的时候照料孙辈。在大荔县的一名留守儿童说平时都是奶奶照顾她：

> 平常住在学校，周末回家和爷爷奶奶在一起生活，主要是奶奶照顾我生活起居。平常我自己也会照顾自己，比如自己洗衣服，但是冬天的衣服太厚了，都是奶奶帮我洗。（留守儿童 B）

对中国陕西和墨西哥的对比结果显示，父母外出对孩子教育期望的影响在不同的社会环境中是不同的。因此对于如何提升儿童的教育期望从而提高受教育程度并没有一个通用的方案。为了提高儿童的教育期望，政策应考虑到不同社会背景、不同父母外出的类型和儿童自身的性别。

本研究的局限有如下几点。第一，由于数据的局限性，父母外出的其他特点，比如迁移距离、迁移时间、汇款和父母的社交网络等因素都无法纳入考量。因为父母外出的积极影响和消极影响可能会互相抵消，所以在将来的研究中我们应当更多考虑父母外出对子女教育期望的具体影响机制，以揭示这些潜在的关联。第二，对于中国陕西省，由于使用单一年份的截面数据，我们无从得知父母曾经外出的确切时间和当时的家庭以及个人情况，所以本研究的发现也可能受到父母外出的选择性的影响。选择外出打工的父母可能本身就有很高的教育期望并将这些传递给子女，使其有更高的教育期望。外出打工的父母也可能自身对教育更为看重（Lu, 2014）。纵向数据可以帮助我们更好地理解父母外出的长期影响并消除选择性所带来的影响。

本研究比较了两个不同地域父母过去和现在的外出经历对子女教育期望的影响，这是本研究对现有文献的最大贡献。我们认为由于积极影响和消极影响的相互作用，对父母外出如何影响子女教育期望的讨论不能忽视社会背景因素。我们期待未来更多研究关注地区对比和移民研究中的性别维度。本研究的另一个重要贡献是我们讨论了父母曾经外出对子女教育期望的影响：一方面，在较小的年纪留守的经历对子女教育期望有长期消极影响；另一方面，返乡的移民父母可能使子女有更高的教育期望。这些发现强调了时间维度在移民研究中的重要性，因此我们需要更多的长期研究。

参考文献

李巧、梁在，2019，《二代流动儿童回流状况及其影响因素》，《人口研究》第 43 期。

陕西省人民政府，2019，《2018 年陕西省国民经济和社会发展统计公报》，http://www.shaanxi.gov.cn/zfxxgk/fdzdgknr/tjxx/tjgb_240/stjgb/201903/t20190313_1662882_wap.html。

王广慧、张世伟，2008，《教育对农村劳动力流动和收入的影响》，《中国农村经济》第 9 期。

叶静怡、张睿、王琼，2017，《农民进城务工与子女教育期望——基于 2010 年中国家庭追踪调查数据的实证分析》，《经济科学》第 1 期。

Alexander, Karl L., and Martha, Cook. A. 1979. "The Motivational Relevance of Educational Plans: Questioning the Conventional Wisdom." *Social Psychology Quarterly* 42 (3): 202.

Allison, Paul. D. 1999. "Comparing Logit and Probit Coefficients across Groups." *Sociological Methods & Research* 28 (2): 186 – 208.

Bozick, Robert, Karl Alexander, Doris Entwisle, Susan Dauber, and Kerri Kerr. 2010. "Framing the Future: Revisiting the Place of Educational Expectations in Status Attainment." *Social Forces* 88 (5): 2027 – 2052.

Brooks-Gunn, Jeanne, Wen-Jui Han, and Jane Waldfogel. 2002. "Maternal Employment and Child Cognitive Outcomes in the First Three Years of Life: The NICHD Study of Early Child Care." *Child Development* 73 (4): 1052 – 1072.

Cebolla-Boado, Héctor and Yasemin Nuhoḡlu Soysal. 2018. "Educational Optimism in China: Migrant Selectivity or Migration Experience?" *Journal of Ethnic and Migration Studies* 44 (13): 2107 – 2126.

Dreby, Joanna. 2010. *Divided by Borders: Mexican Migrants and Their Children*. University of California Press.

Duncan, Greg J. and Jeanne Brooks-Gunn. 1997. *Consequences of Growing up Poor.* Russell Sage Foundation.

Duncan, Otis D., David L. Featherman, and Beverly Duncan. 1972. *Socioeconomic Background and Achievement.* New York: Seminar Press.

Durand, Jorge and Douglas S. Massey. 2010. "New World Orders: Continuities and Changes in Latin American Migration." *The ANNALS of the American Academy of Political and Social Science* 630（1）: 20–52.

Feliciano, Cynthia and Yader R. Lanuza. 2016. "The Immigrant Advantage in Adolescent Educational Expectations." *International Migration Review* 50（3）: 758–92.

Goyette, Kimberly and Yu Xie. 1999. "Educational Expectations of Asian American Youths: Determinants and Ethnic Differences." *Sociology of Education* 22–36.

Hanson, Gordon H. and Christopher Woodruff. 2002. *Emigration and Educational Attainment in Mexico, Mimeo.* University of California at San Diego.

Hao, Lingxin and Melissa Bonstead-Bruns. 1998. "Parent-Child Differences in Educational Expectations and the Academic Achievement of Immigrant and Native Students." *Sociology of Education* 71（3）: 175–198.

Kandel, William and Douglas S. Massey. 2002. "The Culture of Mexican Migration: A Theoretical and Empirical Analysis." *Social Forces* 80（3）: 981–1004.

Kandel, William and Grace Kao. 2000. "Shifting Orientations: How US Labor Migration Affects Children's Aspirations in Mexican Migrant Communities." *Social Science Quarterly* 81（1）: 16–33.

Lee, Leng and Albert Park. 2011. "Parental Migration and Child Development in China." *Gansu Survey on Children and Families.* from http://repository.upenn.edu/gansu_papers/24/.

Liang, Zai. 2016. "China's Great Migration and the Prospects of A More Integrated Society." *Annual Review of Sociology* 42（1）: 451–71.

Liang, Z. and Miao, D. C. 2013. "Migration within China and from China to the USA: The Effects of Migration Networks, Selectivity, and the Rural Political Economy in Fujian Province." *Population Studies* 67（2）: 209–23.

Lu, Yao. 2014. "Parental Migration and Education of Left-behind Children: A Comparison of Two Settings." *Journal of Marriage and Family* 76（5）: 1082–1098.

Lyu, Mengjie, Wangyang Li, and Yu Xie. 2019. "The Influences of Family Background and Structural Factors on Children's Academic Performances: A Cross-Country Comparative Study." *Chinese Journal of Sociology* 5（2）: 173–192.

Mistry, Rashmita S., Elizabeth S. White, Aprile D. Benner, and Virginia W. Huynh. 2009.

"A Longitudinal Study of the Simultaneous Influence of Mothers' and Teachers' Educational Expectations on Low-Income Youth's Academic Achievement." *Journal of Youth and Adolescence* 38（6）：826 – 38.

OECD（Organization for Economic Co-operation and Development）. 2018. *China in Education at a Glance* 2018：*OECD Indicators*. Paris：OECD Publishing.

OECD（Organization for Economic Co-operation and Development）. 2012. *Mexico in Education at a Glance* 2012：*OECD Indicators*. Paris：OECD Publishing.

Portes, Alejandro. 1997. "Immigration Theory for a New Century：Some Problems and Opportunities." *The International Migration Review* 31（4）：799 – 825.

Roberts, Kenneth. 2007. "The Changing Dynamics of Labour Migration in China and Mexico." *Globalisation and Labor Mobility in China*：189 – 209.

Self, Sharmistha. 2015. "Boys' versus Girls' Schooling in Nepal：Does It Vary by the Extent of Mothers' Autonomy?" *Oxford Development Studies* 43（4）：448 – 465.

Sewell, William H., Archibald O. Haller, and Alejandro Portes. 1969. "The Educational and Early Occupational Attainment Process." *American Sociological Review* 34（1）：82 – 92.

Todaro, Michael P. 1969. "A Model of Labor Migration and Urban Unemployment in Less Developed Countries." *The American Economic Review* 59（1）：138 – 148.

United Nations Development Programme. 2019a. Human Development Indicators, China. Human Development Reports. from http：//hdr. undp. org/en/countries/profiles/CHN

United Nations Development Programme. 2019b. Human Development Indicators, Mexico. Human Development Reports. from http：//hdr. undp. org/en/countries/profiles/MEX

Wood, Dana, Rachel Kaplan, and Vonnie C. McLoyd. 2007. "Gender Differences in the Educational Expectations of Urban, Low-Income African American Youth：The Role of Parents and the School." *Journal of Youth and Adolescence* 36（4）：417 – 427.

World Bank. 2020a. "School Enrollment, Primary（% net）." UNESCO Institute for Statistics. from https：//data. worldbank. org/indicator/SE. PRM. NENR? locations = MX.

World Bank. 2020b. GDP per capita（current US＄）– China. World Bank national accounts data, and OECD National Accounts data files. from https：//data. worldbank. org/indicator/NY. GDP. PCAP. CD? locations = CN.

World Bank. 2021a. "Government Expenditure on Education, total（% of GDP）– Mexico." UNESCO Institute for Statistics. from https：//data. worldbank. org/indicator/SE. XPD. TOTL. GD. ZS? locations = MX.

World Bank. 2021b. "Labor Force Participation Rate, Female（% of Female Population Ages 15）（Modeled ILO Estimate）– China." International Labour Organization, ILOSTAT database. from https：//data. worldbank. org/indicator/SL. TLF. ACTI. FE. ZS? locations = CN.

World Bank. 2021c. "Labor Force Participation Rate, Female (% of Female Population Ages 15) (Modeled ILO Estimate) – Mexico." International Labour Organization, ILOSTAT.

Xu, Duoduo, Xiaogang Wu, Zhuoni Zhang, and Jaap Dronkers. 2018. "Not a Zero-Sum Game: Migration and Child Well-Being in Contemporary China." *Demographic Research* 38: 691–726.

Zheng, Wang. 2005. "'State Feminism?' Gender and Socialist State Formation in Maoist China." *Feminist Studies* 31 (3): 519–551.

Zhou, Minhui, Rachel Murphy, and Ran Tao. 2014. "Effects of Parents' Migration on the Education of Children Left behind in Rural China." *Population and Development Review* 40 (2): 273–292.

留守经历与农村儿童家庭教育投入研究

一 引言

改革开放40多年以来，我国人口流动日趋活跃，流动人口总量持续增长。伴随着人口流动而产生的留守儿童群体越来越受到重视。长期以来，我国留守儿童群体呈现规模大、问题多的特征，其中留守儿童的教育问题一直是社会各界关注的重点和热点问题。

自2010年颁布《国家中长期教育改革和发展规划纲要（2010—2020年）》以来，我国已基本实现九年义务教育的普及。在全国范围内解决了儿童的入学问题，这是良好的政策环境。从人口迁移的角度来说，父母外出务工增加家庭经济收入，削弱家庭教育投资约束，这必然会改善留守儿童的受教育状况，提高留守儿童入学的可能性（Lu and Treiman, 2011）。因此我国农村留守儿童受教育机会大幅增加，农村留守儿童与非留守儿童在义务教育阶段的受教育机会差异逐渐缩小甚至消失。然而，农村留守儿童在学业成就和教育获得上依然处于明显的劣势地位。留守儿童的学习成绩显著低于非留守儿童（Zhang et al., 2014）。父、母迁移对留守儿童的教育获得产生显著的负向影响（Mckenzie and Rapoport, 2011）。

目前学术界将留守儿童在学业成就和教育获得上的不利处境主要归因于由父母流动导致的儿童自身局限和家庭教育问题两个方面。儿童的社会化发展始于家庭，内嵌于家庭的社会资本在儿童教育发展过程中起到重要作用（Coleman, 1988, 1990）。针对留守儿童学校教育中存在的问题，学术界已进行了较为充分的研究，提出了相应对策建议，也推动了留守儿童教育福利体系的健全。然而遗憾的是，留守儿童的家庭教育投入并未得到充分研究与评估。因此，本文要探讨的问题是，留守经历是否对儿童的家庭教育投入产生影响？旨在回答有不同留守经历的儿童其家庭教育投入状况是否存在显著差异。

二 文献综述和研究假设

（一）留守儿童学业表现不利处境归因

目前学术界将留守儿童在学业成就和教育获得上的不利处境主要归因于两个方面。从留守儿童自身来讲，父母流动增加了留守儿童的家务劳动负担（吕绍清，2006），导致他们学习时间不足。同时，父母流动也会对留守儿童的学习动机和学习兴趣产生负向影响（王艳波、吴新林，2003）。此外，父母流动导致留守儿童不良的身体和心理健康状况（范先佐，2005），从而导致其较差的学业表现。

从家庭教育的角度来讲，父母流动导致留守儿童在家庭教育参与和监管两个方面受到的关注减少。在我国农村地区，单亲监护人或其他监护人对留守儿童的学习往往疏于辅导、监督和监管。父母一方外出后，多数单亲监护人要负责所有家务和农活，生活上无依靠，他们要承受巨大的生活负担。因此，单亲监护人对留守儿童学习辅导和监管所能投入的时间和精力就十分有限。隔代监护人往往文化水平较低、体力和经济状况较差，他们对留守儿童的学习辅导与监督更束手无策。对隔代监护人来说，照顾留守儿童的主要内容是解决衣食住行而非学习问题（叶敬忠等，2006），此种情况也极易导致儿童养成各种不良学习和行为习惯。

由上可见，在家庭教育方面，现有文献主要认为留守儿童在家庭教育参与和监管两个方面受到较少关注，从而导致其学业表现不良。但这些结论主要基于质性研究，缺乏严格的统计检验。同时，家庭教育参与和家庭教育监管属于家庭教育投入的范畴，但家庭教育投入不仅包含以上两个方面，它还包括家庭教育投资。家庭教育投资是儿童家庭教育投入的另一重要方面（刘保中，2017）。显然，现有文献缺乏对留守儿童家庭教育投资的考察。此外，关于留守儿童学业成就和教育获得，已有文献更多地研究父母流动和学校的直接影响，很少谈到和验证具体的影响机制。最后，缺乏对曾经留守（现非留守）群体的考察。近年来，随着我国宏观社会背景发生重大变化，人口回流现象变得十分常见，许多留守儿童由于父母的回流变成曾经的留守儿童。中国农业大学的叶敬忠（2019）教授呼吁未来的留守儿童研究应从"留守状态"研究转向"留守经历",且已有研究表明曾经留守儿童与从未留守儿童在心理健康和行为指标上有明显差异(Yue et al., 2020; Zhu et al., 2020),因此不能将曾经留守儿童简单地归为非留守儿童进行分析。

(二) 对家庭教育投入的界定

在人力资本投资理论框架内,家庭教育投入通常指家庭在子女受教育方面所付出的财力。但从广义角度来讲,家庭教育投入应包含多维度因素——它既包含家庭在子女教育上所投入的资金和物质,又包括家长在子女生活照料、学习辅导和课后监督等方面的时间和精力投入。如刘保中(2017)从父母教育期望、家庭教育支出和教育参与三个维度对我国城乡家庭教育投入情况进行了比较分析。对于留守儿童群体来讲,父母外出导致家庭结构改变,这势必影响其家庭教养实践。家庭教养实践又包括家长参与和家长监管(Christopher, 2005)。以此为依据,本文从家庭教育投资、家庭教育参与和家庭教育监管三个方面对留守儿童家庭教育投入情况进行考察。

家庭教育投资是家庭为子女受教育所进行的一切经济支出,它对儿童的学业成就有显著的正向作用(Okpala and Smith, 2001)。而学业成就是儿童未来经济福祉和向上社会流动的最重要预测因素之一(Haveman and Wolfe, 1995)。因此,家庭教育经济支出间接影响儿童未来的职业获得和收入水平。

家庭教育参与是指家长在子女教育上的时间和精力投入,包括参加子女学校家长会、与学校老师谈论子女的情况、对子女的学习辅导和监督等。家长的教育参与度与儿童的学业表现有着强烈的正相关关系。父母的知识、技能和观念通过教育参与传递给儿童,从而对儿童的认知和非认知能力发展产生积极的影响(Becker, 1994)。

家庭教育监管指的是家长对儿童课外活动的监督,包括监督儿童与同龄人之间的交往和检查学习情况等。研究表明,父母监管有利于儿童按时完成作业(Muller and Kerbow, 1993),父母监管儿童课外活动的行为有利于儿童取得更高的学习成绩(Clark, 1993),父母对儿童朋友圈的了解程度与儿童成绩呈正相关(Muller, 1993)。

综上,本文试图厘清父母外出对留守儿童家庭教育投入的影响。新移民经济学认为父母外出工作能够增加家庭收入、缓解家庭经济约束且降低风险与不确定性，对留守儿童教育产生有益的影响。但对于收入的增加是否带来留守儿童较高的家庭教育投资目前仍鲜有研究。我们的调查系统收集了有关儿童家庭教育投入的测量指标。因此，本文的一个目的是从家庭教育投资、家庭教育参与和家庭教育监管三个方面对农村留守儿童家庭教育投入进行整体性把握。同时，考虑到流动人口外出收入的发展规律（外出初期收入不稳定且较低）以及儿童留守时间长短的差异性（Liang，2016），本文还进一步区分短期留守和长期留守。此外，本文对儿童群体进行了重新分类，将曾经留守（现非留守）从非留守儿童中区分出来，考察正在留守、曾经留守与从未留守群体之间家庭教育投入的差异。最后，本文的另一个目的是试图通过探讨留守儿童家庭教育投入情况来找出父母外出对留守儿童学业成绩和教育获得影响的机制变量。

（三）研究假设

国内关于家庭教育投入的研究大多集中于城乡、阶层以及地区等之间差异的分析，针对农村留守儿童与非留守儿童家庭教育投入的研究相对较少。

在家庭教育支出方面，由于我国与西方发达国家劳动力市场收入的巨大差异，跨国迁移家庭的经济状况明显优于非跨国迁移家庭。我国福建省跨国迁移家庭的留守儿童可以在费用昂贵的私立学校接受教育，这些留守儿童往往学习更好，课外活动更丰富。类似研究结论在国内人口迁移相关研究中也得到验证。与非留守儿童相比，留守儿童很少出现因为交不起学费而辍学的情况。父母流动改善了留守儿童的学习条件，比如有钱购买课外辅导读物或聘请家教（陈欣欣等，2009），尤其对经济条件普遍较差的农村家庭而言，外出父母的汇款能为留守儿童接受教育提供必要的资金保证，有效缓解留守儿童家庭的资金压力（胡枫、李善同，2009）。可见，汇款增加了家庭经济收入，将农村留守儿童从家务劳动中解放出来，且为其提供充足的教育资源、健康的生活和更有营养的食物，从而可在一定程度上抵消父母教养缺失所造成的负面影响（吴映雄、杜康力，2014）。

当然，家庭也可能将汇款用于住房或购买其他物品而非儿童的教育。但重视子女的教育成就一直都是我国传统的家庭观念。在儒家思想观念的指导下，中国家长普遍对其子女具有较高的教育期望，汇款有很大可能被用来改善留守儿童的受教育状况。因此，我们认为留守儿童的家庭教育支出可能高于非留守儿童的家庭教育支出。

此外，梅西认为移民在迁移的初始阶段（"寄居阶段"）所从事的工作大多属于季节性、不稳定的工作。随着迁移时间的推移，移民的工作经验增加，在当地社会建立广泛的联结，能够获得更稳定、收入更高的工作。我国国内流动人口收入发展趋势也具有类似特点（Massey，1999）。流动人口只有在积累了一定工作经验和生产技术后，其就业岗位和收入水平才能稳定下来。在中国，不稳定的工作环境会显著降低农民工汇款的可能性和数额（许琪、邹红，2016）。而在外打工时间越长，汇款的可能性越大，数额越多（李强，2001）。可见外出务工初期很难发生汇款，或汇款数额很少。随着外出时间的增加，收入水平提高且趋于稳定后才可能有较多汇款。在这种情况下，汇款所带来的"收入效应"对留守儿童学习条件的改善也会相应滞后。因此，我们认为留守儿童家庭教育投资情况很可能因留守时间长短而存在差异。针对以上分析，此处提出以下研究假设。

H1：留守儿童的家庭教育支出高于非留守儿童的家庭教育支出，父母外出务工对农村留守儿童家庭教育投资产生正向影响。

H1a：父母外出时间越长，留守儿童家庭教育支出越高。

H1b：父母外出一定时间后才会对留守儿童的家庭教育投资产生正向影响，短期外出很难有显著改善。

H1c：长期留守儿童的家庭教育投资高于短期留守儿童的家庭教育投资。

从家庭教育参与和家庭教育监管的角度来看，已有文献认为，由父母一方监护的留守儿童（在我国农村地区往往是父亲外出，母亲在家照顾留守儿童）虽然在穿着和饮食方面与非留守儿童没有差异，但由于家庭主要劳动力的外出，单亲监护人面临过重的劳动负担，对留守儿童的学习辅导和监督随之减少。祖辈监护人往往文化素质较低，与留守儿童缺少思想沟通，对留守儿童的学习和行为管教更少。其他监护人与留守儿童情感疏远、隔阂较深，他们作为代养人只能负责解决留守儿童的温饱问题。因此，农村留守儿童与非留守儿童在家庭教育参与和家庭教育监管方面的差异是显而易见的。因此我们提出以下假设。

H2：留守儿童的家庭教育参与度低于非留守儿童，父母外出务工对农村儿童家庭教育参与产生负向影响。

H3：留守儿童的家庭教育监管度也低于非留守儿童，父母外出务工对农村儿童家庭教育监管产生负向影响。

本文的控制变量包括：儿童性别、父母平均年龄、父母平均受教育年限、家庭月收入和家庭孩子总数。控制变量的选择在此不做赘述。

三 数据与方法

（一）数据

本研究使用 2016~2018 年国家社科基金重点课题"留守儿童与流动儿童发展状况动态监测研究"数据。本研究的数据主要来自主要监护人问卷。主要监护人问卷详细询问了儿童父母迁移史信息，迁移史包括儿童父、母外出总次数、首次和最近一次外出前后职业、收入、流入地、持续时间、与留守子女联系频率以及汇款等详细信息。儿童数据样本量为 1225，其中留守儿童为 634 人，非留守儿童为 591 人，其中 174 人为曾经留守儿童（现非留守），417 人为从未留守儿童（父母均未外出过）。

（二）变量

1. 因变量

本研究的因变量包括："家庭教育投资"、"家庭教育参与"和"家庭教育监管"，它们分别代表家庭教育投入的不同维度。本文将"家庭教育投资"操作化为"家庭教育支出"，该变量包括总支出、书本费支出、课外书支出和文具支出四个方面，通过"在这个学期（或者刚结束的这个学期），您和家人为这个孩子支付学费和其他费用的情况"这一问题获得。

"家庭教育参与"可从多维度对其进行测量。本研究选取三个因变量来反映家庭对儿童教育参与的情况，分别对应主要监护人问卷中的三个问题。前两个问题为"本学期（或者刚结束的这个学期），您参与了孩子学校活动（文艺演出或体育活动）多少次？""您主动找班主任、任课老师或者校长谈孩子的情况多少次？"本研究将其处理为虚拟变量并纳入模型，将取值为 2 次及以上的定义为"1 = 较高教育参与度"，将 2 次以下的定义为"0 = 较低教育参与度"。第三个问题为"过去半年内您和孩子讨论（1）他感兴趣的学校活动或事情；（2）课堂上学习内容；（3）在校发生的人和事；(4) 和小朋友的关系的频率如何？"监护人需根据过去半年的实际情况在应答项"从不""一共几次""每月1至2次""大约一星期一次""一星期超过一次""每天"中选择一个，赋值为1~6。本研究将以上四项得分加起来，得到"与孩子讨论学习和学校生活的频率"的连续因变量。

"家庭教育监管"代表家庭对子女在学习和生活两个方面良好行为习惯的培养和监督，本研究将"您有没有规定孩子每天可以看多久电视？"和"您有没有规定孩子每天能上多久网，或玩多久电子游戏？"两项作为家庭教育监管的代理变量。问卷中设置三个选项："1=有，2=没有，3=不适用（没有电视/电脑/游戏机）。"我们在编码的过程中将"3=不适用"编码为缺失值，而对其余两项进行虚拟处理，重新赋值为"1=有规定"和"0=没有"，并将其视为虚拟变量纳入模型。各组儿童在家庭教育投入上的比较情况见表1。

表1　三组儿童家庭教育投入基本统计

变量名称	非留守儿童 从未留守	非留守儿童 曾经留守	正在留守	变量类型
家庭教育支出				
总支出（元）	1306.48	1355.42	1113.11	连续
书本费支出（元）	129.57	135.55	113.86	连续
课外书支出（元）	129.79	129.56	114.77	连续
文具支出（元）	108.71	106.01	92.53	连续
家庭教育参与				
是否深度参与学校文娱活动（参照组=否）	44%	38%	35%	虚拟
是否主动与教师深度沟通（参照组=否）	46%	43%	36%	虚拟
与孩子讨论学习和学校生活的频率（次）	14.65	13.50	13.74	连续
家庭教育监管				
是否限制看电视时间（参照组=否）	73%	73%	68%	虚拟
是否限制上网时间（参照组=否）	75%	74%	62%	虚拟
样本量	417	174	634	

表1展示了留守经历分类下农村儿童家庭教育投入三个维度的情况。如表1所示，正在留守儿童四项家庭教育支出均小于从未留守儿童，而曾

经留守儿童与从未留守儿童家庭教育支出基本持平。t 检验的结果显示，正在留守儿童与从未留守儿童在以上四项家庭教育支出上的差异达到了统计显著性，说明正在留守儿童家庭的教育经济投入显著少于从未留守儿童家庭的教育经济投入。但与从未留守儿童相比，曾经留守儿童的家庭教育支出差异均不显著。三组儿童在家庭教育参与和家庭教育监管上也表现出同样的差异：在家庭教育参与和家庭教育监管两项维度上，正在留守儿童的劣势明显，且达到统计显著性，说明留守儿童监护人对孩子的教育参与和监管都较少。

2. 自变量

本研究根据是否留守来区分家庭类型，以是否留守儿童作为核心自变量，其中留守儿童为观测组，非留守儿童为参照组，分析两者在各个家庭教育投入维度上的差异。本研究的控制变量主要包括儿童性别、父母平均年龄、父母平均受教育年限、家庭月收入和家庭孩子总数。

需要特别说明主要监护人问卷涉及儿童基本信息、家庭成员信息、儿童健康和教育历史、儿童留守情况以及父母迁移史等信息。父母迁移史部分又涵盖儿童父、母外出总次数、首次和最近一次外出前后职业、收入、流入地、持续时间、与留守子女联系频率以及汇款等详细信息。我们首先根据儿童目前身份定义出留守和非留守两组，进而结合父、母迁移史信息在非留守儿童组中区分出"曾经留守"和"从未留守"，从而生成一个三分类的"留守经历"变量。

（三）分析方法

本研究采用 OLS、Tobit 以及二分 logistic 多元回归分析方法来对三类儿童家庭教育投入的状况进行比较分析。在实证结果部分，本研究针对不同因变量类型采用了不同的多元回归方法。对于家庭教育支出类连续因变量，由于部分样本的家庭教育支出取值为 0，相应变量的概率分布均是由一个离散点与一个连续分布所组成的混合分布，此时如果用 OLS 来估计，无论是用整个样本还是去掉离散点后的子样本，都会导致不一致的估计（布林，2012）。针对此种数据结构，需采用删截模型，而 Tobit 模型就是解决此类问题的常用统计方法（Song and Liang，2019）。其余连续因变量则采用 OLS 回归模型。对于虚拟因变量，则采用二分 logistic 回归模型。实证结果见第四部分。

四 实证结果

对此部分的安排如下。在家庭教育投资部分,囿于数据分布情况,我们采用 Tobit 回归从留守经历视角下,展现三类儿童家庭教育投资维度的差异。同时,将留守儿童家庭教育投资与父亲外出持续时间和外出收入联系起来进行分析。分别采用二分 Logistic 回归和 OLS 回归展示三类不同留守经历的儿童在家庭教育参与和家庭教育监管上的具体差异。

(一)家庭教育投资

1. 三类儿童家庭教育投资模型分析

表 2 基于 Tobit 回归的分析显示,在控制了其他变量的影响后,正在留守儿童的家庭教育总支出、书本费支出和文具支出显著低于从未留守儿童的相应教育支出项。对于曾经留守儿童来说,其系数均不显著。可见,正在留守儿童的家庭教育总支出、书本费支出和文具支出劣势明显。H1 未得到验证。

表 2 三类儿童家庭教育支出差异分析结果

变量	(模型1) 总支出	(模型2) 书本费支出	(模型3) 课外书支出	(模型4) 文具支出
留守经历(参照组=从未留守)				
正在留守	-216.115*** (69.272)	-16.593*** (6.205)	-7.062 (8.997)	-11.849+ (6.914)
曾经留守	-37.337 (94.942)	-5.470 (8.501)	8.793 (12.206)	-8.588 (9.451)
儿童性别(参照组=男)	-51.340 (60.261)	2.517 (5.412)	-4.361 (7.827)	-4.678 (6.039)
父母平均年龄	-33.988**** (6.068)	-2.234**** (0.542)	-0.806 (0.783)	-1.104+ (0.604)
父母平均受教育年限	13.643 (15.417)	-0.004 (1.383)	7.113**** (1.995)	3.172** (1.548)
家庭月收入(参照组=<1000元)				
1000~2000 元	168.524** (77.981)	30.411**** (6.958)	18.493+ (10.103)	7.446 (7.776)

续表

变量	（模型1）总支出	（模型2）书本费支出	（模型3）课外书支出	（模型4）文具支出
2000~4000元	83.706 (82.732)	12.659 $^+$ (7.427)	19.979 $^+$ (10.821)	9.648 (8.350)
4000元以上	227.544 ** (99.809)	6.255 (9.056)	39.426 *** (12.864)	27.185 *** (9.998)
家庭孩子总数	146.834 ** (58.576)	20.899 **** (5.299)	16.693 ** (7.621)	19.369 *** (5.878)
截距项	2248.687 **** (315.605)	173.508 **** (28.092)	48.751 (40.677)	86.411 *** (31.320)
样本量	930	926	932	930

注：括号中为标准差；**** $p<0.001$，*** $p<0.01$，** $p<0.05$，$^+$ $p<0.1$。

已有研究认为，父母外出务工所带来的汇款可以增加家庭经济收入，增加留守儿童接受教育的机会、提高教育投资、减少留守儿童家务劳动时间等，从而对留守儿童的教育产生正向影响（Kandel and Kao，2001）。

但本研究却发现父母一方或双方外出务工后，正在留守儿童的教育总支出显著低于从未留守儿童。我们在此给出以下两种解释。其一，流动家庭的经济状况在成员外出之前就较差，因此在父母外出前留守儿童的家庭教育支出可能就少于非留守儿童。即使父母外出后家庭经济状况有所改善，但也并没有因此而宽裕，两类儿童的家庭教育支出依然存在显著差异。其二，由于父母一方或双方外出务工，留守儿童的家庭教育支出有所减少。在我们的调研中有不少留守儿童的监护人，尤其是祖辈监护人常常表示，留守儿童的父母外出后很少寄钱回来，有的甚至一年都没有汇款。留守儿童生活和受教育的经济压力完全由祖辈监护人承担。子女外出打工后，这些留守农村的祖辈监护人不但无人赡养，还要肩负起抚养孙辈的重任，他们在经济上往往入不敷出，只能勉强应付儿童上学的基本开支，导致正在留守儿童在家庭教育支出上的相对劣势。一般认为，经济状况较好的家庭其子女的家庭教育投资也高，反过来说，教育投资较低的家庭经济状况可能也较差。我们的数据显示，留守儿童家庭的经济状况确实比非留守儿童家庭差，这也就为表2中的结果提供了实证依据。

为了能充分反映家庭教育投资各分位点上留守经历的影响，我们还做了分位数回归分析。分位数回归的最大优势在于，可在各个分位点上对因变量进行微观刻画，细致地展示自变量与因变量之间的变动趋势（苏瑜、万宇艳，2009）。限于篇幅，我们在表 3 中将分位数回归结果归纳为各项家庭教育支出的 50% 高低分位结果以说明留守儿童家庭教育支出相对劣势的具体分布。

表 3 三类儿童家庭教育支出分位数回归结果

变量	总支出 低分位	总支出 高分位	书本费支出 低分位	书本费支出 高分位	课外书支出 低分位	课外书支出 高分位	文具支出 低分位	文具支出 高分位
留守经历（参照组 = 从未留守）								
正在留守	4.440 (22.515)	-188.002 ** (83.015)	-2.294 (3.791)	9.483 (7.582)	-5.800 + (3.517)	49.314 **** (14.761)	-0.921 (2.217)	3.292 (10.053)
曾经留守	37.848 (32.907)	-149.318 (106.461)	-3.818 (5.688)	-2.810 (9.549)	6.463 (4.912)	25.870 (18.647)	-2.039 (2.988)	5.065 (13.749)
控制变量	已控制	已控制	已控制	已控制	已控制	已控制	已控制	已控制
样本量	455	475	454	472	636	296	489	441

注：括号中为标准差；**** $p<0.001$，** $p<0.05$，+ $p<0.1$。

以总支出为例，我们将总支出中位数以下（含中位数）的取值样本定义为低分位样本，中位数以上样本定义为高分位样本，其余三项家庭教育支出的分样本过程相同。表 3 显示，在四项家庭教育支出的低分位模型中，正在留守、曾经留守与从未留守儿童的各项家庭教育支出（除课外书支出外）均无显著性差异；而在四项家庭教育支出的高分位模型中，正在留守儿童的家庭教育总支出显著低于从未留守儿童的总支出，但其课外书支出却显著高于从未留守儿童的相应支出，而曾经留守儿童与从未留守儿童各项家庭教育支出依然无显著差异。

因此，与从未留守儿童相比，表 3 中发现的正在留守儿童家庭教育支出的相对劣势主要体现在家庭教育总支出较高时。也就是说，在家庭教育总支出较低的家庭中，以上两组儿童不存在显著性差异；但在家庭教育总支出较高的家庭中，正在留守儿童则处于显著的劣势地位。此外，与从未留守儿童相比，当课外书支出较高时，正在留守儿童则处于显著的优势地位。曾经留守儿童与从未留守儿童相比，在四项家庭教育支出较低或较高时，均不存在显著差异。

2. 留守儿童父亲外出持续时间与其家庭教育投资关系分析

如上所述，相对于从未留守儿童来说，留守儿童的家庭教育投资依然处于明显的不利处境，说明留守儿童并没有因父母迁移而在教育投资上受益。这一结果令人担忧，亦与已有研究结论相悖。我们认为人口流动初期收入水平低且不稳定，流动所带来的"收入效应"在人口迁移发生一段时间后才产生作用，即随着父母外出持续时间的增加，留守儿童的家庭教育投资将得到显著改善，但这种改善需要有一定的时间积累。接下来将分别对 H1a、H1b 和 H1c 进行验证。将"父亲外出持续时间"分别作为连续变量和类别变量纳入模型进行考察。

此处分析结果显示，正在留守儿童的书本费支出模型系数正向，且达到统计显著性，说明在控制其他变量的情况下，随着父亲外出持续时间的增加，留守儿童的书本费支出情况确实得到了显著改善。H1a 得到验证。

在上述基础之上，我们根据正在留守儿童父亲本次外出持续时间将其划分为"父亲外出 3 年以上"和"父亲外出 3 年以下"两组，并分别称为"长期留守儿童"和"短期留守儿童"，与从未留守儿童进行比较。同时，我们也比较了短期留守儿童和长期留守儿童二者各项家庭教育支出的差异。

结果显示，在控制其他因素的影响下，与从未留守儿童相比，短期留守儿童家庭教育总支出和书本费支出情况处于明显的劣势地位。对于长期留守儿童来说，其四项家庭教育支出系数均未达到统计显著性。说明长期留守儿童与从未留守儿童在本研究所考察的四项家庭教育支出上不存在显著差异。由此可见，在家庭成员流动发生一段时间（如 3 年以上）后，留守儿童的家庭教育投资才有可能得到显著的改善，父母短期外出很难对留守子女的家庭教育投资产生显著的积极影响。

本文还对比了短期留守儿童和长期留守儿童各项家庭教育支出情况。其结果显示，在控制了其他因素的影响后，长期留守儿童的书本费支出显著高于短期留守儿童的书本费支出。说明与短期留守儿童相比，长期留守儿童在家庭教育支出上的优势是显著的。综上，短期留守儿童家庭教育总支出和书本费支出显著低于从未留守儿童，且其书本费支出显著低于长期留守儿童。至此，我们有足够的证据相信父母迁移会增加家庭对留守儿童的教育投资，削弱家庭教育投资约束，从而在一定程度上抵消因迁移而导致的教养缺失所带来的负面影响。但迁移的这种"收入效应"在人口迁移发生一定时间（如 3 年以上）之后才产生显著作用。因此，H1b 和 H1c 得到验证。

以上结果提示我们考察留守时长效应的重要性。与外出 3 个月的父母相比，外出 3 年的父母对留守子女学习产生的影响可能不同。以本文结果为例，如果参照现有多数文献的做法不区分短期留守儿童和长期留守儿童（段成荣等，2013），将无法得出此结论。此外，吴映雄、杜康力（2014）认为，父母外出打工对留守子女学业成绩的影响同时存在"收入效应"和"教养缺失效应"的双重作用，打工带来的家庭经济状况好转在很大程度上抵消了父母教养角色缺失所导致的父母在留守子女社会化过程中参与不完整的不利影响。但从本研究结论来看，短期留守儿童的家庭教育投资情况仍处于显著的劣势地位。长期留守儿童的家庭教育投资情况或因外出父母"收入效应"而得到一定程度的改善，但对短期留守儿童来说，在父母外出初期，他们承受着经济缺失和教养缺失的双重压力，从这个方面来讲，短期留守儿童可能是留守儿童群体中处境最差、最值得关注的。

（二）家庭教育参与

表 4 是留守经历类别下各组儿童家庭教育参与行为模型分析结果。正在留守儿童在模型 1、模型 2 中系数均负向显著，说明控制其他因素的影响后，正在留守儿童的家庭教育参与度显著低于从未留守儿童的家庭教育参与度。

表 4　三类儿童家庭教育参与差异分析结果

变量	（模型 1）参与学校活动	（模型 2）与老师沟通	（模型 3）讨论学习情况
留守经历（参照组 = 从未留守）			
正在留守	-0.530**** (0.156)	-0.398** (0.156)	-0.495 (0.431)
曾经留守	-0.334 (0.213)	-0.192 (0.212)	-1.049+ (0.591)
控制变量	已控制	已控制	已控制
R-squared	0.035	0.038	0.026
Log-likelihood	-612.8	-613.8	—
样本量	946	950	952

注：括号中为标准差；**** $p<0.001$，** $p<0.05$，+ $p<0.1$；控制变量同表 3。

与从未留守儿童相比，曾经留守儿童在模型 3 中的系数为负，且具有一定统计显著性。说明在控制其他因素的影响后，与从未留守儿童的家长相比，曾经留守儿童家长在与孩子讨论学校和学习情况上表现出较差的积极性。可见，即使人口回流使得儿童从留守变为非留守状态（曾经留守），曾经留守儿童在家庭教育参与上的劣势依然存在，这说明留守经历的影响具有持续性，值得深思和关注。H2 得到验证。

这一发现与已有研究结论是相呼应的。新迁移经济学理论认为，人口迁移决策并不是由独立的个人做出的，而是由相关的更大单位，特别是在家庭或家族范围内共同做出的决定。这是一种集体化的行为，它可以使个人的收益最大化，而使家庭风险最小化（Massey，1999）。同理，作为父母的流动人口在做外出决策之前会考虑到孩子的日常起居和学习辅导问题，他们会尽量将风险降到最低点。在我国"男主外，女主内"的传统观念驱使下，大多数家庭都会选择母亲留在家中负责子女的生活照料等事务，而父亲外出务工寻求经济来源。即使是父母共同外出务工，也会将留守儿童交由其他可靠的亲人抚养，在我国农村往往由祖辈来抚养孩子，因此父母其中一方监护或祖辈监护构成了我国农村留守儿童监护类型的绝大多数情况。限于自身文化水平，祖辈监护人往往缺乏对留守儿童学习的辅导、监督，与留守儿童思想沟通不够，这种监护类型下的家庭教育参与度显然十分低。而由母亲监护的留守儿童情况也不容乐观。研究表明，丈夫外出务工后，留守家里的妻子劳动负担过重，她们除了勉强照顾孩子的生活外，基本没有更多的时间和精力去管教孩子，且留守的母亲普遍学历较低，这样就易导致单亲监护的留守儿童家庭教育参与度也相对较低。

（三）家庭教育监管

如表 5 所示，针对家庭教育监管的二分 logistic 回归结果显示，正在留守儿童在两个模型中的系数均为负向，且统计显著，说明在控制了其他变量的前提下，与从未留守儿童监护人相比，正在留守儿童监护人对孩子每天看电视和上网显示出较低的监管水平。因此，H3 得到验证。与从未留守儿童相比，曾经留守儿童在两个模型中的系数均不显著，说明此二者在家庭教育监管方面不存在差异。

表 5 三类儿童家庭教育监管差异分析结果

变量	（模型 1）限制看电视	（模型 2）限制上网
留守经历（参照组 = 从未留守）		
正在留守	-0.335** (0.169)	-0.607*** (0.191)
曾经留守	-0.117 (0.236)	-0.282 (0.269)
控制变量	已控制	已控制
R-squared	0.038	0.067
Log-likelihood	-560.0	-425.3
样本量	941	715

注：括号中为标准差；*** $p<0.01$，** $p<0.05$；控制变量同表 3。

这一发现与已有研究结论一致。正如前文所述，单亲监护和祖辈监护构成了我国留守儿童监护类型的绝大多数情况，而这两种监护类型下的监护人都要承担更多来自家务、农活、人际关系和经济等方面的压力，他们没有更多时间和精力去管教孩子，导致留守儿童和非留守儿童在家庭教育监管上存在差异。

最后，总结以上统计分析结果，本研究尝试从留守经历视角对我国农村留守儿童与非留守儿童家庭教育投入模式进行总结。与正在留守儿童家庭相比，从未留守儿童家庭对子女的教育有相对较高的经济投入，教育参与度更高，监管更严格。而正在留守儿童家庭对子女教育的经济投入少，在教育参与上缺乏积极主动性，对留守儿童的日常生活比较放任，监管较少。曾经留守儿童与从未留守儿童在家庭教育投资和家庭教育监管两个方面没有显著差异，但曾经留守儿童在家庭教育参与上表现出一定的劣势，这应引起社会各界的关注。

五　结论和讨论

本文从留守经历视角出发，在家庭教育投资、家庭教育参与和家庭教育监管三个维度上对当前我国农村留守儿童与非留守儿童家庭教育投入状况进行了比较分析，主要发现如下。

首先，正在留守儿童和非留守儿童在家庭教育投资、家庭教育参与和家庭教育监管上差异明显。与从未留守儿童相比，正在留守儿童的家庭教育投资处于明显的劣势地位，且这种相对劣势主要体现在家庭教育总支出较高的群体中。正在留守儿童的家庭教育参与度和家庭教育监管水平亦显著低于从未留守儿童。曾经留守儿童与从未留守儿童在家庭教育投资和家庭教育监管两个方面虽无显著差异，但其在家庭教育参与上处于一定劣势地位。此外，留守儿童家庭教育投资与其父亲外出持续时间呈显著正向关系，父亲外出持续时间越长，留守儿童的家庭教育投资越高。人口流动初期所从事的工作不稳定且收入水平较低，这会限制其汇款回家的可能性和数额，使得父母外出务工对留守儿童教育所产生的"收入效应"滞后。因此，只有在父母流动一段时间后，留守儿童的家庭教育投资才有可能得到显著的改善，父母短期外出很难对留守子女的家庭教育投资产生显著的积极影响。这就导致短期留守儿童在三组儿童中的家庭教育投资情况最差。相比于从未留守儿童和长期留守儿童，短期留守儿童家庭教育支出情况处于明显的劣势地位，这提示未来应注重对留守时长的异质性效应的分析。

其次，根据统计分析结果，本文总结出我国农村留守儿童和非留守儿童家庭教育投入的三种模式。即认为，"较高教育支出+较高教育参与度+监管型"是从未留守儿童家庭教育投入模式；"较高教育支出+中等教育参与度+监管型"为曾经留守儿童（现非留守儿童）家庭教育投入模式；而"低教育支出+低教育参与度+放任型"为正在留守儿童家庭教育投入模式。以上三种截然不同的家庭教育投入模式证明父母流动导致农村留守儿童在家庭教育支出、家庭教育参与和家庭教育监管三个方面处于不利境地，而家庭教育支出、家庭教育参与和家庭教育监管又是影响儿童学业表现最重要的因素。

本文关于我国农村留守儿童与非留守儿童家庭教育投入模式的比较研究不仅有助于把握当前留守儿童在教育方面所面临的不利处境，更好地理解农村留守儿童与非留守儿童之间教育问题的差异机制和形成过程，而且对于当前农村儿童教育公平政策的完善具有参考意义。

参考文献

布林，理查德，2012，《删截、选择性样本及截断数据的回归模型》，郑冰岛译，格致出版社、上海人民出版社。

陈欣欣、张林秀、罗斯高、史耀疆,2009,《父母外出与农村留守子女的学习表现——来自陕西省和宁夏回族自治区的调查》,《中国人口科学》第 5 期。

段成荣、吕利丹、郭静、王宗萍,2013,《我国农村留守儿童生存和发展基本状况——基于第六次人口普查数据的分析》,《人口学刊》第 3 期。

范先佐,2005,《农村"留守儿童"教育面临的问题及对策》,《基础教育改革动态》第 14 期。

郭三玲,2005,《农村留守儿童教育存在的问题、成因及对策分析》,《湖北教育学院学报》第 6 期。

胡枫、李善同,2009,《父母外出务工对农村留守儿童教育的影响——基于 5 城市农民工调查的实证分析》,《管理世界》第 2 期。

李强,2001,《中国外出农民工及其汇款之研究》,《社会学研究》第 4 期。

李秀英,2004,《农村"留守学生"调查与思考》,《中国妇运》第 10 期。

梁琦,2012,《义务教育阶段家庭教育投资对子女成绩影响的实证研究》,硕士学位论文,清华大学。

刘保中,2017,《我国城乡家庭教育投入状况的比较研究——基于 CFPS(2014)数据的实证分析》,《中国青年研究》第 12 期。

吕绍清,2006,《中国农村留守儿童问题研究》,《中国妇运》第 6 期。

钱民辉,2004,《教育真的有助于向上社会流动吗?——关于教育与社会分层的关系分析》,《社会科学战线》第 4 期。

王艳波、吴新林,2003,《农村"留守孩"现象个案调查报告》,《青年探索》第 4 期。

吴映雄、杜康力,2014,《父母外出打工对留守儿童的学业成绩的影响——基于性别差异的视角》,《特区经济》第 4 期。

许琪、邹红,2016,《工作稳定性对农民工汇款行为的影响——对共同保险理论的检验》,《人口与发展》第 1 期。

叶敬忠,2019,《农村留守人口研究:基本立场、认识误区与理论转向》,《人口研究》第 2 期。

叶敬忠、王伊欢,2006,《留守儿童的监护现状与特点》,《人口学刊》第 3 期。

叶敬忠、王伊欢、张克云、陆继霞,2006,《父母外出务工对农村留守儿童学习的影响》,《农村经济》第 7 期。

苏瑜、万宇艳,2009,《分位数回归的思想与简单应用》,《统计教育》第 10 期。

周宗奎、孙晓军、刘亚、周东明,2005,《农村留守儿童心理发展与教育问题》,《北京师范大学学报》(社会科学版)第 1 期。

Astone, N. and McLannahan, S. 1994. "Family Structure, Residential Mobility, and School Drop-out." *Demography* 31: 575–584.

Becker, G. S. 1994. *Human Capital: A Theoretical and Empirical Analysis with Special Reference to Education*. NBER Books.

Christopher, S. 2005. "A Review of the Relationship among Parenting Practices, Parenting Styles, and Adolescent School Achievement." *Educational Psychology Review* 17: 125 – 146.

Clark, R. M. 1993. "Homework-Focused Parenting Practices that Positively Affect Student Achievement." In Chavkin, N. F. (ed.). *Families and Schools in a Pluralistic Society*. State University of New York Press, Albany.

Coleman, J. S. 1990. *Foundations of Social Theory*. Harvard University Press.

Coleman, J. S. 1988. "Social Capital in the Creation of Human Capital." *American Journal of Sociology* 94: S95 – S120.

Darcy, H. 2007. "Parental Investment in Childhood and Educational Qualifications: Can Greater Parental Involvement Mediate the Effects of Socioeconomic Disadvantage?" *Social Science Research* 36: 1371 – 1390.

Hagan, J., Macmillian, R., and Wheaton, B. 1998. "New Kid in Town: Social Capital and the Life Course Effects of Family Migration on Children." *American Sociological Review* 61: 368 – 385.

Haveman, R. and Wolfe, B. 1995. "Succeeding Generations: On the Effects of Investments in Children." *New York Russell Sage Foundation* 14: 639 – 640.

Hill, M. and O'Neill, J. 1994. "Family Endowments and the Achievement of Young Children with Special Reference to the Underclass." *The Journal of Human Resources* 29: 1064 – 1100.

Jeynes, W. H. 2007. "The Relationship between Parental Involvement and Urban Secondary School Student Academic Achievement: A Meta-Analysis." *Urban Education* 42: 82 – 110.

Kandel, W. and Kao, G. 2001. "The Impact of Temporary Labor Migration on Mexican Children's Educational Aspirations and Performance." *International Migration Review* 35: 1205 – 1231.

Liang, Zai. 2016. "China's Great Migration and the Prospects of a More Integrated Society." *Annual Review of Sociology* 42: 451 – 471.

Liang Z., Li, J. J., and Ma, Z. D. 2013. "Migration and Remittances: Evidence from A Poor Province in China." *Asian Population Studies* 9: 124 – 141.

Lu, Y. and Treiman, D. J. 2011. "Migration, Remittances and Educational Stratification among Blacks in Apartheid and Post-Apartheid South Africa." *Social Forces* 89: 1119 – 1143.

Massey, D. S. 1986. "The Settlement Process among Mexican Migrants to the United States."

American Sociological Review 51：670.

Massey, D. S. 1999. "Why Does Immigration Occur?" In Hirschman, Kasinitz P., and DeWind, J. (eds.). *The Handbook of International Migration*：*The American Experience*. Russell Sage Foundation.

Mckenzie, D. and Rapoport, H. 2011. "Can Migration Reduce Educational Attainment? Evidence from Mexico." *Journal of Population Economics* 24：1331 – 1358.

Mclanahan, S. S. and Sandefur, G. G. 1996. "Growing Up with a Single Parent：What Hurts, What Help." *Family Relations* 45：204.

Morooka, H. and Liang, Z. 2009. "International Migration and Education of Left behind Children in Fujian." *Asian & Pacific Migration Journal Apmj* 18：345.

Muller, C. and Kerbow. 1993. "Parent Involvement in the Home, School, and Community." In Schneider, B. and Coleman, J. S. (eds.). *Parents, Their Children, and Schools*. Westview Press, Boulder, CO.

Muller, C. 1993. "Parental Involvement and Academic Achievement：An Analysis of Family Resources Available to the Child." In Schneider, B. and Coleman, J. S. (eds.). *Parents, Their Children, and Schools*. Westview Press, Boulder, CO.

Okpala, C. O. and Smith, O. F. E. 2001. "Parental Involvement, Instructional Expenditures, Family Socioeconomic Attributes, and Student Achievement." *Journal of Educational Research* 95：110 – 115.

Song, Q. and Liang, Z. 2019. "Remittance Behaviors of International Migrants in Comparative Perspective：The Case in Fujian, China." *International Migration Review* 53：930 – 955.

Yue, Z. S., Liang, Z., Wang, Q., and Chen, X. Y. 2020. "The Impact of Parental Migration on Depression of Children：New Evidence from Rural China." *Chinese Sociological Review* 52：364 – 388.

Zhang, H., Behrman, J. R., Fan, C. S., Wei X., and Zhang J. 2014. "Does Parental Absence Reduce Cognitive Achievements? Evidence from Rural China." *Journal of Development Economics* Null：181 – 195.

Zhu, X. W., Liu, J. T., and Liang, Z. 2020. "Are Left-behind Children More Likely to be Bullied? Empirical Evidence from Rural Schools in Shaanxi Province." *Chinese Sociological Review* 52：411 – 437.

第三部分

流动背景下留守儿童和流动儿童心理健康

父母外出务工对农村儿童抑郁的影响*

——基于陕西省大荔县、南郑县和四川省金堂县调查数据的分析

一 引言

中国大规模的人口流动对留守的家庭成员,特别是留守儿童的身心健康产生了重大的影响(Ye and Pan, 2011)。许多社会科学家已对中国父母外出务工给儿童的教育和身体健康带来的影响进行过系统研究(de Brauw and Mu, 2011),但鲜有关于留守儿童心理健康方面的系统研究。现有实证研究关于父母外出务工影响留守儿童心理健康状况的发现存在不同的观点:一些研究认为父母外出务工对留守儿童心理健康状况几乎不存在影响(Ren and Treiman, 2016);然而,另外一些研究普遍表明,留守与不良的心理健康状况正相关,比如留守儿童的抑郁(Xu et al., 2018)、低自尊(Zhan et al., 2014)以及孤独感(Murphy et al., 2016)的程度或水平更高。之所以出现这些不一致的发现,可能与不同的测量方法、不同的数据以及不同的比较策略有关(Liang, 2016)。

儿童心理健康状况的决定因素既包括家庭环境如家庭内部的人际互动因素,也包括个体属性(WHO, 2005)。家庭环境及其与儿童人格特质

---

* 本文的主体内容译自作者于 2020 年发表在 Taylor & Francis Group 旗下的英文期刊 *Chinese Sociological Review* 上的论文,论文详细信息如下:Zhongshan Yue, Zai Liang, Qian Wang, and Xinyin Chen., "The Impact of Parental Migration on Depression of Children: New Evidence from Rural China." *Chinese Sociological Review*, 2020, 52 (4): 364 - 388, https://doi.org/10.1080/21620555.2020.1776601。我们十分感谢出版社(Taylor & Francis Group)授权我们翻译该文并同意将该文中文版作为一篇文章收录在本书中,出版社网址为:https://www.tandfonline.com/。需要说明的是,与英文论文稍有不同的是,我们在中文版中增加了一些访谈资料。

（如自尊）的相互作用共同影响了儿童的成长（Plunkett et al.，2007；Wen and Lin，2012）。然而很少有研究探讨中国留守儿童的父母行为、自尊和抑郁之间的关系。因此同时考虑父母行为和儿童人格特质的研究很有必要，以此辨识更多的调节因素并厘清发挥作用的运行机制。

作为中国乡-城流动人口的主要输出地，中国西部地区的富裕程度普遍低于中部和东部地区，且工业化、现代化和市场化程度在三个地区中最低。中国西部的留守儿童更加弱势（Ye and Pan，2011），因此更值得关注。

为弥补该领域研究的这些不足，我们使用2017年中国西部陕西省和四川省的调查数据和访谈资料，将汇款和家务负担作为调节变量，将流动家庭内部的人际互动因素（亲子交流、教养方式）和儿童的人格特质（自尊）作为中介变量，解释父母外出务工对留守儿童抑郁影响的机制。本研究是为数不多的、实证分析流动家庭中人际互动因素和儿童人格特质调节或中介父母外出务工对儿童发展影响的研究之一。

二 父母缺席、父母外出与儿童福祉

父母缺席如何影响儿童福祉的问题已经引起了多个学科学者们的关注。在美国和其他西方国家，非完整家庭主要是由离婚或非婚生育造成的（Ren and Treiman，2016）。这些来自发达国家的证据似乎相当确凿。在这些家庭中，投入儿童发展中的物质资源（例如金钱）和非物质资源（例如父母养育孩子和与孩子沟通的时间）较少。因此，父母缺席确实不利于儿童在教育、身体和心理健康等方面的发展。此外，单亲家庭的孩子也易产生社会心理问题并更可能出现害羞和攻击性行为（McLanahan and Percheski，2008）。事实上，家庭结构在美国已经越来越被视为社会不平等的一个根源（Putman，2015）。

今天，类似的家庭结构问题给中国家庭带来了挑战，很多儿童由于父母外出务工而未与父母生活在一起。但令人欣慰的是，中国因人口流动导致的父母缺席与西方国家中单亲家庭儿童的情况不同。在发展中国家，无论是自愿国际迁移（如美国的大多数墨西哥移民）还是国内迁移（如中国的乡-城流动人口），均是一种重要的家庭策略，旨在最大化家庭经济福利、促进家庭成员尤其是儿童未来发展（Sun et al.，2020）。与西方国家相比，发展中国家的最大区别在于，在大多数情况下，外出务工的父母不仅继续以汇款的形式为儿童提供经济支持，还通过电话或在线视频聊天提供情感支持（Lu et al., 2019）。在中国，乡－城人口流动确实减少了父母对留守儿童发展的时间投入（Ye and Pan, 2011）。因此，中国留守儿童与外出务工父母的长期分离仍然是一个令人担忧的问题。

> 我不能确定留守儿童和非留守儿童在学习成绩上有什么差异，但我观察到我们班的那个留守孩子从来不笑。（四川一所小学的一位班主任）
>
> 当爸爸或妈妈离开家时我不舍得。就是他要走的时候，我经常会跟他说，我也想一起去，带着爷爷奶奶一起去西安……但爸爸说现在还不行。伤心我不会在别人面前表现出来的。（留守儿童 B）
>
> 爸爸不在家对学习没有不好的影响，对成长有影响，就感觉缺少了一样东西一样。在和爸爸电话或视频中感觉可以找回那种东西。（留守儿童 A）

由于测量方法、数据和比较策略的不同，以往关于中国留守儿童心理健康的研究存在一些不一致的结论。例如，尽管对儿童留守状态的测量相同，同样采用倾向值得分匹配法，Xu 和 Xie（2015）的研究表明留守儿童与非留守儿童的抑郁水平相差不大，但 Xu 等（2018）发现留守儿童的抑郁水平显著高于非留守儿童，这很可能是对抑郁采用不同的测量方法和使用不同的全国性代表数据导致的。

父母外出务工既可能给儿童发展带来好处也可能带来坏处。一方面，外出父母务工获取的经济资源（如汇款）（Lu and Treiman, 2011）和儿童对父母外出务工的正面认知（Hu, 2019）对儿童福祉有积极影响。另一方面，父母外出导致的养育中断不利于儿童的心理健康。

> 有时候钱花得太多了，我就希望他们出去挣钱；但有时候题不会了我就特别希望他们在家里。有时候生病或者不开心的时候，也特别希望爸妈在家里陪我，照顾我。（留守儿童 C）

根据生态模型，家庭是影响儿童发展最重要的社会场域之一（WHO,

2005)。那些家庭结构重组的儿童面临的一个主要挑战是如何在不同的家庭关系中定义和发展适当的、可接受的和令人满意的角色（Hetherington et al., 1992）。父母外出务工改变了父母与子女、子女与主要看护人、主要看护人和外出父母之间的人际关系（Lu et al., 2019）。然而，很少有研究厘清在家庭内部父母外出务工影响儿童福祉的具体运行机制。一个例外是Lu 等（2019）的新近研究，他们实证检验了父母外出务工影响儿童福祉的中介或调节作用。该研究表明，留守儿童心理健康的脆弱性是由主要看护人的心理健康和教养方式间接导致的，与外出父母的频繁接触有助于缓解留守儿童的不利处境。但是，Lu 等（2019）主要关注的是父母外出务工引致家庭人际关系变化后教养方式、家庭压力和家庭认知环境的中介作用，只考虑了亲子关系的调节作用，而忽略了亲子关系可能发挥的中介作用。

三 当前研究

（一）概念框架

本研究的主要目标是辨识家庭内可能存在的调节因素和中介因素，解释父母外出务工如何影响儿童抑郁。在家庭内部，父母外出务工带来的重大变化至少包括汇款、儿童的家务负担、人际关系和儿童的人格特质等几个方面。所有这些因素的变化都可能会影响儿童的心理健康。本研究通过亲子交流和主要看护人响应力来反映人际关系变化，通过自尊来评估儿童人格特质。图 1 总结了本研究的概念框架。

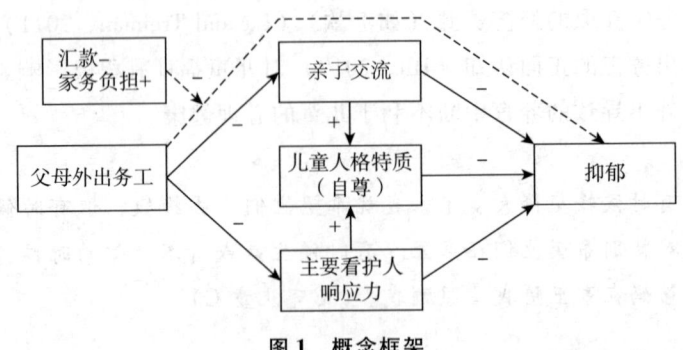

图 1 概念框架

（二）调节变量

1. 汇款

作为家庭收入的主要来源，父母的汇款对农村留守儿童是有益的（Liang and Song, 2018）。财力的增加提高了家庭对儿童人力资本和健康的物质投资，进而促进儿童实现向上的社会流动，最终可以提高家庭的社会经济地位和生活水平（Lu and Treiman, 2011）。因此，我们预期汇款可以发挥调节作用，减轻父母外出务工对儿童心理健康的负面影响。

2. 家务负担

从儿童发展的角度来看，父母外出的社会代价也很高。以往的研究（de Brauw and Mu, 2011; Ye and Pan, 2011）显示父母外出务工使儿童，尤其是7~12岁的儿童花费在干农活或者做家务方面的时间增多。参与家务劳动，甚至干农活或者照顾年幼的兄弟姐妹增加了留守儿童的负担，这自然给儿童带来了很大压力。仅有的几个研究（如Ye and Pan, 2011）提供的一些质性资料表明由父母外出务工导致的家务负担的增加可能会对儿童心理健康产生不利影响。然而，家务负担的调节作用尚未得到检验。本文是较早分析家务负担在父母外出务工与儿童抑郁之间的调节作用的一个实证研究。因此，本研究将汇款和家务负担均视为调节变量（参见图1顶部的虚线路径）。

（三）中介变量

1. 亲子交流

由于时间有限和多种条件的制约，父母外出务工阻碍了亲子交流。未外出父母可以很容易地与儿童面对面交流，随时了解儿童的困难和问题，及时提供支持帮助他们走出困境。然而，外出务工的父母生活在一个完全不同于留守儿童的环境中。多数进城工作的父母在从事低薪的脏、累、险工作（Yue et al., 2013）。加班对他们来说很常见。一项全国性的调查显示，2008年，农村外出务工人员平均每周工作56.2小时，比城镇职工多了近9小时，但收入却少得多。对外出务工的父母来说，找到双方都允许的时间和留守儿童交流并不容易。

尽管在过去的十年里，外出务工的父母可以与留守儿童进行更便捷、更便宜和更加多样化的在线互动，但由于与孩子长期分离，对孩子日常生活信息了解有限，他们仍无法与儿童进行及时、有效的互动。父母延迟提供的支持无法及时满足儿童的实际需要。此外，由于在外务工，父母很可能会面对经济、工作、家庭分离、期望－现实差距、歧视和文化适应困难等方面的压力，其中一些父母甚至具有严重的抑郁问题（Mou et al.，2013）。所有这些可能会进一步损害亲子交流的质量和儿童心理健康。Wu 等（2015）发现，与未外出父母相比，外出父母与儿童缺乏有效的沟通，这很可能导致儿童的心理健康状况不佳。因此，我们预测亲子交流在父母外出务工与儿童抑郁之间发挥中介作用。

2. 主要看护人响应力

父母外出会降低家长或看护人响应力（responsiveness）。留守儿童的看护人（留守的父亲或母亲，祖父母或其他亲戚）由于父母双方中至少一位的外出而承担额外的家庭责任，如儿童抚育、房屋维修、农业生产，甚至会产生紧张情绪（Ye and Pan，2011）。所有这些不利情况将进一步影响看护人的响应力。在中国，如果父母双方外出务工，祖父母通常会照顾孙子女，这是很普遍的传统（Chen et al.，2011）。祖父母成为主要看护人并承担照护留守儿童的责任后，他们在不同程度上面临来自体力、能力和教养价值观等方面的挑战。作为看护人，祖父母的脆弱性将加剧父母外出务工对儿童心理健康的负面影响（Albin et al.，2013）。留守儿童面临的另一个潜在挑战是，在主要看护人改变后，他们需要逐渐适应新的看护人的教养方式和教养价值观（Givaudan and Pick，2013）。

因此，我们认为，父母一方或双方都外出的留守家庭，主要看护人的响应力可能变得更差。早前的研究表明，儿童时期的养育方式与儿童甚至成人的心理健康（如抑郁和焦虑）显著相关（Garber et al.，1997）。因此，我们预测主要看护人响应力在父母外出与儿童抑郁之间发挥中介作用。

3. 自尊、主要看护人响应力和亲子交流

家庭结构的变化也会给儿童的自尊等人格特征带来挑战（Plunkett et al.，2007）。儿童处于生命早期阶段，他们的自尊尤其应该受到关注。对孩子来说，自尊是预测他或她未来发展的重要指标。然而，无论是具体理论还是强有力的经验研究，都不能支持父母外出务工对儿童自尊存在直接影响。基于全国代表性数据，Ren 和 Treiman（2016）的研究表明，父母外出对儿童自尊几乎没有影响。Shi 等（2016）利用中国西部 19000 名学生的面板调查数据，发现父母外出对儿童自尊的影响在 10% 的水平上边缘

性显著。近期 Lu 等（2019）的研究表明，在纳入中介变量之后，父母外出状态对儿童心理健康的直接影响便消失了。因此，我们认为儿童的留守状态和自尊之间不存在影响路径，即前者不会直接影响后者。

一致性的证据表明教养方式包括父母陪伴、父母参与、亲子关系质量和父母的支持、控制与儿童和青少年的自尊有显著相关关系（Barber et al.，1992；Bulanda and Majumdar，2009）。在父母外出务工后，由于父母参与程度（如亲子交流以及父母/监护人的响应力）的下降，留守儿童可能会认为自己被父母抛弃了。被抛弃感会降低留守儿童的自尊（Givaudan and Pick，2013）。因此我们预测，亲子交流和教养方式都会影响儿童的自尊，这意味着亲子交流和主要看护人响应力在父母外出和儿童自尊之间发挥中介作用。

人际关系和儿童人格特质对儿童抑郁均具有重要影响（Wen and Lin，2012）。自尊作为个人最为重要的人格特质之一，是心理健康的重要预测指标（Rosenberg et al.，1995）。基于纵向设计的研究表明，自尊对抑郁有直接且长期的影响，较低的自尊水平是导致抑郁的风险因素（Orth et al.，2014）。自我提升理论认为，自尊是人类的基本动机，自尊动机被认为是人类最迫切的需求之一（Maslow，1970）。对人类来说，普遍存在保护和提升自我价值感的愿望。在实现这种愿望过程中遭遇挫折会使人产生心理困扰。在日常生活中经历消极事件的时候，自尊心高的人会产生自我保护的动机、启动自我提升程序并采取各种应对手段（Rosenberg et al.，1995）。一贯的发现是自尊与抑郁反向相关（Rosenberg et al.，1995）。以往关于儿童、青少年、成人和老年人的研究表明这种关系模式普遍存在于各群体中。也有研究表明，儿童感知的自我价值在教养方式与抑郁的关系中发挥部分中介作用（Garber et al.，1997）。基于我们对亲子交流和主要看护人响应力在父母外出务工与儿童自尊之间发挥中介作用的预测，我们认为从留守状态到抑郁存在两条中介途径：一条途径经由主要看护人响应力和自尊影响抑郁，另一条经由亲子交流和自尊影响抑郁。

四　数据和方法

（一）数据

我们使用2017年课题组在陕西省大荔县、南郑县和四川省金堂县收集的中国西部人口流动与儿童调查数据和访谈资料。

陕西省和四川省均是中国西部的乡-城流动人口的主要输出地。南郑县（2017年）、大荔县（2017年）、金堂县（2016年）农村居民人均可支配收入分别为9697元[①]、11001元[②]、17720元[③]。南郑县位于秦岭大巴山区，是这三个县中收入水平最低的地区；金堂县位于成都平原，是三个县中最富裕的地区；大荔县居中。南郑、大荔和金堂这三个县的农村基本代表了中国西部不同富裕程度的农村地区。本次调查采用多阶段分层整群抽样，首先在陕西省和四川省选择3个县，然后分别在大荔县选取10所乡村小学，在南郑县选取9所乡村小学，在金堂县选取6所乡村小学。每所被抽中的学校的所有五年级学生（通常是一个或两个班）均为我们的调查对象。最终共有25所学校的约1900名五年级学生接受了本次调查。本次调查使用了四套问卷：学生问卷、教师问卷、主要监护人问卷和学校问卷。主要监护人可能是父母或亲戚（通常是祖父母）。这些调查问卷涵盖教育、行为、身体健康、心理健康和父母迁移史等问题。通过合并教师数据、学生数据和主要监护人数据，我们最终得到了1848个样本。

（二）测量

1. 因变量

本文使用改编自《儿童抑郁症量表（CDI）》（Kovacs，1992）的《中文版儿童抑郁量表》测量儿童抑郁状况，该量表包含14个自行汇报的题项，已经在中国得到验证和改良（Chen et al.，2013）。比如，其中的一个题项是"你多久感到不快乐"。该量表的Cronbach's alpha为0.75，表明其内部一致性是可以接受的（Cortina，1993）。量表中所有的14个题项均采用李克特三级量表进行打分，分值范围从"很少"（0）到"绝大多数时间"（2），加总后即获得抑郁总分（见表1）。

2. 自变量

我们利用学生报告的父母流动经历和目前父母的流动状态来操作化儿

[①] 《南郑区2018年政府工作报告》，http://www.hanzhong.gov.cn/hzszf/zwgk/ghjh/zfgzbg/qxzf-gzbg/201803/e2a7d6ff369b4cf9955b2a4faf63af91.shtml，最后访问日期：2022年1月14日。

[②] 《（陕西省）大荔县2017年国民经济和社会发展统计公报》，http://www.ahmhxc.com/tongjigongbao/10187.html，最后访问日期：2022年1月14日。

[③] 《（四川省）2017年金堂县国民经济和社会发展统计公报》，https://www.ahmhxc.com/tongjigongbao/15738.html，最后访问日期：2022年1月14日。

童的留守状态，将儿童分为五类（见表1）。

为了研究父母外出务工对儿童心理健康的影响，自然可将儿童划分为当前留守儿童和当前非留守儿童。之前的研究（如 Murphy et al.，2016）指出，对留守儿童的主观幸福感和健康而言，谁（母亲、父亲或父母双方）外出非常重要。那些母亲外出的儿童的主观幸福感特别是健康的水平比其他儿童都要差。因此，我们认为有必要将当前留守儿童划分为以下三类：仅母外出、仅父外出和父母均外出。最近的研究表明父母流动对儿童具有长期影响，那些曾经留守的儿童在心理健康问题（如抑郁）上的得分显著高于无留守经历的儿童（Shi et al.，2016；Zhao et al.，2017）。因此，我们将当前非留守儿童区分为从未留守儿童和曾留守儿童。至此，我们的研究中共有五组儿童。

3. 调节变量

第一个调节变量是汇款。主要监护人在调查中报告了去年外出务工的家庭成员的汇款和带回的礼物（折合为人民币）的总金额（元）。我们取总金额加1的常用对数来测量汇款，并将其与每组儿童的留守状态相乘生成交互项。

第二个调节变量是家务负担。在调查中，每位被调查学生报告了自己过去一周用于干农活的时间。我们使用儿童每周干农活的总时长来测量家务负担，并乘以每组儿童的留守状态来生成交互项。

4. 中介变量

第一个中介变量是儿童自行汇报的亲子交流。相关量表有8个关于亲子交流的题项，包括与母亲沟通的4个题项（Cronbach's alpha = 0.78）和与父亲沟通的4个同样的题项（Cronbach's alpha = 0.82）。例如，其中一个题项是"在过去的一个月中，你多长时间和你的母亲/父亲谈一次你的近况"。每个问题有从"从不"到"每天"6种可能的回答。我们将这些备择选项依次编码为0、1、2、3、4、5，然后将每个受访者回答的8个问题的得分加总，分数越高表明亲子交流越频繁。

第二个中介变量是主要看护人响应力，用来表示教养方式。主要看护人响应力在教养方式中被普遍讨论（Steinberg et al.，1989）。有研究指出存在一种以积极参与、自主支持和培育健康亲子关系为特征的教养方式（Heimpel et al.，2018）。参照CFPS调查问卷（Xie and Hu，2014），经过改编，学生问卷中的主要看护人响应力量表包含13个题项。例如，其中的一个题项为"当你做错事时,你的父母/看护人会询问原因并指导你吗"。每个题项有 5 个备择选项,从"从不"到"一直"。我们运行探索性因子分析后发现 2 个题项的因子载荷小于 0.40,因此将这 2 个题项从量表中删除。我们将其余的 11 个题项得分进行加总测量主要看护人响应力。量表最终的因子载荷取值范围为 0.60 ~ 0.70,表明具有较好的内部一致性(Cronbach's alpha = 0.86)。

第三个中介变量是儿童自尊,本研究使用学生问卷中的儿童自我价值感量表对其进行测量。该量表包含 7 个题项。其中题项 3 的因子载荷仅为 0.23,由于其载荷值偏低而被删除。最终量表各题项的因子载荷取值范围为 0.49 ~ 0.67,量表的 Cronbach's alpha 为 0.75,表明具有较好的内部一致性。比如,其中一个题项是"我有很多值得骄傲的地方"。每个题项都有 5 个备择答案,从"1 = 非常不同意"到"5 = 非常同意"。我们利用剩余的 6 个题项的总分测量儿童自尊,分数越高说明儿童自尊水平越高。

5. 控制变量

控制变量包括儿童的性别、主要看护人的性别、父母的受教育程度、家庭收入和居住地区。表 1 提供了这些变量的描述性信息。

表 1 变量描述 ($N = 1328$)

变量	测量	均值	标准差	范围
自变量:儿童的留守状态				
父母均外出	父母双方均外出的儿童	0.22	—	0, 1
仅母外出	仅母外出的儿童	0.05	—	0, 1
仅父外出	仅父外出的儿童	0.22	—	0, 1
曾留守	目前与父母双方生活在一起但父母一方或双方曾经外出	0.29	—	0, 1
从未留守	目前与父母住在一起且父母从未外出	0.22	—	0, 1
因变量:抑郁	中文版《儿童抑郁量表》14 个题项的和	4.32	3.60	0 ~ 25
中介变量				
亲子交流	与母亲交流的量表 4 个题项总分和与父亲交流的量表 4 个题项总分之和	16.59	9.49	0 ~ 40

续表

变量	测量	均值	标准差	范围
主要看护人响应力	主要看护人响应力量表 11 个题项之和	37.62	8.83	11~55
儿童自尊	儿童自我价值感量表 6 个题项之和	23.30	4.59	6~30
调节变量				
汇款（元）	去年外出家庭成员寄回或带回的钱物，包括汇款和礼物的等值金额	4144.04	10830.05	0~60000
家务负担（小时）	过去一周儿童干农活的小时数	6.28	8.67	0~66.17
控制变量				
男童	儿童是男性	0.49	—	0, 1
男性主要看护人	儿童的主要看护人是男性	0.31	—	0, 1
父母的受教育程度	母亲受教育年限的平方和父亲受教育年限的平方之和的平方根	12.11	2.90	0~22.63
家庭收入	去年全家总收入（元）			
最低	家庭收入低于 6999 元，参照组	0.29	—	0, 1
较低	家庭收入在 7000~19999 元	0.14	—	0, 1
中等	家庭收入在 20000~39999 元	0.19	—	0, 1
较高	家庭收入在 40000~79999 元	0.20	—	0, 1
最高	家庭收入高于 80000 元	0.10	—	0, 1
收入缺失	家庭收入信息缺失	0.08	—	0, 1
大荔县	儿童来自陕西省大荔县，参照组	0.39	—	0, 1
南郑县	儿童来自陕西省南郑县	0.32	—	0, 1
金堂县	儿童来自四川省金堂县	0.29	—	0, 1

（三）分析策略

我们对不同类型儿童的抑郁、调节变量和中介变量进行了方差分析（ANOVA）和 t 检验，揭示这些变量在不同类型儿童之间的差异。限于篇幅，此处不展开模型选择过程。

在分析时，首先，我们排除了 198 名因父母离异、父母分居、父母一方亡故或双方亡故而生活在非完整家庭中的儿童。其次，我们剔除了 322 个在除家庭收入以外的 54 个题项中任一题项（量表按题项数计算）上存在缺失值的个案，最终剩余 1328 个样本进入模型。鉴于家庭收入有大量（8%）的缺失值，我们生成了一个"收入缺失"的虚拟变量，并将其纳入结构方程模型分析。平均来看，每个题项排除了 5.96 个含缺失值的样本。没有明确的证据表明数据缺失会导致系统性偏误。

五 统计分析结果

表 1 提供了变量的描述性统计结果。从未留守儿童占 22%。父母均外出、仅母外出、仅父外出以及曾留守的儿童的比例分别为 22%、5%、22% 和 29%。

方差分析显示，不同类型儿童的抑郁水平存在显著差异。仅父外出留守儿童的抑郁水平显著高于曾留守儿童和从未留守儿童。父母均外出儿童的抑郁水平显著高于从未留守儿童。

仅父外出留守儿童的家庭去年收到的汇款（8885 元）最多，随后依次是父母均外出、从未留守、曾留守和仅母外出的家庭。方差分析结果显示，不同类型儿童干农活的时间没有显著差异。t 检验结果显示，仅父外出的留守儿童的家务负担显著高于曾留守的儿童。

仅母外出、仅父外出和父母均外出的留守儿童的亲子交流和主要看护人响应力水平较低。从未留守儿童的亲子交流水平最高，且显著高于当前留守的儿童，但与曾留守儿童的亲子交流水平没有显著差异。曾留守儿童的主要看护人响应力水平最高，随后依次是从未留守、仅父外出、仅母外出和父母均外出的儿童。但是，曾留守儿童的主要看护人响应力水平并未显著高于从未留守儿童。这表明从未留守儿童和曾留守儿童在亲子交流和主要看护人响应力上显著优于其他类型的儿童。父母均外出的儿童最脆弱。由于母亲在儿童发展中扮演重要而特殊的角色，不出所料地，仅母外出的儿童在主要看护人响应力和亲子交流方面的表现比仅父外出或从未留守的儿童更差。但是，仅母外出留守儿童的抑郁水平与其他类型的儿童没有显著差异。对此，我们现在还无法解释，未来需要更多研究去探索。

表 2 展示了在 Mplus 中通过结构方程模型估计的儿童的留守状态、中介变量和调节变量对抑郁影响的标准化回归结果。表 2 中的模型 A 展示了父母外出影响儿童抑郁的主效应。仅父外出留守儿童的抑郁水平显著高于从未留守的儿童。加入调节变量和中介变量后（尚未加入交互项），模型 B

表 2 结构方程模型的标准化系数和标准误（$N=1328$）

变量	模型 A 系数	模型 A 标准误	模型 B 系数	模型 B 标准误	模型 C 系数	模型 C 标准误	模型 D 系数	模型 D 标准误
仅母外出	0.013	0.029	0.003	0.024	-0.004	0.034	0.004	0.027
仅父外出	0.102**	0.034	0.085**	0.029	0.081*	0.039	0.103**	0.034
父母均外出	0.064	0.034	0.034	0.029	-0.010	0.040	-0.009	0.034
曾留守	0.041	0.035	0.042	0.029	0.030	0.037	0.021	0.031
中介变量								
亲子交流			-0.032	0.027	-0.034	0.028	-0.035	0.028
主要看护人响应力			-0.208***	0.028	-0.210***	0.028	-0.211***	0.028
儿童自尊			-0.434***	0.023	-0.434***	0.023	-0.434***	0.023
调节变量								
Log（汇款+1）			-0.025	0.025	-0.127	0.066	-0.128	0.066
仅母外出×Log（汇款+1）					0.010	0.029	0.009	0.029
仅父外出×Log（汇款+1）					0.024	0.054	0.023	0.054
父母均外出×Log（汇款+1）					0.119*	0.051	0.119*	0.051
曾留守×Log（汇款+1）					0.077*	0.036	0.077**	0.037
家务负担			0.076**	0.023	0.061	0.046	0.077**	0.023
仅母外出×家务负担					0.013	0.031		
仅父外出×家务负担					0.043	0.039		

续表

变量	模型 A 系数	模型 A 标准误	模型 B 系数	模型 B 标准误	模型 C 系数	模型 C 标准误	模型 D 系数	模型 D 标准误
父母均外出 × 家务负担					0.003	0.037		
曾留守 × 家务负担					-0.018	0.037		
截距项	1.615**	0.157	4.366***	0.156	4.465***	0.160	4.455***	0.158
R^2	0.028		0.337		0.327		0.326	

注：为节省空间，控制变量的结果没有在表中进行展示；*** $p<0.001$，** $p<0.01$，* $p<0.05$。

中两组儿童之间抑郁水平的差异显著减少。较高水平的主要看护人响应力和较高的儿童自尊显著降低了留守儿童的抑郁水平。家务负担显著提高了儿童的抑郁水平（见模型 B）。

模型 C 中包含中介变量、调节变量以及交互项，有几个重要的研究发现值得关注。与从未留守的儿童相比，仅父外出留守儿童的抑郁水平更高。主要看护人响应力和儿童自尊均与儿童抑郁负相关。汇款的调节作用在模型 C 中得到证实。汇款与父母均外出以及曾留守的交互项系数均显著。因为模型 C 没有验证家务负担对抑郁的调节作用，所以我们删除了家务负担与儿童的留守状态之间的交互项，然后运行了最终的回归模型，即模型 D。模型 B 和模型 D 的结果均表明，家务负担显著地提高了儿童的抑郁水平。

多元回归分析结果进一步证实，在亲子交流和主要看护人响应力方面，父母均外出的留守儿童是最脆弱的群体。仅父外出的留守儿童在亲子交流方面得分显著较低。与预期一样，亲子交流和主要看护人响应力与儿童自尊正相关。

表 3 总结了留守状态影响抑郁的总间接效应、特定间接效应和直接效应。只有仅父外出对儿童抑郁有显著的直接影响。该直接效应占总效应的 94.50%。与从未留守的儿童相较，仅父外出的留守儿童抑郁水平提高 0.103 个标准差。仅母外出和父母均外出的留守儿童的总间接效应都很显著，表明经过看护人教养方式和自尊的中介影响后，这两组儿童经历了更高的抑郁水平。

表 3 留守状态影响抑郁的标准化总效应和显著标准化总间接效应、特定间接效应和直接效应

儿童的留守状态	总效应、直接效应、总间接效应和特定间接效应	标准化系数	占总效应的比例（%）
仅母外出	总效应	0.026	100.00
	总间接效应	0.022 * (0.011)	84.62
仅父外出	总效应	0.109	100.00
	直接效应	0.103 ** (0.034)	94.50

续表

儿童的留守状态	总效应、直接效应、总间接效应和特定间接效应	标准化系数	占总效应的比例（%）
父母均外出	总效应	0.039	100.00
	总间接效应	0.048*** (0.013)	123.08
	亲子交流 - 儿童自尊	0.006* (0.003)	15.38
	主要看护人响应力	0.021** (0.008)	53.85
	主要看护人响应力 - 儿童自尊	0.015** (0.005)	38.46

注：*** $p<0.001$，** $p<0.01$，* $p<0.05$。

具体来说，父母外出务工通过三条显著的中介路径影响儿童的抑郁水平。与从未留守儿童相比，父母均外出的留守儿童的抑郁水平更高，这归因于以下三条中介路径：经由主要看护人响应力的中介路径的间接效应占总效应的53.85%；经由主要看护人响应力和儿童自尊的路径的间接效应占总效应的38.46%；经由亲子交流和儿童自尊路径的间接效应占总效应的15.38%。总之，亲子交流、主要看护人响应力和儿童自尊在解释父母均外出留守儿童的心理健康方面起到了重要作用。

六 结论和讨论

已经有很多关于教育和身体健康的研究系统地审视了中国大规模的人口流动对留守儿童的影响（如 de Brauw and Mu，2011）。然而，关于留守儿童心理健康的系统研究仍较少。本文利用2017年中国西部人口流动与儿童调查数据，证实了存在于家庭内部的父母外出可能通过家庭人际关系和儿童人格特质影响儿童抑郁的机制。我们的分析力图从以下两个方面对现有研究做出重要贡献。

首先，本文是为数不多的实证地研究汇款和家务负担对父母外出务工影响儿童抑郁的调节效应的研究之一。汇款的调节作用部分地被证实。对父母均外出和曾留守的儿童而言，收到汇款有助于减轻他们的抑郁。家务负担的调节作用未得到证实，这表明在大多数流动家庭中，父母外出并不一定会增加子女的家务负担。进一步的分析表明，无论儿童留守状态如何，家务负担都会使他们的抑郁水平显著提高。

其次，我们考察了人际关系因素（亲子交流和教养方式）和儿童人格特质（自尊）在父母外出务工影响儿童抑郁过程中发挥的中介作用。研究结果表明，亲子交流、主要看护人响应力和儿童自尊对留守儿童心理健康（抑郁）具有重要的中介作用。父母均外出通过三条路径显著地影响儿童抑郁水平。此外，本研究表明，仅父外出对儿童抑郁有显著的直接影响，但仅父外出对儿童抑郁的间接影响不显著。仅母外出和父母均外出对儿童抑郁的总间接效应显著。该结果进一步支持了父母谁外出对儿童福祉具有重要影响，父母外出务工对不同类型留守儿童的影响是不同的。仅父外出和仅母外出影响儿童发展的不同机制有待进一步研究。上述研究发现表明，决策者和学者可能需要制定具体的计划和策略来帮助中国不同类型的农村留守儿童。

我们的研究结果显示，在儿童心理福利方面，父母外出务工带来的社会代价大于经济收益。通过比较调节变量和中介变量的标准化总效应、总间接效应和直接效应，本研究发现，非物质资源（亲子交流、主要看护人响应力和自尊）在儿童抑郁中的作用显著大于物质资源（汇款）。

我们的研究发现，留守儿童（尤其是父母均外出留守儿童）的心理健康至少可以通过两种方式得到改善。第一，改善看护人和儿童的关系和提升看护人照护儿童的能力，为家庭增能。在中国西部农村，看护人（父母一方或其他亲属）由于教养能力有限，往往无法满足孩子多样化和复杂的需求，特别是情感需求（Hu et al., 2014）。提高看护人及其家庭的能力是满足留守儿童需求的一种可能的解决方案。这将有助于留守儿童在一个健康、充满爱的家庭中成长。一种可能的方式是鼓励外出的父母通过定期、高质量的远程沟通进行远端育儿，并构建支持性的家庭环境。发起旨在改善亲子交流、树立主要看护人正确育儿观念并提供实践指导的项目将有益于儿童的心理福利。鉴于新的通信技术具有更高的可得性和更广泛的应用，这方面仍有很大的提升空间。

第二，提高留守儿童自身的能力。父母、其他看护人、社区、学校和地方政府可以引导儿童正确理解父母外出务工这一行为。很多父母外出务工是为了给孩子提供更好的教育和发展机会。本研究结果进一步表明，在外出父母和主要看护人的共同努力下，良好的家庭环境将会进一步培养儿童的自尊等自我维续能力，从而有助于其心理健康和未来的长远发展。除家庭外，学校、社区和地方政府等其他利益相关者可以为促进留守儿童的发展做出自己的努力。例如，借鉴墨西哥家庭与人口研究中心（IMIFAP）在墨西哥开发的旨在满足儿童、看护人和社区需求的模型（Givaudan and Pick，2013），农村社区的地方政府可以与其他利益相关者合作开展致力于长期提升主要看护人能力和改善儿童行为、福祉以及对迁移和生活的看法的培训项目。

本文的局限性在于使用的数据为横截面数据。最初的迁移过程和在城市停留期间的回流过程中的选择性均可能导致选择性偏差，这在所有与迁移相关的研究中均存在。尽管存在这种数据上的局限性，本研究是实证辨识父母外出务工影响儿童心理健康的一些可能的新的机制的少数研究之一。我们的研究有助于更好地理解人口流动对中国农村留守儿童发展的影响。

参考文献

李培林、李炜，2010，《近年来农民工的经济状况和社会态度》，《中国社会科学》第1期。

Albin, B., Qin, J., and Hong, Z. 2013. "Mental Health in the Left-behind Children in the Fujian Province of China." *Journal of Public Mental Health* 12 (1): 21 – 31.

Barber, Brian K., Bruce A. Chadwick, and Rolf Oerter. 1992. "Parental Behaviors and Adolescent Self-Esteem in the United States and Germany." *Journal of Marriage and the Family* 54 (1): 128 – 141.

Bulanda, Ronald and Debarun Majumdar. 2009. "Perceived Parent-Child Relations and Adolescent Self-Esteem." *Journal of Child and Family Studies* 18 (2): 203 – 212.

Chen, Feinian, Guangya Liu, and Christine A. Mair. 2011. "Intergenerational Ties in Context: Grandparents Caring for Grandchildren in China." *Social Forces; A Scientific Medium of Social Study and Interpretation* 90 (2): 571 – 594.

Chen, Xinyin, Fan Yang, and Li Wang. 2013. "Relations between Shyness-Sensitivity and Internalizing Problems in Chinese Children: Moderating Effects of Academic Achievement." *Journal of Abnormal Child Psychology* 41 (5): 825 – 836.

Cortina, Jose M. 1993. "What is Coefficient Alpha? An Examination of Theory and Applications." *Journal of Applied Psychology* 78 (1): 98 – 104.

de Brauw, Alan and Ren Mu. 2011. "Migration and the Overweight and Underweight Status of Children in Rural China." *Food Policy* 36 (1): 88 – 100.

Garber, Judy, Nancy S. Robinson, and David Valentiner. 1997. "The Relation between Parenting and Adolescent Depression: Self-Worth as a Mediator." *Journal of Adolescent Research* 12 (1): 12 – 33.

Givaudan, Martha and Susan Pick. 2013. "Children Left behind: How to Mitigate the Effects and Facilitate Emotional and Psychosocial Development: Supportive Community Networks Can Diminish the Negative Effects of Parental Migration." *Child Abuse & Neglect* 37 (12): 1080 – 1090.

Heimpel, Nicholas F., Xueqin Qian, and Wei Song. 2018. "Parenting and Child Self-Regulation in Chinese Families: A Multi-Informant Study." *Journal of Child and Family Studies* 27 (7): 2343 – 2353.

Hetherington, E. Mavis, W. Glenn Clingempeel, Edward R. Anderson, and James E. Deal. 1992. *Coping with Marital Transitions: A Family Systems Perspective.* Chicago: University of Chicago Press.

Hu, Shu. 2019. "'It's for Our Education': Perception of Parental Migration and Resilience among Left-behind Children in Rural China." *Social Indicators Research* 145 (2): 641 – 661.

Hu, Yang, Bob Lonne, and Judith Burton. 2014. "Enhancing the Capacity of Kin Caregivers and Their Families to Meet the Needs of Children Left behind." *China Journal of Social Work* 7 (2): 131 – 44.

Kovacs, Maria. 1992. *The Children's Depression Inventory Manual.* Toronto: Multi-Health Systems.

Liang, Zai and Qian Song. 2018. "From the Culture of Migration to the Culture of Remittances: Evidence from Immigrant-Sending Communities in China." *Chinese Sociological Review* 50 (2): 163 – 187.

Liang, Zai. 2016. "China's Great Migration and the Prospects of a More Integrated Society." *Annual Review of Sociology* 42 (1): 451 – 471.

Lu, Yao and Donald J. Treiman. 2011. "Migration, Remittances, and Educational Stratification among Blacks in Apartheid and Post-Apartheid South Africa." *Social Forces; A Scientific Medium of Social Study and Interpretation* 89 (4): 1119 – 1143.

Lu, Yao, Wei Jun Yeung, Jingming Liu, and Donald J. Treiman. 2019. "Migration and Children's Psychosocial Development in China: When and Why Migration Matters." *Social Science Research* 77: 130 – 147.

Ma, Gaoming. 2020. "Migrant Status, School Segregation, and Students' Academic Achievement in Urban China." *Chinese Sociological Review* 52 (3): 319 – 336.

Maslow, Abraham H. 1970. *Motivation and Personality*. New York: Harper.

McLanahan, Sara and Christine Percheski. 2008. "Family Structure and the Reproduction of Inequalities." *Annual Review of Sociology* 34 (1): 257 – 276.

Miller, Michael. 2015. "The Hear-Breaking Reason for Chinese Siblings to Drank Poison and Died." *Washington Post* 15. from https://www.washingtonpost.com/news/morning-mix/wp/2015/06/15/the-heartbreaking-reason-four-chinese-siblings-drank-poison-and-died/

Mou, Jin, Sian M. Griffiths, Hildy Fong, and Martin G. Dawes. 2013. "Health of China's Rural-Urban Migrants and Their Families: A Review of Literature from 2000 to 2012." *British Medical Bulletin* 106 (1): 19 – 43.

Murphy, Rachel, Minhui Zhou, and Ran Tao. 2016. "Parents' Migration and Children's Subjective Well-Being and Health: Evidence from Rural China." *Population, Space and Place* 22 (8): 766 – 780.

Muth'en, Linda K, and Bengt O. Muth'en. 1998 – 2015. *Mplus User's Guide*. Los Angeles: Muth'en & Muth'en.

Orth, Ulrich, Richard W. Robins, Keith F. Widaman, and Rand D. Conger. 2014. "Is Low Self-Esteem a Risk Factor for Depression? Findings from a Longitudinal Study of Mexican-Origin Youth." *Developmental Psychology* 50 (2): 622 – 633.

Plunkett, Scott W., Carolyn S. Henry, Linda C. Robinson, AndrewBehnke, and Pedro C. Falcon. 2007. "Adolescent Perceptions of Parental Behaviors, Adolescent Self-Esteem, and Adolescent Depressed Mood." *Journal of Child and Family Studies* 16 (6): 760 – 772.

Putman, Robert D. 2015. *Our Kids: American Dream in Crisis*. New York: Simon & Schuster.

Ren, Qiang and Donald J. Treiman. 2016. "The Consequences of Parental Labor Migration in China for Children's Emotional Wellbeing." *Social Science Research* 58: 46 – 67.

Rosenberg, Morris, Carmi Schooler, Carrie Schoenbach, and Florence Rosenberg. 1995. "Global Self-Esteem and Specific Self-Esteem: Different Concepts, Different Outcomes." *American Sociological Review* 60 (1): 141 – 156.

Shi, Yaojiang, Yu Bai, Yanni Shen, Kaleigh Kenny, and Scott Rozelle. 2016. "Effects of Parental Migration on Mental Health of Left-behind Children: Evidence from Northwestern China." *China & World Economy* 24 (3): 105 – 122.

Steinberg, Laurence, Julie D. Elmen, and Nina S. Mounts. 1989. "Authoritative Parenting, Psychosocial Maturity, and Academic Success among Adolescents." *Child Development* 60 (6): 1424 – 1436.

Sun, Feinuo, Zhen Liu, and Kathryn Schiller. 2020. "Parental Migration and Children's Educational Aspirations: China and Mexico in Comparative Perspective." *Chinese Sociological Review* 52 (4): 462 – 486.

Wen, Ming and Danhua Lin. 2012. "Child Development in Rural China: Children Left behind by Their Migrant Parents and Children of Nonmigrant Families." *Child Development* 83 (1): 120 – 136.

WHO (World Health Organization). 2005. *Child and Adolescent Mental Health Policies and Plans*. Geneva: World Health Organization.

Wu, Qiaobing, Deping Lu, and Mi Kang. 2015. "Social Capital and the Mental Health of Children in Rural China with Different Experiences of Parental Migration." *Social Science & Medicine* 132: 270 – 277.

Xie, Yu and Jingwei Hu. 2014. "An Introduction to the China Family Panel Studies (CFPS)." *Chinese Sociological Review* 47 (1): 3 – 29.

Xu, Duoduo, Xiaogang Wu, Zhuoni Zhang, and Jaap Dronkers. 2018. "Not a Zero-Sum Game: Migration and Child Well-Being in Contemporary China." *Demographic Research* 38: 691 – 726.

Xu, Hongwei and Yu Xie. 2015. "The Causal Effects of Rural-to-Urban Migration on Children's Wellbeing in China." *European Sociological Review* 31 (4): 502 – 519.

Ye, Jingzhong and Lu Pan. 2011. "Differentiated Childhoods: Impacts of Rural Labor Migration on Left-behind Children in China." *The Journal of Peasant Studies* 38 (2): 355 – 377.

Yue, Zhongshan, Shuzhuo Li, Xiaoyi Jin, and Marcus W. Feldman. 2013. "The Role of Social Networks in the Integration of Chinese Rural-Urban Migrants: A Migrant-Resident Tie Perspective." *Urban Studies* 50 (9): 1704 – 1723.

Zhang, Chunni. 2020. "Are Children from Divorced Single-Parent Families Disadvantaged? New Evidence from the China Family Panel Studies." *Chinese Sociological Review* 52 (1): 84 – 114.

Zhan, Xuefeng, Shaoping Li, Chengfang Liu, and Linxiu Zhang. 2014. "Effect of Migration on Children's Self-Esteem in Rural China." *China & World Economy* 22 (4): 83 – 101.

Zhao, Chenyue, Feng Wang, Leah Li, Xudong Zhou, and Therese Hesketh. 2017. "Long-Term Impacts of Parental Migration on Chinese Children's Psychosocial Well-Being: Mitigating and Exacerbating Factors." *Social Psychiatry & Psychiatric Epidemiology* 52 (6): 1 – 9.

亲子亲合对农村留守儿童孤独感的影响研究

——基于四川省金堂县调查数据的分析

一 引言

在我国城镇化快速发展进程中,大量农村青壮年剩余劳动力不断向城镇迁移流动,由此产生了大量留守儿童。数据显示,2018年全国共有农村留守儿童697万人,其中四川省农村留守儿童规模最大,总人数为76.5万人,占全国农村留守儿童总数的比例达10.97%。[①] 党的十九大报告指出,"完善社会救助、社会福利、慈善事业、优抚安置等制度,健全农村留守儿童和妇女、老年人关爱服务体系"。家庭是儿童健康成长的重要场所之一,家庭功能的发挥影响留守儿童的健康成长,而亲子关系是家庭功能发挥的关键影响因素。研究代际亲子关系质量对农村留守儿童孤独感的影响,对构建农村留守儿童关爱服务体系具有重要的现实意义。

二 概念界定

(一)亲子亲合

1. 概念界定

亲子亲合是指亲子之间亲密程度,这种亲子之间的亲密程度既表现在亲子之间积极的互动行为之中,也表现在父母与子女双方之间的亲密情感

[①] 《2018年农村留守儿童数据》,https://www.mca.gov.cn/article/gk/tjtb/201809/20180900010882.shtml?ivk_sa=1024320u,最后访问日期:2018年8月16日。

之中（赵景欣等，2013）。本文将亲子亲合界定为儿童与父母间的沟通互动、亲密程度，亲子沟通互动即子女与父母之间信息交流的过程，亲子亲密程度即子女与父母之间的情感亲密性。亲子亲合是衡量亲子关系的重要维度，也是衡量亲子关系质量的重要指标，对儿童健康成长有着极其重要的影响（Bean et al., 2006），Steinberg（2007）表示，亲子关系质量是影响儿童适应性发展最为重要的家庭因素。

2. 类型界定

亲子沟通频率、亲子亲密度是衡量亲子亲合的重要指标，本文根据亲子沟通频率（高－低）、亲子亲密度（高－低）将亲子亲合分为四种类型，即积极型亲子亲合、消极型亲子亲合、默契型亲子亲合、放任型亲子亲合（见表1）。

表1 亲子亲合类型

		亲子亲密度（高－低）	
		高	低
亲子沟通频率（高－低）	高	积极型亲子亲合	消极型亲子亲合
	低	默契型亲子亲合	放任型亲子亲合

本文从亲子沟通频率、亲子亲密度两个维度对亲子亲合类型进行界定。积极型亲子亲合是指亲子之间沟通频率高，亲子之间的亲密度也高的亲子关系质量状态，是一种较为理想的亲子亲合状态。亲子之间沟通越多，亲子之间的关系越亲密。在积极型亲子亲合状态下，亲子之间的沟通有利于增强亲子之间的情感联结，增进亲子之间的亲密关系。消极型亲子亲合是指亲子之间沟通频率高，但亲子之间的亲密度低的状态，是一种欠佳的亲子亲合状态。亲子之间虽经常沟通交流，但高频率的亲子沟通并未能有效增强亲子之间亲密情感联结，说明这种亲子沟通状态是较为失败的。默契型亲子亲合是指虽然亲子之间的沟通频率不高，但亲子间关系却较为亲密的状态。在默契型亲子亲合状态下，亲子之间沟通虽较少，但沟通质量较高，沟通效果较为明显，亲子之间的关系也较为亲密，充分体现了亲子之间沟通质量的重要性。放任型亲子亲合是指亲子之间沟通频率低，亲密度也较低的状态，亲子之间疏于沟通、失于关爱，这种亲子亲合状态是较为危险的，不利于孩子健康成长。

(二) 农村留守儿童孤独感

农村家庭中,父母双方或一方向其他地区流动,留在户籍所在地并未同父母双方或一方共同生活的儿童即农村留守儿童(段成荣、周福林,2005)。孤独感是个体最为常见的情绪体验,是指社会中的个体由于在亲密关系、社会关系中不被接纳而经常性体验到的一种沮丧、消极感受,是一种情感与认知的综合体(Heinrich and Gullone,2006)。本文将农村留守儿童孤独感界定为长期亲子分离引致农村留守儿童亲子积极互动减少、亲子亲密感受降低或在同老师、同学、朋友、监护人等交往互动过程中产生的负性情绪体验。

三 文献综述与研究假设

(一) 文献综述

国内外专家学者对留守儿童孤独感、亲子亲合对留守儿童孤独感的影响进行了大量研究。在留守儿童孤独感方面,留守类型、同伴质量、学校氛围、个人特质、家庭环境等都是影响孤独感的重要因素。范兴华等(2016)的研究发现,同非留守儿童相比,留守儿童具有更高的孤独感体验,同时不同留守类型的儿童感知的孤独感程度不同,总体而言,单留守儿童孤独感得分最高,其次是双留守儿童、曾留守儿童。王晓丽等(2011)采用友谊质量量表、儿童孤独感量表等对留守儿童及非留守儿童进行测试,实证结果表明友谊是留守儿童孤独感的保护性因素,能够在一定条件下缓冲留守状况给儿童带来的孤独感。余丽(2017)基于学校氛围问卷、儿童孤独感问卷探讨学校氛围对留守儿童孤独感的影响,实证结果表明教师支持、同学支持是留守儿童情绪性行为问题的保护性因素,良好的学校氛围与留守儿童的孤独感呈负相关关系。张永欣等(2016)采用青少年小五人格问卷、儿童孤独感问卷等探讨儿童人格特质、友谊质量与孤独感的关系。实证结果表明外向性、宜人性、谨慎性、开放性的人格特质有利于缓解儿童孤独感,而情绪性人格特质与儿童孤独感正相关。杨青等(2016)基于儿童孤独感量表、家庭亲密度量表等探讨农村留守儿童孤独感同家庭亲密度等的关系,实证结果表明家庭功能越差,留守儿童感知的孤独感越强，留守儿童孤独感同家庭适应度、合作度、成熟度、情感度、亲密度等呈负相关关系，因此，亲子情感缺失可能是影响留守儿童孤独感的重要因素。

在亲子亲合对留守儿童孤独感的影响方面，国内有学者采用亲子亲合量表进行研究，也有学者从亲子依恋、父母关爱等角度进行探讨。王凡等（2017）基于家庭适应与亲和评价量表、儿童孤独感量表等量表，以情绪调节自我效能感为中介探讨亲子亲合与留守儿童孤独感的关系，实证结果表明亲子亲合及自我效能感均与留守儿童孤独感呈显著的负相关关系，这在一定程度上表明儿童的亲子亲合水平越高，情绪调节自我效能感的能力越强，感知孤独感的体验就越弱。王玉龙等（2016）采用父母和同伴依恋问卷、青少年情绪调节能力问卷探讨农村留守儿童亲子依恋与情绪调节能力的关系，实证结果表明农村留守儿童的亲子依恋对情绪调节能力产生重要影响，且受留守时间的限制，儿童留守时间越长，其情绪调节能力的发展就越依赖于亲子依恋水平。范兴华等（2016）采用留守儿童父母关爱问卷、青少年孤独感问卷等探讨父母关爱与留守儿童孤独感的关系，实证结果表明父母关爱对留守儿童孤独感具有显著的负向预测作用，即留守儿童感知的父母关爱越多，越不容易体验孤独。

国外学者针对儿童孤独感的研究集中在孤独感现状及测量、亲子亲合影响儿童孤独感的理论与实证研究方面。

在儿童孤独感现状方面，Vellymalay（2010）认为社会中的个体很早便能感知孤独，学龄前儿童已能用言语准确地描述这一感受。儿童孤独感常伴随着一系列的负性情绪体验，影响儿童心理健康、社会适应性及儿童的认知、情感和行为模式（Pavri and Monda-Amaya, 2000）。Cheng 和 Sun（2015）的研究也表明留守儿童的孤独感、抑郁、焦虑等消极情绪明显高于非留守儿童。

在儿童孤独感测量方面，Asher 等（1984）编制了 ILQ（The Illiniois Loneliness Questionnaire）量表，Marcoen 等（1987）编制了 LLCA（The Louvain Loneliness Scale for Children and Adolescents）量表，Hayden（1989）编制了 RPLQ（The Relational Provision Loneliness Questionnaire）量表，等等，Asher 等（1984）设计的儿童孤独感量表应用更为广泛。

在亲子亲合影响儿童孤独感的理论研究方面。Bowlby（1969）提出著名的依恋理论，该理论认为在儿童时期同父母建立的依恋关系将内化为个体的一种超越时空的内部工作模式，这一工作模式是社会个体在其他情境下情绪及反应的构成基础，同时影响个体的社会适应性和情绪调节能力。Bronfenbrenner（1979）的生态系统理论将社会环境看作社会性的生态系统，强调生态系统分析对了解个体行为的重要性，注重研究个体及其所生活的生态系统如何相互作用、如何影响个体行为，该理论认为家庭及同伴是影响个体发展的两个重要微系统。

在亲子亲合影响儿童孤独感的实证研究方面，亲子亲合对孤独感产生显著影响，但不同的亲子亲合类型对孤独感的影响存在差异。Lamborn 和 Felbab（2003）的研究发现亲子亲合能够显著减少儿童的外化问题和内化问题，同时能够显著抵抗危险对儿童问题行为产生的消极影响。Steinberg（2007）研究认为亲子关系质量是家庭中影响儿童适应性发展的最重要因素。Vieno 等（2009）研究发现，与男孩相比，女孩更容易从亲密的亲子关系中纠正偏差行为。母子亲合能够显著降低父母均外出的留守儿童的孤独感，而父子亲合对留守儿童的孤独情绪没有显著的预测作用（Zhao et al.，2015）。此外，Olson 等（1979）编制家庭适应与亲合评价量表（FACESⅡ）以测量亲子亲合。国外其他学者的研究也证明了同伴关系、个体特质、家庭环境等是影响儿童孤独感的重要因素。

通过文献梳理，在亲子亲合对留守儿童孤独感可能产生的影响方面，国内学者主要采用亲子亲合量表，加入情绪调节自我效能感、情绪调节能力等中介变量，探讨亲子亲合对留守儿童孤独感的影响，也有学者从亲子关系、亲子依恋等角度探讨亲子亲合对留守儿童孤独感的影响；国外学者主要从理论出发，通过编制孤独感量表、亲子亲合量表对亲子亲合与儿童孤独感进行测量，并对两者间的关系进行实证分析。本文认为农村留守儿童的亲子亲合通过亲子沟通互动、亲子亲密感受两个变量对农村留守儿童孤独感产生影响。本文通过亲子沟通互动、亲子亲密感受来构建亲子亲合变量，通过交叉分析不同的亲子亲合变量，构建亲子亲合类型，在不考虑中介变量的情况下，探讨不同亲子亲合变量、亲子亲合类型对农村留守儿童孤独感的影响。

（二）研究假设

基于国内外文献梳理，本文提出以下研究假设：亲子亲合中亲子沟通互动频率越高、亲子亲密感受越强，越有利于缓解农村留守儿童孤独感；

积极型亲子亲合有利于缓解农村留守儿童孤独感，放任型亲子亲合不利于缓解农村留守儿童孤独感。

四 数据和方法

（一）数据

本文采用课题组于 2017 年和 2018 年在四川省金堂县收集的数据，剔除无关及缺失样本后，有效样本量为 493 人，其中，父母均外出的留守儿童占 46.45%，父母一方外出另一方曾外出的留守儿童占 30.63%，父母一方外出另一方未外出的留守儿童占 22.92%。

（二）变量

采用 Asher 等（1984）编制的部分孤独感量表来测量农村留守儿童的孤独感。该量表包括 24 个条目，其中 16 个评定孤独感、社会适应与不适应感以及自评在同伴中的地位，8 个为询问课余爱好及活动偏好的补充条目。选取指向孤独感的 10 个条目，每个条目采用 5 点量尺，从 1 "完全不符合"到 5 "完全符合"。将条目总分的四分之一位、二分之一位作为孤独感的衡量指标，得分越高孤独感越强。在本研究中，该量表的内部一致性系数为 0.8482。

因变量为农村留守儿童孤独感[①]。通过亲子沟通互动、亲子亲密感受构建亲子亲合变量，每类变量又分为母子亲合、父子亲合两类；同时通过交叉分析不同的亲子亲合变量，构建亲子亲合类型[②]。控制变量包括性别、留守类型、同学亲密度、师生亲密度、同伴拒绝。

表 2 变量赋值

变量类别	变量名称	变量赋值
目标变量	孤独感	孤独感低 = 1；孤独感较高 = 2；孤独感高 = 3

---

① 该变量为三分类变量，大于总分的 1/2 为 3，大于等于总分的 1/4 小于总分的 1/2 为 2，低于等于总分的 1/4 为 1。
② 为方便统计分析，构建亲子亲合类型时将亲子沟通互动、亲子亲密感受以平均分为标准划分为二分类变量，超出平均分为高，低于等于平均分为低。

续表

变量类别	变量名称	变量赋值
影响变量		
亲子亲合变量	母子沟通频率	定序变量，频率逐渐提高
	母子亲密度	定序变量，频率逐渐提高
	父子沟通频率	定序变量，频率逐渐提高
	父子亲密度	定序变量，频率逐渐提高
亲子亲合类型	积极型亲子亲合	是 = 1；否 = 0
	默契型亲子亲合	是 = 1；否 = 0
	放任型亲子亲合	是 = 1；否 = 0
	消极型亲子亲合	是 = 1；否 = 0
控制变量	性别	男 = 1；女 = 0
	留守类型	父母均外出 = 1；父母一方外出另一方曾外出 = 2；父母一方外出另一方未外出 = 3
	同伴拒绝	从来没有 = 1；次数很少 = 2；次数较多 = 3
	同学亲密度	定序变量，频率逐渐提高
	师生亲密度	定序变量，频率逐渐提高

（三）模型

首先，本文为探讨控制变量对农村留守儿童孤独感的影响构建模型1，将其作为基准模型。然后，在模型1的基础上分别纳入亲子亲合变量、亲子亲合类型：母子亲合变量，父子亲合变量；积极型母子亲合、默契型母子亲合、放任型母子亲合、消极型母子亲合，积极型父子亲合、默契型父子亲合、放任型父子亲合、消极型父子亲合。构建模型2、模型3、模型4、模型5，以探讨亲子亲合变量和亲子亲合类型对农村留守儿童孤独感的影响。

五 实证分析

（一）亲子亲合变量与孤独感的均值比较

调查数据显示，四川省成都市金堂县农村留守儿童孤独感问题不容忽视，农村留守儿童孤独感从低、较高到高三个类别的占比分别为 31.03%、58.62%、10.34%。通过对留守儿童的不同留守类型与性别在母子亲合、父子亲合及孤独感方面的均值进行比较，我们发现，在孤独感方面，得分均值最高的是父母一方外出另一方曾外出的留守儿童，然后是父母均外出的留守儿童、父母一方外出另一方未外出的留守儿童。这就说明在三类不同留守类型中，父母一方外出另一方曾外出的留守儿童感知高孤独感的可能性更大。在留守类型方面，父母一方外出另一方曾外出的留守儿童在孤独感方面的均值最高，即这类留守儿童感知的孤独感更高。从留守儿童的性别来看，孤独感均值最高的是父母一方外出另一方曾外出的留守女童，该类女童只在母子亲密度、父子沟通频率方面的均值最高，这就说明控制变量如性别，也是影响孤独感的重要因素，因此，应加入控制变量进一步探讨亲子亲合与孤独感的关系。

（二）亲子亲合类型与孤独感的列联表分析

本文通过交叉分析不同程度的亲子沟通互动、亲子亲密感受的母子亲合和父子亲合，构建不同的亲子亲合类型。在亲子亲合类型方面：母子亲合类型中比重从大到小依次为积极型、默契型、放任型、消极型；父子亲合类型中比重从大到小依次为默契型、积极型、放任型、消极型。可见，农村留守儿童的母子亲合更可能倾向于高沟通互动、高亲密度，而父子亲合更可能倾向于低沟通互动、高亲密度。在亲子亲合类型与孤独感的关系方面：积极型亲子亲合（父、母）下农村留守儿童感知孤独感低的比重更大，放任型亲子亲合（父、母）下农村留守儿童感知孤独感高的比重更大（见表3）。

表3 亲子亲合类型与留守儿童孤独感的列联表结果 （$N=493$）

单位：%

亲子亲合类型	比重	孤独感		
		孤独感低	孤独感较高	孤独感高
积极型母子亲合	44.83	60.13	39.79	27.45
消极型母子亲合	2.43	1.96	2.08	5.88
默契型母子亲合	39.15	30.07	44.64	35.29

续表

亲子亲合类型	比重	孤独感低	孤独感较高	孤独感高
放任型母子亲合	13.59	7.84	13.49	31.37
积极型父子亲合	30.02	36.60	28.72	17.65
消极型父子亲合	7.10	7.84	6.23	9.80
默契型父子亲合	40.97	44.44	46.37	41.18
放任型父子亲合	21.91	16.34	22.15	37.25

注：本表根据问卷原始数据计算得到。

（三）亲子亲合对农村留守儿童孤独感的影响分析

本文以农村留守儿童孤独感为因变量，以性别、留守类型、同伴拒绝、同学亲密度、师生亲密度为控制变量，以亲子亲合变量和亲子亲合类型为解释变量，构建模型。模型结果显示，不同的亲子亲合变量对农村留守儿童孤独感的影响不同，不同的亲子亲合类型对农村留守儿童孤独感的影响也存在一定差异。（见表4）

表4 亲子亲合对农村留守儿童孤独感影响模型结果（$N=493$）

变量	模型1	模型2	模型3	模型4	模型5
控制变量					
性别（女）	0.9016	0.8576	0.9028	0.8829	0.9072
留守类型（留守类型3）					
留守类型1	1.3576	1.2410	1.3915	1.3287	1.3607
留守类型2	1.5390*	1.6269*	1.6167*	1.6443*	1.5679*
同伴拒绝（从来没有）	2.1124***	2.0333***	2.0391***	2.0780***	2.0759***
同学亲密度（低）	0.65089***	0.6868***	0.6794***	0.6904***	0.6653***
师生亲密度（低）	0.8826	0.9777	0.9430	0.9288	0.9144
父子亲合					
父子沟通频率（低）			0.9674*		
父子亲密度（低）			0.8496		
母子亲合					
母子沟通频率（低）		0.9292***			
母子亲密度（低）		0.7937*			

续表

变量	模型 1	模型 2	模型 3	模型 4	模型 5
亲子亲合类型					
积极型母子亲合				0.4551 ***	
默契型母子亲合				0.5284	
放任型母子亲合				2.3333 ***	
积极型父子亲合					0.7593
默契型父子亲合					0.9125
放任型父子亲合					1.5953 ***

注：* $p<0.10$，*** $P<0.01$；消极型亲子亲合比例较低，未纳入回归模型；留守类型 1 为父母均外出，留守类型 2 为父母一方外出另一方曾外出，留守类型 3 为父母一方外出另一方未外出。

模型 1 的结果显示，留守类型、同伴拒绝、同学亲密度对农村留守儿童孤独感产生显著影响。在留守类型方面，同父母一方外出另一方未外出的农村留守儿童相比，父母一方外出另一方曾外出的农村留守儿童感到高孤独感的可能性更大。在同伴拒绝方面，与从来没有经历同伴拒绝的农村留守儿童相比，经常被同伴拒绝的农村留守儿童感到高孤独感的可能性更大。在同学亲密度方面，与同学亲密度低的农村留守儿童相比，同学亲密度高的农村留守儿童感知高孤独感的可能性更小。

模型 2 的结果显示，母子亲合变量——母子沟通频率、母子亲密度均对农村留守儿童孤独感产生显著影响。母子沟通频率越高，农村留守儿童感知高孤独感的可能性越小；母子亲密度越高，农村留守儿童感知高孤独感的可能性越小。母亲在家庭生活中扮演着重要角色，是农村留守儿童寻求家庭生活照料、精神支持的主要来源，因此，同母亲沟通频率越高、亲密度越高，农村留守儿童越不容易感知孤独感。

模型 3 的结果显示，父子亲合变量中父子沟通频率对农村留守儿童孤独感产生显著影响。父子沟通频率越高，农村留守儿童感知高孤独感的可能性越小。已有研究发现，父亲对于改善儿童行为发挥愈加重要的作用，其对子女提供的社会交流、尊重意见、分享秘密等支持能显著减少儿童行为问题（刘金华、吴茜，2018），本文进一步证实了父子间的高沟通互动有利于降低农村留守儿童的孤独感。

模型 4 的结果显示，母子亲合类型中积极型、放任型母子亲合对农村留守儿童孤独感产生显著影响。积极型母子亲合与农村留守儿童孤独感呈负相关关系，有利于缓解农村留守儿童孤独感；放任型母子亲合与农村留守儿童孤独感呈正相关关系，加剧农村留守儿童孤独感的可能性较大。积极型母子亲合表现为高沟通频率、高母子亲密度，即具有良好的亲子沟通、亲子关系的特征，这与已有研究认为良好的亲子沟通、亲子关系有利于改善儿童行为的结论具有一致性；放任型母子亲合表现为低沟通频率、低母子亲密度，即一种儿童与母亲的情感缺失状态，缺少同母亲的情感纽带，农村留守儿童能够从家庭中获取的情感支持或严重不足，致使儿童感知较高的孤独感。

模型 5 的结果显示，父子亲合类型中仅放任型父子亲合对农村留守儿童孤独感产生显著影响。放任型父子亲合与农村留守儿童孤独感呈正相关关系，加剧农村留守儿童孤独感的可能性较大。放任型父子亲合在一定程度上意味着农村留守儿童与父亲之间的情感缺失，父亲作为农村家庭中的权威者，与儿童的互动沟通较少，不利于约束儿童行为，而较低的亲密度将动摇父亲的权威地位，使之对儿童的行为约束性降低，致使留守儿童容易产生较多的情绪性问题、感知较高的孤独感。

六 结论和讨论

从不同留守类型的儿童孤独感得分结果看，四川省金堂县农村留守儿童存在孤独感较高的问题（孤独感较高的农村留守儿童占 58.62%，孤独感高的农村留守儿童占 10.34%）。根据不同留守类型与农村留守儿童孤独感的列联表结果，三种留守类型中，父母一方外出另一方曾外出的农村留守儿童孤独感问题最严重，父母均外出的农村留守儿童次之，父母一方外出另一方未外出的农村留守儿童孤独感最低。

从农村留守儿童的亲子亲合类型看，一是母子亲合类型中占比最大的是积极型母子亲合，父子亲合类型中占比最大的是默契型父子亲合，可见，四川省金堂县农村留守儿童的母子亲合更倾向于高沟通频率、高亲密度，而父子亲合则更倾向于低沟通频率、高亲密度；二是亲子亲合类型中放任型母子亲合类型占比较小，而放任型父子亲合占比较大，这就说明，相比于母子，父子间更可能有低沟通频率、低亲密度的情况；三是消极型亲子亲合占比均低于 10%，这就说明农村亲子间的亲密度较低的情形，在很大程度上是亲子间的沟通互动较少所致。以上分析说明，在农村家庭中，母亲仍是留守儿童的主要照护者，是儿童健康成长的重要精神支持者，而父亲在留守儿童成长过程中尚未发挥同母亲般的重要作用。

留守类型对农村留守儿童孤独感产生的影响。不同留守类型的农村留守儿童孤独感从高到低依次为父母一方外出另一方曾外出、父母均外出、父母一方外出另一方未外出。已有研究发现父母均外出的农村留守儿童孤独感高于父母一方外出的农村留守儿童，但本文通过对留守类型的进一步细分发现，父母一方外出另一方曾外出的农村留守儿童孤独感更高，可能的原因在于父母一方外出另一方曾外出意味着存在一段时间的父母双方均外出的亲子分离时期，在此期间，父母与留守儿童产生了情感隔阂，随后一方留在家中，代际情感隔阂尚在修复之中，本文的实证模型也证实了这一点。

亲子亲合变量对农村留守儿童孤独感产生的影响。母子沟通频率越高、母子亲密度越高，越有利于缓解农村留守儿童孤独感。已有研究发现母亲是家庭中保护农村留守儿童健康的最重要主体，母子间经常沟通互动，更容易产生高亲密度，在有效的共情陪伴下，农村留守儿童向母亲倾诉烦恼，有利于降低孤独感（魏东霞、谌新民，2018）。父子沟通频率越高，越有利于缓解农村留守儿童孤独感。已有研究发现，在父母均外出的情况下，父子亲合更能够显著反映农村留守儿童的积极和消极情绪（赵景欣等，2017）。农村家庭中父亲大多作为家庭收入的主要贡献者，与未外出或已外出的母亲相比，留守儿童父子沟通互动的时间相对较少。通常情况下，父子沟通处于相对缺失状态，因此，农村留守儿童父子沟通频率的提高，有利于提升留守儿童的情绪调节能力，缓解孤独感。

参考文献

段成荣、周福林，2005，《我国留守儿童状况研究》，《人口研究》第1期。

范兴华、何苗、陈锋菊，2016，《父母关爱与留守儿童孤独感：希望的作用》，《中国临床心理学杂志》第4期。

刘金华、吴茜，2018，《社会支持对农村缺损型家庭学龄儿童行为的影响分析》，《人口学刊》第5期。

王凡、赵守盈、陈维，2017，《农村留守初中生亲子亲和与孤独感的关系：情绪调节自我效能感的中介作用》，《中国特殊教育》第10期。

王晓丽、胡心怡、申继亮，2011，《农村留守儿童友谊质量与孤独感、抑郁的关系研究》，《中国临床心理学杂志》第 2 期。

王玉龙、姚治红、姜金伟，2016，《农村留守儿童亲子依恋与情绪调节能力的关系：留守时间的调节作用》，《中国临床心理学杂志》第 3 期。

魏东霞、谌新民，2018，《共情陪伴与留守儿童精神健康——基于 2010 年中国家庭追踪调查的实证研究》，《世界经济文汇》第 5 期。

杨青、易礼兰、宋薇，2016，《农村留守儿童孤独感与家庭亲密度、学校归属感的关系》，《中国心理卫生杂志》第 3 期。

余丽，2017，《肇庆留守儿童学校氛围孤独感和情绪行为问题的关系》，《中国学校卫生》第 6 期。

张永欣、孙晓军、丁倩、陈武、牛更枫、周宗奎，2016，《儿童人格特质对孤独感的影响：友谊质量的中介效应》，《中国临床心理学杂志》第 1 期。

赵景欣、刘霞、张文新，2013，《同伴拒绝、同伴接纳与农村留守儿童的心理适应：亲子亲合与逆境信念的作用》，《心理学报》第 7 期。

赵景欣、栾斐斐、孙萍、徐婷婷、刘霞，2017，《亲子亲合、逆境信念与农村留守儿童积极/消极情绪的关系》，《心理发展与教育》第 4 期。

Asher, S. R., Hymel, S., and Renshaw, P. D. 1984. "Loneliness in Children." Child Development.

Bean, R. A., Barber, B. K., and Crane, D. R. 2006. "Parental Support, Behavioral Control, and Psychological Control among African American Youth: the Relationships to Academic Grades, Delinquency, and Depression." *Journal of Family Issues* 27: 1335 – 1355.

Bowlby, J. 1969. *Attachment and Loss*. New York: Basic Books.

Bronfenbrenner, U. 1979. *The Ecology of Human Development*. Cambridge, MA: Harvard University Press.

Cheng, J. and Sun, Y. H., 2015. "Depression and anxiety among Left-behind Children in China: A Systematic Review." *Child: Care, Health & Development* 41: 515 – 523.

Hayden, L. 1989. "The Development of the Relational Provision Loneliness Questionnaire for Children." Doctoral Dissertation. University of Waterloo, Ontario, Canada.

Heinrich, L. M. and Gullone, E. 2006. "The Clinical Significance of Loneliness: A Literature Review." *Clinical Psychology Review* 26: 695 – 718.

Kuntsche, E. N. and Silbereisen, R. K. 2004. "Parental Closeness and Adolescent Substance Use in Single and Two-Parent Families in Switzerland." *Swiss Journal of Psychology* 63: 85 – 92.

Lamborn, S. D. and Felbab, A. J. 2003. "Applying Ethnic Equivalence and Cultural Values Models to African-American Teens' Perceptions of Parents." *Journal of Adolescence* 26:

601 - 618.

Marcoen, A., Goossens, L. and Caes, P. 1987. "Loneliness in Pre-through Late Adolescence: Exploring the Contributions of a Multidimensional Approach." *Journal of Youth and Adlescence* 16: 561 - 577.

Olson, D. H., Sprenkle, D. H., and Russell, C. S., 1979. "Circumplex Model of Marital and Family System: I. Cohesion and Adaptability Dimensions, Family Types, and Clinical Applications." *Family Process* 18: 3 - 28.

Pavri, S. and Monda-Amaya, L., 2000. "Loneliness and Students with Learning Disabilities in Inclusive Classrooms: Self-Perceptions, Coping Strategies, and Preferred Interventions." *Learning Disabilities Research & Practice* 15: 22 - 33.

Steinberg, L. 2007. *Adolescence* (8th ed). New York: McGraw-Hill.

Vellymalay, S. K. N. 2010. "Loneliness and Social Dissatisfaction among Preschool Children." *Canadian Social Science* 6 (4): 167 - 174.

Vieno A., Nation, M, Pastore, M., and Santinello, M., 2009. "Parenting and Antisocial Behavior: A Model of the Relationship between Adolescent Self-Disclosure, Parental Closeness, Parental Control, and Adolescent Antisocial Behavior." *Developmental Psychology* 45: 1509 - 1519.

Zhao, J., Liu, X., and Wang, M. F. 2015. "Parent-Child Cohesion, Friend Companionship and Left-Behind Children's Emotional Adaptation in Rural China." *Child Abuse & Neglect* 48: 190 - 199.

第四部分

流动背景下留守儿童行为发展及其影响因素

谁更受欢迎：留守经历与儿童的同伴关系网络[*]

——基于 2016~2017 年陕西省调查数据的分析

一　引　言

自 20 世纪 80 年代初以来，伴随着快速的工业化和城镇化进程，中国农村的劳动力逐渐被吸纳进城市的工商业体系。囿于公共资源配给以及家庭经济承载能力，中国农村地区出现了普遍的亲子分离现象，出现了留守儿童群体。据估计，2010 年中国大陆的留守儿童总数已增至 6900 万人，其中大部分（88%）居住在农村地区（段成荣等，2013）。

关注中国"大迁移"的学者长期以来一直在探讨父母外出务工如何影响这些留守儿童（Liang，2016）。许多研究发现，父母外出务工对孩子的学业成就、身心健康、家庭关系和行为表现等方面都有负面影响，其中某些效应甚至是长期的。然而，很少有研究涉及留守经历如何影响儿童在家庭之外的关系，特别是他们与同龄人的关系。

利用一项 2016~2017 年在陕西省所做的调查，我们试图填补这一空白。本研究旨在探讨儿童在同学中的受欢迎程度或地位是否及如何受到其留守经历的影响。我们重点关注其中存在的性别差异：男孩的同伴关系网络是否比女孩更易受其留守经历的影响；如果是，又是通过何种方式被影响的。

---

[*] 本文的主体内容译自作者于 2020 年发表在 Taylor & Francis Group 旗下的英文期刊 *Chinese Sociological Review* 上的论文，论文详细信息如下：Yuanfei Li, Cheng Cheng, Glenn Deane, and Zai Liang, "Parental Migration and Chinese Adolescents' Friendship Networks in School." *Chinese Sociological Review*，2020，52（4）：389-410. doi：10. 1080/21620555. 2020. 1776602。我们十分感谢出版社（Taylor & Francis Group）授权我们翻译该文并同意将该文中文版作为一篇文章收录在本书中，出版社网址为：https：//www. tandfonline. com/。

二 文献综述

同伴关系在塑造儿童行为和发展中起到重要作用（South and Haynie，2004），而在一些重要维度上的交往同质性是其主要机制之一（McPherson et al.，2001）。基于这一洞见，本文重点探讨留守身份对儿童同伴关系网络的影响。我们认为，不论是父母外出务工的负面影响，还是污名化，都会导致留守儿童在同龄人关系中处于不利境地。此外，由于建立友谊的模式不同，儿童性别在同伴关系网络的形成中也扮演了重要角色。

（一）友谊网络与网络规模

作为网络中心性的指标，个人在网络中的内向中心性（in-degree）和外向中心性（out-degree）常被用来衡量个人在班级、学校或工作单位等群体和组织中的受欢迎程度或社会地位（Scott and Carrington，2011）。内向中心性是从同伴那里得到的提名数量，即有多少同伴将其视为"朋友"，它是个体被提名的程度。而外向中心性则是自己在同伴中提名属于朋友的数量，它是个体主动提名的程度。尽管很简单，但研究发现，被提名程度和自我提名程度对一系列儿童发展指标，如学业表现（Calvó-Armengol et al.，2009）、心理健康（Ueno，2005）和社会行为（Allen et al.，2005）都有重要影响。此外，遵循"马太效应"的逻辑，同伴关系网络中的中心性对个人社会网络的演化也有重要影响（Rivera et al.，2010）。

（二）同伴关系网络的同质性

同伴关系网络的形成中有一种强烈的同质性倾向，即"两个人之间的相似度越高，他们建立联系的可能性就越大"（Blau，1977）。人们之间的相似性可以建立在许多属性之上。Lazarsfeld 和 Merton（1954）进一步区分了地位同质性和价值同质性，前者是基于非正式的、正式的或先赋性的地位（如种族、性别、教育或职业），而后者则是基于价值、态度和信仰（如政治观点）。

然而，用以区分群体的地位和特征在一个社会中并不是随机分布的，在众多选项中，有一些地位或特征指标更适合被用来区分不同的群体（McPherson et al.，2001）。某些"稀有属性"往往更容易凸显出来，成为个体自我认同的核心,并通过两种机制发挥作用:一种是自我隔离,另一种是被他人排斥,或者两者兼有(Mehra et al.,1998)。例如,Mehra 等(1998)发现,同伴关系网络中少数族裔的边缘化可以归因于这两种机制:面对主流群体的排斥,他们更喜欢在同一种族内部结交朋友。相比之下,女性的边缘化更多地源于男性的排斥,而非她们对女性朋友的偏好。

(三) 留守身份和同伴关系

在本研究中,我们认为留守身份在特定情况下也会凸显出来,并对儿童在同龄人中的受欢迎程度产生负面影响;而且自我隔离和外部排斥的机制都在发挥作用。具体来说,留守经历可能以如下两种方式产生影响。

第一,留守可能会影响与儿童同伴关系网络密切相关的一些因素,如学业成就或家庭关系。虽然没有定论,但大多数学者的共同观点是:留守儿童,在一系列发展结果上往往比没有留守经历的同龄人表现得更差,如学业成就(Zhang et al.,2014)、生理和心理健康(de Brauw and Mu,2011)以及社会行为表现(Gao et al.,2010)。这些不利影响会反过来作用于儿童的同伴关系。例如,程诚和赵延东(2018)一项对227个班级的学生(包括小学、中学和大学学生)的同伴关系网络的研究就发现,学生的学业成就对每个学生获得的提名数量有着积极的影响。Ye 和 Pan(2011)发现,在父母一方或双方都外出的情况下,父母对子女日常生活的参与度会较低,家庭关系很容易受到影响(Valtolina and Colombo,2012)。

第二,与留守有关的污名化(Parreñas,2005)也会损害这些儿童与同龄人的关系。如果留守儿童以某种方式受到污名化,那么拥有这种身份或经历的儿童就很有可能被其他具有或不具有这种身份的人所排斥或边缘化。

(四) 性别差异

在友谊形成的同质性机制中,性别也是经常被考察的一个显著属性。正如在许多游戏模式中观察到的那样,与男孩相比,女孩往往在更小的群体中玩耍(Smith-Lovin and McPherson,1993)。另外,女孩倾向于以不同于男孩的方式解决人际关系中的问题。例如,A 和 B 是好友,而 B 认识了一位新朋友 C。此时,如果 A 是女孩,她更倾向于与 B 切断友谊关系来面对这种变化；如果 A 是男孩，则更倾向于与 C 也建立起友谊关系（Eder and Hallinan, 1978）。结果就产生了同伴关系网络的性别隔离：男孩往往建立起更大、更异质的关系网络，女孩则处于更小、更同质的群体中；男孩与女孩的世界几乎没有重叠（Benenson, 1990）。因此，有留守经历的女孩在同伴关系网络中的表现可能与有相似经历的男孩不同。

留守经历的影响也存在性别差异：与非留守儿童相比，留守男孩比留守女孩更易受到不利影响（Gao et al., 2010）。例如，在 Zhou 等（2014）的研究中，父母都外出务工的留守儿童在数学和语文成绩上的劣势在男孩中更为明显，这与男孩和女孩之间的学业成就差距缩小的一般趋势是一致的。一些证据还表明，女孩现在的表现优于男孩（Buchmann et al., 2008）。因此，由于学业表现的劣势，男孩的同伴关系可能比女孩更容易受到留守经历的影响。

男孩与女孩被留守的可能性不同也会带来同伴关系上的性别差异。根据段成荣等（2013）的研究，农村留守儿童的性别比实际上低于跟随父母的流动儿童，这表明，男孩比女孩更不容易成为留守儿童。但也正因此，留守男孩遭受的创伤可能比女孩更大。加上父亲外出在农村外出人口中更加普遍，我们有理由假设，男孩的同伴关系比女孩更易受到留守经历的负面影响。

三 数据与方法

（一）数据

本研究使用的数据来自西安交通大学梁在教授及其团队于 2016~2017 年在中国陕西农村进行的一项调查。该调查抽选了陕西省两个县（南郑县和大荔县），并对在这两个县随机抽选的 19 所学校的五年级学生进行了普查。调查共包括四份问卷，访问了学生和他们的主要监护人、教师、学校教导主任或校长，但本研究只使用了前三份资料。1294 名学生参与了此次调查，删除在因变量上有缺失的样本后，共计 1293 个有效样本被纳入了分析。

（二）变量

因变量。儿童在同龄人中的受欢迎程度和地位通过自我提名人数和被提名人数来衡量。我们给每位学生提供了包括该年级全部学生的花名册，邀请他们勾选出自己认可的朋友。具体地，我们在留守儿童和非留守儿童两大子群体以及在整个班级中都进行了被提名程度（内向中心性）和自我提名程度（外向中心性）的测量。

自变量。本研究重点关注了儿童当前的留守状况。如果学生在调查时没有与至少一位家长生活在一起，则被认定为留守儿童。①

控制变量。在回归模型中，我们还将可能会影响儿童同伴关系网络的其他因素作为控制变量纳入。首先考虑了学生的性别及其独生子女身份。学生的学业表现以教师评价为基础，取四门学科（语文、数学、英语和思想品德）的平均成绩来衡量。测量学生健康状况的指标有两个：自评健康和身体质量指数（BMI）。前者由学生给自己的健康状况打分，从1分到5分不等；后者包括三个类别，用以评估这些儿童是体重过轻（BMI小于18.5）、超重（BMI大于25.0）还是正常（BMI介于18.5到25.0）。以教师问卷中与学生性格特征密切相关的12个指标为基础，我们构建了一个测量儿童亲社会行为的综合变量。另外，我们也考察了住校可能会带来的影响。

分析中也考虑了几个衡量家庭背景和学校环境的指标。父母受教育程度取二者中的较高者，具体关注学生的父母是否受过高中教育。由于家庭收入②缺失的案例太多，我们用学生每个月收到的零花钱③来间接测量其父母收入状况。父亲的职业主要分为三类：农民、工人、经理或专业人士。家庭图书量被用作衡量其文化资本。父母参与建立在学生对13个指标的回答之上，这些指标衡量了家长参与学校生活不同方面的频率，在分析中我们使用了它们的平均值。最后，我们用本班人数规模和班内留守儿童数量衡量学生所处的学校环境。

---

① 在调查中，学生的主要监护人被问及儿童的父母曾经迁移多少次，因此可以构建一个虚拟变量来表明学生的父母是否曾经迁移。利用该变量并结合学生目前的留守状态得到的结果与本文报告的结果非常相似。

② 家庭收入信息由主要监护人提供，因此它衡量的是主要监护人的家庭收入，而不是被调查学生的家庭收入。故弃而未用。

③ 学生还报告了他们上一年春节收到的压岁钱，基于这一指标得到的结果与本文使用每月零花钱得到的结果基本一致。

四 分析策略

由于本研究所使用的因变量是儿童在同伴关系网络中接受或给予提名的计数，我们使用随机效应（RE）泊松回归模型来处理学生（第一层级）嵌套于班级（第二层级）的情况。

我们首先将这些模型应用于全班的被提名程度和自我提名程度。模型1（被提名程度）和模型2（自我提名程度）是基本模型，它们只报告留守儿童与非留守儿童的差异，并根据班级规模进行了调整，同时考虑了调查数据的嵌套结构。模型3和模型4进一步纳入了个人特征变量。模型5和模型6是考虑了个人特征、家庭背景以及学校环境的完整模型。其次我们将完整模型分别用于留守儿童（模型7和模型8）和非留守儿童（模型9和模型10）。最后再分别对男孩（模型11、模型13和模型15）和女孩（模型12、模型14和模型16）做了进一步的分析。在所有这些模型中，我们对自变量的缺失值使用了多重插补技术进行填补。[①]

五 结果

（一）描述性统计

表1展示了分析中使用的变量的描述性统计结果。该表的上半部分提供了六个因变量的均值和标准差，下半部分是控制变量以及家庭背景和学校环境指标的描述结果。表中前2列是全体儿童样本的信息，第3~5列数据涉及留守儿童，第6~8列则是非留守儿童的情况，我们分别报告了留守儿童与非留守儿童在各特征变量上的样本量、均值和标准差。最后一列显示了各变量在总样本中的缺失情况。

根据表1可知，有641名学生目前被外出务工的父母留在了老家，占调查样本的49.6%（=641/（641+652）×100%）。全班学生的班内被提名程度（6.296）与班内提名程度（6.289）相当，说明同学之间的关系基本是对等的。在留守儿童和非留守儿童亚群中也存在这个一般化的模式。

[①] 使用没有缺失值的样本得到的结果与本文报告的结果非常相似。

然而，留守儿童与非留守儿童的同伴关系网络存在系统性的差异。

与非留守儿童相比，留守儿童在班内获得的提名往往更少，而且他们也很少把同班同学提名为好朋友。留守儿童的平均班内被提名程度为6.045，低于非留守儿童的6.543。此外，在留守儿童群体中，留守儿童比非留守儿童更可能获得更多的提名，在这个群体中他们更可能提名更多的非留守儿童。这可能表明，对留守儿童同伴关系网络的影响主要来源于同伴的排斥，而非个体的自我退缩。

表1 变量的描述性统计（分留守与非留守）

变量	总样本 均值	总样本 标准差	留守儿童 样本量	留守儿童 均值	留守儿童 标准差	非留守儿童 样本量	非留守儿童 均值	非留守儿童 标准差	缺失值占比 %
因变量									
班内被提名	6.296	3.649	641	6.045	3.546	652	6.543	3.734	0
班内提名	6.289	5.424	641	6.197	5.282	652	6.380	5.563	0
留守儿童被提名	3.076	2.184	641	3.080	2.170	652	3.072	2.200	0
留守儿童提名	2.997	2.895	641	3.080	2.882	652	2.916	2.908	0
非留守儿童被提名	3.220	2.370	641	2.966	2.239	652	3.471	2.468	0
非留守儿童提名	3.292	3.220	641	3.117	3.082	652	3.465	3.343	0
控制变量									
男性	49.7		641	51.8		652	47.7		0
独生子女	47.2		605	51.6		618	42.9		5.4
平均绩点	3.938	0.985	639	3.906	0.997	650	3.969	0.974	0.3
自评健康	3.539	1.102	641	3.538	1.129	651	3.541	1.077	0.1
体重指数（BMI）									
体重过轻	24.6		640	24.1		647	25.0		0.5
正常体重	72.6		640	72.8		647	72.3		0.5
超重	2.9		640	3.1		647	2.6		0.5
亲社会行为	0	1	631	0.014	0.983	641	-0.014	1.017	1.6
父母受过高中教育	21.9		595	21.7		616	22.1		6.3
每月零花钱（元）	31.83	39.9	640	33.8	43.4	650	29.88	36.05	0.2
父亲职业									
农民	29.2		526	17.3		582	40.0		14.3

续表

变量	总样本 均值	总样本 标准差	留守儿童 样本量	留守儿童 均值	留守儿童 标准差	非留守儿童 样本量	非留守儿童 均值	非留守儿童 标准差	缺失值占比 %
工人	66.4		526	79.5		582	54.6		14.3
经理或专业人士	4.3		526	3.2		582	5.3		14.3
父母参与	3.397	0.754	641	3.33	0.791	651	3.462	0.709	0.1
家庭图书量	2.817	0.962	641	2.758	0.943	650	2.875	0.978	0.2
住校	19.6		639	21.1		650	18.2		0.3

(二) 班内同伴关系网络

表2展示了同一班级中儿童受欢迎程度（被提名程度和自我提名程度）的随机效应泊松回归结果。结果表明：当前的留守状况与儿童从同学那里获得提名的人数呈负相关（模型1），但这一状况并不影响他们自己认可和提名的好朋友数量（模型2）。在模型3～模型6中，两个群体在同伴提名上的上述差异基本保持不变。此外，男生在班级中的社交网络规模比女生大。当控制了其他变量后，男孩依然会获得更多的提名（模型3和模型5），他们也更乐意提名更多的同学作为好朋友（模型4和模型6）。

正如预期的那样，学业成就和亲社会行为都会提升儿童在同伴中的受欢迎度以及他们的主动融入程度（模型3和模型4）。自评健康和体重过轻（相对于正常体重）与获得同伴提名呈正相关（模型3和模型5），而超重会显著降低儿童提名的好友数量（模型4和模型6）。父母参与有利于提高儿童在同伴中的受欢迎度以及他们的主动融入程度（模型5和模型6），而父亲从事管理或专业工作的学生提名的好朋友较少（模型6）。有些出乎意料的是，住校生比非住校生拥有更大的同伴关系网络（模型5和模型6）。一种解释是，住校给儿童提供了更多的课外与同伴直接互动的机会。

表2 班内同伴关系网络的随机效应泊松回归结果

变量	模型1 被提名	模型2 提名	模型3 被提名	模型4 提名	模型5 被提名	模型6 提名
当前留守	-0.065** (0.023)	-0.013 (0.023)	-0.059* (0.023)	-0.020 (0.023)	-0.058* (0.024)	-0.003 (0.024)

续表

变量	模型1 被提名	模型2 提名	模型3 被提名	模型4 提名	模型5 被提名	模型6 提名
男性			0.116** (0.023)	0.163** (0.024)	0.110** (0.024)	0.151** (0.024)
独生子女			0.028 (0.024)	0.043+ (0.024)	0.023 (0.024)	0.047+ (0.024)
平均绩点			0.273** (0.014)	0.093** (0.013)	0.257** (0.014)	0.070** (0.014)
自评健康			0.030** (0.011)	0.020+ (0.011)	0.022* (0.011)	0.005 (0.011)
BMI（参照组：正常体重）						
体重过轻			0.097** (0.027)	0.013 (0.026)	0.097** (0.027)	0.006 (0.027)
超重			-0.144+ (0.078)	-0.326** (0.081)	-0.129 (0.078)	-0.309** (0.081)
亲社会行为			0.063** (0.016)	0.070** (0.018)	0.063** (0.016)	0.068** (0.018)
父母受教育程度（参照组：少于高中）					0.069* (0.028)	0.085** (0.029)
每月零花钱					0.000 (0.000)	0.001* (0.000)
父亲职业（参照组：农民）						
工人					0.017 (0.031)	-0.050 (0.037)
经理或专业人士					-0.017 (0.065)	-0.245** (0.094)
父母参与					0.049** (0.016)	0.107** (0.016)
家庭图书量					0.023+ (0.013)	0.036** (0.013)
住校			0.069* (0.032)	0.101** (0.032)	0.073* (0.033)	0.091** (0.033)
本班人数规模	0.002 (0.004)	0.002 (0.004)	0.003 (0.004)	0.002 (0.004)	0.002 (0.004)	0.001 (0.004)
截距	1.778** (0.209)	1.742** (0.210)	0.368+ (0.199)	1.176** (0.201)	0.225 (0.203)	0.896** (0.205)
Ln(alpha)	-2.720** (0.280)	-2.709** (0.280)	-2.962** (0.286)	-2.931** (0.285)	-2.965** (0.286)	-2.941** (0.286)

续表

变量	模型 1	模型 2	模型 3	模型 4	模型 5	模型 6
	被提名	提名	被提名	提名	被提名	提名
学生数量	1293	1293	1293	1293	1293	1293
班级数量	28	28	28	28	28	28

注：括号内为标准误；** $p<0.01$，* $p<0.05$，+ $p<0.1$（双尾检验）。

（三）在留守群体和非留守群体中的同伴关系

表3给出了学生在留守儿童和非留守儿童两个子群体中被提名程度、自我提名程度的回归结果，解释变量包括家庭背景和个人特征。模型7和模型8显示了学生在留守儿童群体中受欢迎的程度，而模型9和模型10是在非留守儿童中的结果。

根据模型9和模型10的结果，儿童的留守状况似乎并不影响他们在非留守儿童中的受欢迎程度。在留守儿童子群体中，学生提名有留守经历的同学为好友的人数也不受到其留守身份的影响（模型8），但他们收到的提名数量却不是这样。与非留守儿童相比，留守学生不太可能被有类似留守经历的同学提名为好朋友（模型7）。这可能意味着，表2所示的留守儿童在其同伴关系网络（内向中心度）方面的劣势主要源自那些同样处于留守状态的同班同学的回避，而不是因为自我孤立或被非留守儿童所排斥。这是非常奇异的一个现象，因为按照交往同质性的观点，具有相似特征的个体应该更可能成为朋友。

表3 留守儿童与非留守儿童同伴关系网络的随机效应泊松回归结果

变量	留守儿童		非留守儿童	
	模型 7	模型 8	模型 9	模型 10
	被提名	提名	被提名	提名
当前留守	−0.068 * (0.034)	−0.021 (0.035)	−0.044 (0.034)	0.015 (0.033)
班内留守儿童数量	0.006 (0.011)	0.010 (0.011)		
班内非留守儿童数量			0.025 ** (0.006)	0.024 ** (0.006)

续表

变量	留守儿童		非留守儿童	
	模型7	模型8	模型9	模型10
	被提名	提名	被提名	提名
Ln（alpha）	-2.183**	-2.240**	-2.851**	-2.701*
	(0.281)	(0.284)	(0.308)	(0.298)
学生数量	1293	1293	1293	1293
班级数量	28	28	28	28

注：括号内为标准误；其他变量的结果与表2中模型5和模型6的结果类似，此处未予呈现；** $p<0.01$，* $p<0.05$（双尾检验）。

（四）受欢迎程度的性别差异

表4各模型分别展示了男孩和女孩在不同组别中的受欢迎程度的影响模式。鉴于学生的留守状态并不影响其提名的好友数量（即外向中心度），这里我们只关注每个学生的被提名程度（即内向中心度）。其中，模型11和模型12关注的是整个班级中男孩和女孩的受欢迎程度，模型13和模型14关注的是留守儿童群体中受欢迎程度的性别差异，而模型15和模型16则考察了非留守儿童群体中受欢迎程度的性别差异。

表4 性别与儿童被提名程度的随机效应泊松回归结果

变量	总样本		留守儿童		非留守儿童	
	模型11	模型12	模型13	模型14	模型15	模型16
	男	女	男	女	男	女
当前留守	-0.110**	-0.013	-0.160**	-0.028	-0.048	0.001
	(0.035)	(0.034)	(0.049)	(0.049)	(0.049)	(0.047)
本班人数规模	-0.003	0.006				
	(0.004)	(0.004)				
班内留守儿童数量			-0.002	0.015		
			(0.013)	(0.012)		
班内非留守儿童数量					0.025**	0.026**
					(0.008)	(0.006)
Ln（alpha）	-2.747**	-2.731**	-1.845**	-1.980**	-2.270**	-2.725**
	(0.300)	(0.299)	(0.287)	(0.296)	(0.321)	(0.333)
学生数量	643	650	643	650	643	650
班级数量	28	28	28	28	28	28

注：括号内为标准误；其他变量的结果与表2中模型5和模型6类似，此处未予呈现；** $p<0.01$（双尾检验）。

可以看到，女孩在同班同学中的受欢迎程度不受其留守身份的影响，男孩的情况与此不同。根据模型11，与其他非留守男孩相比，留守男孩的同班同学对他们的提名次数较少。比较模型13和模型15的结果，我们发现，留守男孩在被提名程度上的劣势主要来自其他留守男童的回避，而不是非留守男孩的排斥。但留守女孩与非留守女孩（全班或留守儿童、非留守儿童亚组）的差异均无统计学意义（$p > 0.1$）。

六　总结与讨论

基于中国陕西省农村地区2016～2017年的调查数据，我们的研究表明，留守状态已经成为影响该地区儿童同伴关系网络的一个重要因素。具体来说，留守经历对他们在同学中的受欢迎程度（内向中心度）有负面的影响：与没有留守经历的学生相比，父母外出打工的学生从同学那里获得提名的数量往往会受到负面影响。此外，我们发现，留守儿童和非留守儿童在同伴关系网络规模上的差异主要是由于留守儿童被处于同一班级的其他留守儿童所排斥。与女孩相比，男孩的同伴关系网络相对更大，但也更敏感，更可能会受到留守状态的负面影响。留守男孩的网络规模较小，这主要是班上其他具有共同留守身份的同学排斥的结果。因此，有理由认为，留守儿童的身份正以一种更微妙的方式受到污名化：与留守相伴的污名已经被留守儿童内化，至少在留守男童中是这样。

此外，本研究也有一些局限。首先，我们只关注了直接联系中儿童同伴关系网络的规模，没有考虑其他网络指标，如孤立性。同时，我们也没有具体考察某一特定关系的质量，尽管这一维度可能对儿童来说显得更加重要。在实地访谈中我们遇到一个案例（女孩，12岁，父亲外出），虽然她与其他小孩都能玩到一起，但关系要好的两个朋友跟她一样有父、母外出打工。其次，本研究发现的关系可能还受其他因素的影响。未来的研究可以借由更充分的调查数据和更精细的分析加以厘清。另外，要充分了解儿童如何在其成长过程中建立同伴关系，还需要超越儿童与同班同学的关系，探索他们与其他同伴（如在同一所学校就读、住在同一社区或处在亲属关系网络中）的关系。

参考文献

程诚、赵延东,2018,《儿童青少年的组内地位获得——一项基于227个小团体的全员提名研究》,"社会分层与流动"学术研讨会会议论文,杭州。

段成荣、吕利丹、郭静、王宗萍,2013,《我国农村留守儿童生存和发展基本状况——基于第六次人口普查数据的分析》,《人口学刊》第3期。

申继亮、胡心怡、刘霞,2009,《"影响留守儿童心理发展因素的研究"专题——留守儿童歧视知觉特点及与主观幸福感的关系》,《河南大学学报》(社会科学版)第6期。

谭深,2011,《中国农村留守儿童研究述评》,《中国社会科学》第1期。

Allen, Joseph P., Maryfrances R. Porter, F. Christy McFarland, Penny Marsh, and Kathleen Boykin McElhaney. 2005. "The Two Faces of Adolescents' Success with Peers: Adolescent Popularity, Social Adaptation, and Deviant Behavior." *Child Development* 76 (3): 747–60.

Benenson, Joyce F. 1990. "Gender Differences in Social Networks." *The Journal of Early Adolescence* 10 (4): 472–495.

Blau, Peter Michael. 1977. *Inequality and Heterogeneity: A Primitive Theory of Social Structure*. New York: Free Press.

Bonacich, Phillip. 1987. "Power and Centrality: A Family of Measures." *American Journal of Sociology* 92 (5): 1170–1182.

Buchmann, Claudia, Thomas A. DiPrete, and Anne McDaniel. 2008. "Gender Inequalities in Education." *Annual Review of Sociology* 34 (1): 319–337.

Calvó-Armengol, Antoni, Eleonora Patacchini, and Yves Zenou. 2009. "Peer Effects and Social Networks in Education." *Review of Economic Studies* 76 (4): 1239–1267.

Dai, Q., Yang, G., Hu, C., Wang, L., Liu, K., Guang, Y., Zhang, R., Xu, S., Lin, B., Yang, Y., and Feng, Z. 2017. "The Alienation of Affection toward Parents and Influential Factors in Chinese Left-behind Children." *European Psychiatry* 39: 114–122.

de Brauw, Alan and Ren Mu. 2011. "Migration and the Overweight and Underweight Status of Children in Rural China." *Food Policy* 36 (1): 88–100.

Eder, Donna and Maureen Hallinan. 1978. "Sex Differences in Children's Friendships." *American Sociological Review* 43 (2): 237–250.

Gao, Yang, Li Ping Li, Jean Hee Kim, Nathan Congdon, Joseph Lau, and Sian Griffiths. 2010. "The Impact of Parental Migration on Health Status and Health Behaviors among Left behind Adolescent School Children in China." *BMC Public Health* 10 (1): 56.

He, Bingyan, Jingyi Fan, Ni Liu, Huijuan Li, Yanjun Wang, Joshua Williams, and Kaishing Wong. 2012. "Depression Risk of 'Left-behind Children' in Rural China." *Psychiatry Research* 200 (2-3): 306-312.

Lazarsfeld, Paul F. and Robert K Merton. 1954. "Friendship as A Social Process: A Substantive and Methodological Analysis." *Freedom and Control in Modern Society* 18 (1): 18-66.

Liang, Zai. 2016. "China's Great Migration and the Prospects of a More Integrated Society." *Annual Review of Sociology* 42 (1): 451-471.

Maccoby, Eleanor E. 1999. *The Two Sexes: Growing up Apart, Coming Together* (Vol. 4). Harvard University Press.

McPherson, Miller, Lynn Smith-Lovin, and James M Cook. 2001. "Birds of a Feather: Homophily in Social Networks." *Annual Review of Sociology* 27 (1): 415-444.

Mehra, Ajay, Martin Kilduff, and Daniel J Brass. 1998. "At the Margins: A Distinctiveness Approach to the Social Identity and Social Networks of Underrepresented Groups." *Academy of Management Journal* 41 (4): 441-452.

Parreñas, Rhacel Salazar. 2005. *Children of Global Migration: Transnational Families and Gendered Woes.* Stanford, Calif: Stanford University Press.

Rivera, Mark T., Sara B. Soderstrom, and Brian Uzzi. 2010. "Dynamics of Dyads in Social Networks: Assortative, Relational, and Proximity Mechanisms." *Annual Review of Sociology* 36: 91-115.

Rose, Amanda J. and Karen, D. Rudolph. 2006. "A Review of Sex Differences in Peer Relationship Processes: Potential Trade-Offs for the Emotional and Behavioral Development of Girls and Boys." *Psychological Bulletin* 132 (1): 98-131.

Scott, John and Peter J. Carrington. 2011. *The SAGE Handbook of Social Network Analysis.* SAGE publications.

Smith-Lovin, Lynn and J. Miller McPherson. 1993. "You Are Who You Know: A Network Approach to Gender." In *Theory on Gender/Feminism on Theory*, edited by Paula England, 223-251. New York: Aldine De Gruyter.

South, Scott J. and Dana L. Haynie. 2004. "Friendship Networks of Mobile Adolescents." *Social Forces* 83 (1): 315-350.

Tong, Yuying, Weixiang Luo, and Martin Piotrowski. 2015. "The Association between Parental Migration and Childhood Illness in Rural China." *European Journal of Population* 31 (5): 561-586.

Ueno, Koji. 2005. "The Effects of Friendship Networks on Adolescent Depressive Symptoms." *Social Science Research* 34 (3): 484–510.

Valtolina, Giovanni G and Chiara Colombo. 2012. "Psychological Well-Being, Family Relations, and Developmental Issues of Children Left behind." *Psychological Reports* 111 (3): 905–928.

Ye, Jingzhong and Lu Pan. 2011. "Differentiated Childhoods: Impacts of Rural Labor Migration on Left-behind Children in China." *Journal of Peasant Studies* 38 (2): 355–377.

Zhang, Hongliang, Jere R Behrman, C Simon Fan, Xiangdong Wei, and Junsen Zhang. 2014. "Does Parental Absence Reduce Cognitive Achievements? Evidence from Rural China." *Journal of Development Economics* 111: 181–195.

Zhao, Qiran, Xiaohua Yu, Xiaobing Wang, and Thomas Glauben. 2014. "The Impact of Parental Migration on Children's School Performance in Rural China." *China Economic Review* 31: 43–54.

Zhou, Minhui, Rachel Murphy, and Ran Tao. 2014. "Effects of Parents' Migration on the Education of Children Left behind in Rural China." *Population and Development Review* 40 (2): 273–292.

父母流动如何影响儿童卷入校园欺凌[*]

——基于陕西省大荔县和南郑县小学的实证研究

一 问题的提出

校园欺凌一直被视为危害儿童和青少年成长和发展的一个普遍性社会问题。2019年联合国教科文组织发布的《数字背后：结束校园暴力和欺凌》报告显示：全球约有1/3的学生遭受过校园欺凌（UNICEF，2019）。针对校园欺凌问题，世界各国学者做了大量的实证研究，得到了较为一致的结论：无论是欺凌者还是被欺凌者，校园欺凌对他们成长的诸多方面（如学业成绩、社会关系、身心健康以及社会心理发展等）均存在不利的影响（Gibb et al.，2011）。

近年来，校园欺凌事件在我国青少年群体中频发，引起了媒体与公众的极大关注，并呈现出低龄化的发展趋势。校园欺凌不仅会对儿童的身心健康造成即时和短期的负面影响，而且这种伤害还可能延续至成年时期，对他们成年后的人格和行为产生持续的危害，甚至使早期的被欺凌者成长为施暴者。

我国政府历来关注儿童福祉，因此高度重视校园欺凌的防治工作，努力为孩子们营造安全的校园环境。国务院于2016年4月专门出台了首个国家层面的反欺凌行动文件《国务院教育督导委员会办公室关于开展校园欺

---

[*] 本文的主体内容译自作者于2020年发表在 Taylor & Francis Group 旗下的英文期刊 *Chinese Sociological Review* 上的论文，论文详细信息如下：Xiaowen Zhu, Jiatong Liu, and Zai Liang, "Are Left-behind Children More Likely to Be Bullied? Empirical Evidence From Rural Schools in Shaanxi Province." *Chinese Sociological Review*, 2020, 52（4）：411 – 437. doi：10.1080/21620555.2020.1776603. 我们十分感谢出版社（Taylor & Francis Group）授权我们翻译该文并同意将该文中文版作为一篇文章收录在本书中，出版社网址为：https：//www. tandfonline. com/。

凌专项治理的通知》①，该通知要求各中小学校开展阶段性的校园欺凌专项治理工作，从法制教育、校规宣传等方面规范学生行为，建设平安校园。2017~2018年，国家相继印发了《加强中小学生欺凌综合治理方案》②和《国务院教育督导委员会办公室关于开展中小学生欺凌防治落实年行动的通知》③，随后，全国各省区市据此也陆续制订了具体的地方性治理方案。同时，我国宣传部门也通过影视传媒的方式呈现了校园欺凌对青少年的巨大伤害，比如近年来相继上映的《悲伤逆流成河》和《少年的你》两部电影极大提升了公众对校园欺凌现象的了解和重视程度。

自从2016年我国开始从政策层面着手防治校园欺凌以来，我国学者也围绕校园欺凌这一热点问题开展了相关研究，试图为政策如何有效实施提供科学的证据。但综观已有研究，我们发现在我国人口流动的大背景下鲜有研究探讨父母流动对儿童卷入校园欺凌的影响，因此我们还不知道留守儿童是否更容易遭受校园欺凌。一方面，由于父母的关爱和支持与良好的亲子关系是儿童免受欺凌的保护性因素（Hong and Espelage，2012），因此相比非留守儿童，留守儿童在这些保护性因素上是处于劣势的，这可能会导致留守儿童更容易被欺凌。另一方面，父母流动到城市工作可以显著改善家庭的经济状况，为留守儿童成长提供良好的经济保障（Liang and Song，2018）。另外，父母不在身边也会促使留守儿童更早成熟和独立，比非留守儿童表现出更高的自我调节和社交能力（谭深，2011）。这些因素在一定程度上有助于保护留守儿童不被欺凌。但父母流动究竟如何影响子女被欺凌的概率，我们从以往研究中还找不到明确的答案，因此值得进一步的探索。

鉴于此，本文旨在考察父母流动对儿童卷入校园欺凌的影响，试图回答"留守儿童是否更易遭受校园欺凌"。为了更加细致深入地回答该问题，本文不仅考虑了父母当前正在外务工的儿童（即当前为留守儿童），还考

---

① 《国务院教育督导委员会办公室关于开展校园欺凌专项治理的通知》，http://www.moe.gov.cn/srcsite/A11/moe_1789/201605/t20160509_242576.html，最后访问日期：2022年1月14日。

② 《教育部等十一部门关于印发〈加强中小学生欺凌综合治理方案〉的通知》，http://www.moe.gov.cn/srcsite/A11/moe_1789/201712/t20171226_322701.html，最后访问日期：2022年1月14日。

③ 《国务院教育督导委员会办公室关于开展中小学生欺凌防治落实年行动的通知》，http://www.moe.gov.cn/srcsite/A11/moe_1789/201804/t20180428_334588.html，最后访问日期：2022年1月14日。

虑了父母曾经外出务工的儿童（即曾经为留守儿童）。在研究留守儿童时，将这两个群体区分开是非常有必要的。因为近年来，越来越多的父母在外出务工一段时间后，会选择返回家乡（Liang, 2016），虽然曾经留守的儿童现在有了父母的陪伴，但曾经留守的经历可能早已对这些儿童的身心健康产生了负面影响，并持久存在。此外，本文对当前留守的儿童群体进一步区分了"父母双方外出"以及"父母一方外出"这两类留守儿童群体。以往研究表明，父母双方均外出比父母一方外出对儿童发展的负面影响更大（Tong et al., 2015）。

二 文献综述

（一）父母流动与儿童福祉

虽然已有研究并未考察父母流动对儿童卷入校园欺凌的影响，但在父母流动对儿童福祉众多方面的影响上则积累了丰富的成果，大多数研究聚焦于留守儿童的教育、心理和身体健康方面。本书的第二部分和第三部分已对留守儿童的教育和心理健康问题做了详细的回顾，在此就不再赘述。关于父母流动与儿童身体健康的文献相对有限，而且结论不太一致。一些研究显示父母流动状态对留守儿童身体健康的相关指标没有影响（Xu and Xie, 2015），而另一些研究发现父母流动状态对留守儿童的疾病（Tong et al., 2015）和健康行为（Wen and Lin, 2012）存在不利影响，还有研究发现了积极的影响（Liang and Song, 2018; Mu and de Brauw, 2015）。

值得注意的是，由于男孩和女孩在生理和心理特征上存在差异，父母流动对不同性别群体福祉的影响也可能存在差异，为此诸多学者在研究留守儿童时区分了男孩和女孩，得到了一些差异性的结论。例如，留守儿童在学校参与方面存在劣势，并且这种劣势地位在男孩群体中尤为明显（Wen and Lin, 2012）；父母流动与留守男孩的问题行为显著相关，但对留守女孩的问题行为则不存在显著影响（Vanore et al., 2015）；留守状态只会降低男孩的相对蛋白质摄入量，还可能导致他们长大后出现营养问题（Zhang et al., 2016）。上述研究结果均表明，留守对男孩的负面影响似乎要大于女孩。但也有研究得出了与此相反的结论。比如 Song 等（2018）的研究表明，与男孩相比，女孩的生活满意度和学业成就更容易受到父母流动的负面影响。Ning 和 Chang（2013）认为，中国农村重男轻女的观念导致父母流动更容易对女孩的营养摄入产生负面影响。基于这些研究，本文也将区分男孩和女孩群体，进一步回答父母流动对儿童卷入校园欺凌的影响是否存在显著的性别差异。

（二）校园欺凌的发生率

最早研究校园欺凌的著名学者 Olweus 将"校园欺凌"定义为一种特殊类型的攻击行为，是指同伴间在力量悬殊的情况下，一方蓄意对另一方在身体、心理和财务等方面进行反复和恶意的伤害（Olweus, 2013）。它与其他类型攻击行为的主要区别体现在三个方面：蓄意性、重复性和施暴者与受害者之间的权力不平衡。在欺凌过程中存在四种行为主体：欺凌者（只欺凌他人）、被欺凌者（只被他人欺凌）、欺凌受害者（既欺凌他人又被欺凌）和旁观者（只目击但不参与）。同时，校园欺凌具有不同的形式，从直接或公开的身体欺凌（例如，踢、打和推）和言语欺凌（例如，羞辱、骂人和嘲讽）到间接的关系或社会欺凌（例如，谣言传播、社会排斥）（Jimerson et al., 2010）。随着数字媒介（互联网、手机和社交网站等）在青少年群体中的普及，新的欺凌形式"网络欺凌"也在不断增多（Kowalski et al., 2014）。

校园欺凌是在全球范围内普遍存在的社会问题，欺凌和被欺凌的发生率已得到了广泛的调查。由于本文仅关注被欺凌者，在此仅给出被欺凌的发生率。世界卫生组织（WHO；Currie et al., 2012）的报告显示，欧洲和北美国家的 10 岁、13 岁和 15 岁儿童被欺凌的比例在 2%~32%；一项针对 80 个国家校园欺凌的研究的分析报告称，儿童遭受传统欺凌的平均发生率为 35%，遭受网络欺凌的平均发生率为 15%（Modecki et al., 2014）。各国儿童被欺凌率的差异可能反映了文化背景之间的真实差异，也可能是所采用的数据和测量方法的不同所造成的（Espelage and Swearer, 2003）。然而，即便根据 2015 年国际学生评估项目（PISA）数据，在不同国家和地区间，15 岁学生被欺凌的比例也存在显著差异。在所报告的 53 个国家（地区）中，中国学生被欺凌的发生率处于中等水平（为 10.5%），高于经合组织成员国的平均水平。我国学者对不同地区的校园欺凌发生率也进行了调查。比如，Han 等（2017）发现，中国城市儿童的被欺凌率约为 26.10%，而且在不同地理区域内的发生率有所不同。由于现有研究较少关注留守儿童群体，我们无法得知留守儿童被欺凌的发生率到底是多少。

前人研究还发现了校园欺凌的发生率存在性别差异。例如，男孩被欺凌的总体发生率高于女孩（Cook et al.，2010）。被欺凌的形式也存在性别差异。研究认为男孩更容易遭受身体欺凌，而女孩更容易遭受关系欺凌（Olweus，1993）。这种性别差异可能导致父母流动对男孩和女孩被欺凌的影响不同。因此，进一步比较父母流动对儿童被欺凌的影响的性别差异是很有必要的。

（三）父母流动对被欺凌影响的潜在中介机制

在社会生态学框架下，研究者已经识别出了一些与校园欺凌相关的个体因素和环境因素（Cook et al.，2010）。尽管父母流动对被欺凌的影响是复杂的，但这些保护性因素和风险性因素可能在父母流动与儿童被欺凌之间起着显著的中介作用。

个体因素主要有健康状况、学业成绩、自我认知和社会情绪调节能力。多数研究发现，身体和精神健康状况与被欺凌呈负向相关（Kljakovic and Hunt，2016）；学业成绩好的学生不容易被欺凌（Cook et al.，2010）；自尊、身体形象和外表满意度等积极的自我认知是避免被欺凌的保护性因素（Fanti and Henrich，2015）。此外，社会情绪调节能力较强的孩子更擅长与同伴沟通，从而不容易被欺凌（Crick and Dodge，1996）。

环境因素包括积极的家庭氛围和学校氛围。积极的家庭氛围，例如父母和孩子之间良好的沟通、温馨的关系及父母的参与和支持均可以保护孩子不被同伴欺凌（Chan and Wong，2015b）。在学校里，与同伴的亲密关系、更多的朋友支持以及较高水平的同伴认可度可以显著降低儿童被欺凌的风险（Kendrick et al.，2012）。教师在保护儿童不被欺凌上也起着至关重要的作用。与同龄人相比，被欺凌者报告的来自老师的支持更少，师生关系也相对较差（Doty et al.，2017）。此外，在校园氛围较好的学校里，校园欺凌的发生率较低，学生也更愿意在欺凌发生后寻求学校老师的帮助（Chan and Wong，2015b）；学校归属感较强的学生被欺凌的风险较低（Duggins et al.，2016）。

依恋理论可以部分解释上述因素在父母流动与儿童被欺凌关系中的潜在中介作用。依恋最初被定义为儿童与其主要照顾者（一般为母亲）之间建立的强情感纽带，它为儿童日后处理人际关系提供了重要指导（Bowlby，

1982)。近年来，学者们将这一术语的内涵扩大到其他重要关系，如同伴关系、师生关系（Laible et al.，2000）中。与重要他人建立的紧密关系可以提升孩子的安全感，并相信在自己痛苦时会得到及时的帮助与支持。基于此，对父母和同伴的依恋有助于降低儿童被欺凌的风险（Hansen et al.，2012）。

在低龄儿童依恋关系的建立过程中，父母双方的日常陪伴必不可少。因为在任何时候，孩子与父母任何一方的分离都可能会破坏亲子之间的紧密联结，进而对孩子的发展造成不良影响。已有研究结果表明，留守儿童表现出较低的健康水平、自我认知水平、社会情绪调节能力以及较差的学业成绩，这不仅使他们难以与同伴、教师建立依恋关系，还会导致他们的学校归属感较弱。这些后果被认为是与校园欺凌相关的风险性因素，因此父母流动很有可能增加留守儿童被欺凌的风险。此外，不同类型的留守儿童对父母的依恋程度会因其是否与父母中的一方或双方分离，以及何时发生分离而不同，因此不同留守儿童群体被欺凌的发生率也可能存在差异。

三　数据与方法

（一）数据

本文的数据来源于梁在教授主持的2017年陕西省农村青少年调查。调查使用整群抽样的方法，分别在大荔县和南郑县随机抽取了10所小学，每所学校的五年级学生全部纳入样本。在对学生进行调查前，项目组取得了家长的书面同意。最终样本包括1294名学生。

（二）变量和测量

1. 被欺凌情况

被欺凌情况由"在过去一个学期中，您被同学欺凌的频繁程度如何？"这道题来测量，回答为："1 = 无"，"2 = 仅一次或两次"，"3 = 两次或三次一个月"，"4 = 一周一次"和"5 = 一周几次"。学界通常把"每月两次或三次"作为分割点来区分被欺凌和未被欺凌两个群体（Solberg and Olweus，2003），所以我们也将选项1和选项2重新编码为0，即未被欺凌，将选项3、选项4和选项5重新编码为1，即被欺凌。

2. 留守状态

留守状态由四个题项来测量。前两个题项分别询问孩子是否和爸爸或妈妈居住在一起，对应两个选项："是"和"否"。后两个题项分别询问孩子爸爸或妈妈是否外出工作，对应三个选项："外出工作"、"在家，但曾经外出工作"与"从没外出工作过"。基于这些题项，我们将所有儿童分为四组：如果孩子与父母双方同住，并且父母任何一方都从未外出务工过，则该孩子被归类为"非留守儿童"；如果孩子目前与父母同住，但其父母曾经外出工作，则归类为"曾经留守的儿童"；如果孩子的父母一方正在外地工作，则归类为"父母一方外出的留守儿童"；对于父母都在外工作的孩子，我们将其归类为"父母双方外出的留守儿童"。

3. 个体因素

个体因素包含性别（0 = 男孩，1 = 女孩）、寄宿（0 = 非寄宿，1 = 寄宿）、学业表现、健康状况、自我认知、社会情绪调节能力。学业表现是通过教师对每个孩子在三门主要课程（语文、数学和英语）上表现的评估来测量的。对于每门课程，教师在五级李克特量表（从"1 = 非常差"到"5 = 非常好"）上对每个学生的成绩进行了排名。三门课程排名的总和越高，学业表现越好。健康状况通过询问学生"总的来说，您的健康状况如何"来测量，回答为"1 = 极好"、"2 = 很好"、"3 = 好"、"4 = 一般"和"5 = 差"。

学生的自我认知由两个变量反映。第一个变量是自我价值，通过"我对当前状况非常满意""我喜欢自己""我对自己有信心"等七道题来测量。所有题项均按照五级李克特量表进行评分，从"1 = 完全不适用"到"5 = 完全适用"。该测量的内部一致性 α 系数为 0.74。通过加总生成自我价值变量。第二个变量是外表满意度，测量的是他们对自己外表的满意度，该变量被认为是被欺凌的重要预测因素（Maynard et al.，2016）。学生按以下等级对自己的外表进行打分："1 = 我长相好，2 = 我的外貌有所变化，我变得不太好看，3 = 我不好看。"我们将其重新编码为二分变量：选项 1 表示学生对其外表满意，赋值为 0；选项 2 和选项 3 表示学生对其外表不满意，赋值为 1。

最后一个变量是社会情绪调节能力，由"我可以跟其他人和睦相处""大多数时候，我在和他人发生冲突时能控制自己的情绪"等三道题来测量，选项由非常不同意到非常同意，赋值为 1 ~ 6。将这三道题简单加总后，取值范围为 3 ~ 18，值越大说明社会情绪调节能力越强。

4. 环境因素

家庭环境主要由两个变量来体现：亲子关系和父母参与。问卷中分别询问孩子与父亲及母亲的亲密程度，选项从"1＝不太亲密"到"4＝非常亲密"。将这两道题的回答取均值后生成亲子关系变量。父母参与通过询问孩子其父母做以下事情的频繁程度来测量："与您聊天"、"向您询问学校的事情"、"检查您的功课"、"与您一起玩"和"辅导您的功课"。对应选项从"1＝从不"到"5＝始终"。加总形成父母参与变量（α＝0.73）。

同伴关系由两个变量来反映。首先，通过询问学生"你觉得你的朋友对你是否关心？"来测量同伴关怀。回答范围从"1＝非常关心"到"5＝完全不关心"，我们将其反向编码，值越大表示获得的同伴关心或支持越多。其次，我们还利用班级网络来测量每个孩子在班级的朋友数量。调查中列出了所有学生的姓名，要求每个孩子在其中选择他们的朋友。我们根据有多少学生选择她/他来计算每个孩子的班级朋友数量。

学校环境因素主要包括教师关心、学校归属感和学校质量。教师关心通过询问学生"你觉得你的老师有多关心你？"来测量，选项与同伴关怀的选项一致。学校归属感通过题项"您对学校的感觉如何"来测量，对应三个选项为："我根本不喜欢上学"、"有时我喜欢上学"和"我喜欢上学"。本文将前两个选项重新编码为"0＝归属感不强"，将第三个选项重新编码为"1＝归属感强"。学校质量是根据校长或相关管理者对学校整体质量的评估测量，采用五点计分（从"1＝很好"到"5＝非常差"）。由于学校质量变量的分布高度偏态，该变量被重新编码为二分变量（0＝质量差的学校，1＝质量好的学校）。

（三）分析方法

首先，分别基于总样本和四种留守状态对应的分样本，对变量进行描述性分析。其次，对四组留守儿童与被欺凌情况进行交叉分析，比较不同群体被欺凌的发生率。再次，运用多层次二元逻辑回归模型估计父母流动状态及个体因素和环境因素对被欺凌的影响。最后，分性别进行多层次二元逻辑回归分析，检验父母流动状态对儿童被欺凌的影响是否存在性别差异。

四 研究结果

（一）描述性分析

表1显示了本文中所有变量的描述性分析结果。在总样本中，只有

23.0%的儿童从未经历过与父母的分离；28.5%的儿童经历过和父母的分离；几乎一半的儿童正在经历这种分离，父母都在外工作的占比22.2%，父母仅一方在外工作的占比26.4%。关于被欺凌的发生率，总样本中有13.8%的学生每月至少遭受2次欺凌。在所有儿童组中，被欺凌发生率最低的为非留守儿童（8.1%），最高的为父母双方外出的留守儿童（18.3%）。

表1　所有变量的描述性分析结果

变量	总样本	非留守儿童	曾经留守的儿童	父母一方外出的留守儿童	父母双方外出的留守儿童
被欺凌（是=1）（%）	13.80	8.10	13.20	15.90	18.30
留守状态					
非留守儿童（%）	23.00	—	—	—	—
曾经留守的儿童（%）	28.50	—	—	—	—
父母一方外出的留守儿童（%）	26.40	—	—	—	—
父母双方外出的留守儿童（%）	22.20	—	—	—	—
个体因素					
女孩（%）	50.20	47.00	55.30	46.80	51.40
寄宿（%）	20.80	16.20	22.90	20.90	22.70
健康状况（1=极好，5=差）	2.44	2.38	2.45	2.44	2.52
学业表现	10.70	10.88	10.82	10.63	10.48
自我价值	26.99	27.38	27.15	27.02	26.31
外表满意度（1=不满意）（%）	25.60	22.60	24.50	26.50	29.40
社会情绪调节能力	13.77	13.83	13.79	13.73	13.75
环境因素					
亲子关系	6.88	7.13	7.08	6.72	6.52
父母参与	19.95	20.42	20.25	20.11	18.87
同伴关怀	3.64	3.72	3.60	3.68	3.58
班级朋友数量（个）	7.55	8.30	7.94	6.86	7.08
教师关心	7.79	7.97	7.77	7.65	7.77
学校质量（1=好）（%）	29.40	30.10	27.30	32.90	27.60
学校归属感（1=强）（%）	66.50	70.30	63.80	64.70	68.50

注：类别变量所汇报的值为比例；连续变量所汇报的值为均值。

表1还显示了四组儿童在潜在中介变量上的差异。结果呈现出与被欺凌相似的规律，留守儿童在保护性因素上均处于较为劣势地位。例如，父

母双方外出的留守儿童在健康状况、学业表现、自我价值、外表满意度、亲子关系以及父母参与方面的表现最差。相反，非留守儿童在这些因素上的表现最好。其他两组的表现处于中间水平。此外，非留守儿童的寄宿率（16.2%）低于其他三组，并且非留守儿童较多就读于质量好的学校。

表2分别报告了不同儿童群体（分性别、寄宿、学校质量）留守状态和是否被欺凌的相关关系。本文对比这些组群之间的差异。首先，对儿童总样本的卡方检验结果表明留守状态与被欺凌之间存在显著的关联，从被欺凌的占比可以看出：相比非留守儿童（8.1%），无论是曾经留守还是当前留守，被欺凌的风险均有显著提升（13.2%~18.3%）。其次，分性别来看，在非留守儿童中，男孩和女孩被欺凌的比例十分接近。然而，在其他三类留守儿童组中，男孩被欺凌的比例要远高于女孩。对女孩而言，四组留守状态不同的儿童被欺凌率之间并无显著差异（8.7%~13.8%），但在男孩中却呈现出显著差异（7.6%~25.4%）。这个结果表明父母外出对男孩被欺凌的影响要显著大于女孩。在所有群体中，父母双方外出的留守男孩群体被欺凌的发生率最高。

我们还发现，除了曾经留守的儿童，其余三组寄宿生的被欺凌率（16.6%~23.1%）均高于非寄宿生或走读生（6.5%~16.8%）。也就是说寄宿增加了儿童整体被欺凌的风险。对于非寄宿生而言，处于任何一种留守状态下的儿童其被欺凌率均高于非留守儿童。最后，学校质量也会影响儿童的被欺凌率。在四组儿童中，好学校学生的被欺凌率均低于差学校学生的被欺凌率。此外，无论学校质量好坏，相比非留守儿童，任何类型的留守儿童被欺凌的风险都大大增加，两组目前处于留守状态的儿童均受到了更多的欺凌。

表2 不同组群被欺凌发生率的比较分析

单位：%

	总样本	性别		寄宿		学校质量	
		男孩	女孩	是	否	好	差
父母双方外出的留守儿童	18.3	25.4	11.6	23.1	16.8	15.2	19.4
父母一方外出的留守儿童	15.9	17.7	13.8	22.5	14.1	10.7	18.4
曾经留守的儿童	13.2	17.8	9.4	13.3	13.6	12.1	13.5
非留守儿童	8.1	7.6	8.7	16.6	6.5	2.3	10.7
χ^2	14.0**	16.8***	2.6	3.3	12.6**	8.9*	8.4*

* $p<0.05$，** $p<0.01$，*** $p<0.001$。

(二) 多层次逻辑回归

表 3 汇报了留守状态、个体因素和环境因素对儿童被欺凌影响的多层次二元逻辑回归的分析结果。模型 1 仅将留守状态作为预测变量，结果表明任何一类留守儿童都比非留守儿童更容易被欺负。具体而言，与非留守儿童相比，曾经留守的儿童被欺凌的概率增加了 79% ($e^{0.58} - 1$)，父母一方外出的留守儿童被欺凌的概率增加了 116% ($e^{0.77} - 1$)，而父母双方外出的留守儿童的概率增加了 166% ($e^{0.98} - 1$)。

模型 2 在模型 1 的基础上控制了性别和寄宿变量，结果显示女孩被欺凌的可能性更小；寄宿生被欺凌的可能性更高。在控制了性别和寄宿之后，每一类留守儿童仍然比非留守儿童遭受更高的被欺凌风险。模型 3 和模型 4 进一步添加了个体层面和环境层面的中介因素，结果显示三组留守儿童对应的系数仍然保持正向显著，但是与模型 2 相比系数有所降低。在个体层次变量中（模型 3），低健康、外表满意度、自我价值和社会情绪调节能力均显著，意味着健康状况较差、身体形象较差（对外表不满意）、自我价值感和社会情绪调节能力较低的儿童更容易被欺凌。环境层面变量的结果（模型 4）显示，与父母关系密切、同伴关心多、班级中有更多的朋友、学校归属感强的儿童更不容易被欺凌。

模型 5 为包括所有个体和环境因素的全模型。在控制了所有因素之后，三类留守儿童依然比非留守儿童有着更高的被欺凌风险。具体来说，与非留守儿童相比，曾经留守的儿童被欺凌的概率增加了 63% ($e^{0.49} - 1$)，父母一方外出的留守儿童被欺凌的概率增加了 88% ($e^{0.63} - 1$)，父母双方外出的留守儿童被欺凌的概率增加了 127% ($e^{0.82} - 1$)。

表 3 留守状态、个体因素和环境因素影响被欺凌的多层次二元逻辑回归分析

	模型 1	模型 2	模型 3	模型 4	模型 5
留守状态（参照组：非留守儿童）					
父母双方外出的留守儿童	0.98*** (0.27)	0.98*** (0.27)	0.86** (0.28)	0.85** (0.28)	0.82** (0.29)
父母一方外出的留守儿童	0.77** (0.27)	0.75** (0.27)	0.73** (0.28)	0.61* (0.28)	0.63* (0.28)

续表

	模型1	模型2	模型3	模型4	模型5
曾经留守的儿童	0.58* (0.27)	0.60* (0.27)	0.58* (0.28)	0.47! (0.28)	0.49! (0.28)
个体因素					
女孩		-0.59** (0.17)	0.44* (0.18)	-0.57*** (0.18)	-0.49** (0.19)
寄宿		0.43* (0.22)	0.45* (0.23)	0.55** (0.23)	0.50* (0.23)
学业表现			-0.04 (0.03)		-0.01 (0.03)
低健康			0.20* (0.09)		0.17* (0.08)
自我价值			-0.04! (0.02)		-0.02 (0.02)
外表满意度（0=满意）			0.88*** (0.19)		0.84*** (0.19)
社会情绪调节能力			-0.07* (0.03)		-0.05 (0.03)
环境因素					
亲子关系				-0.26* (0.11)	-0.22* (0.11)
父母参与				-0.01 (0.02)	0.00 (0.02)
同伴关怀				-0.26** (0.09)	-0.22* (0.10)
班级朋友数量				-0.09*** (0.02)	-0.07** (0.02)
教师关心				-0.08 (0.06)	-0.04 (0.06)
学校归属感（0=不强）				-0.32! (0.18)	-0.16 (0.19)
学校质量（0=差）				0.37 (0.29)	0.36 (0.29)
群组	19	19	19	19	19
Log-Likelihood	-483.8	-475.9	-442.8	-450.1	-432.6
样本量	1231	1231	1231	1231	1231

注：括号内为标准误；! $p<0.10$，* $p<0.05$，** $p<0.01$，*** $p<0.001$。

表 3 的结果是以"非留守儿童"作为参照组的分析结果。为了更细致地探讨留守儿童内部的差异，我们更改了参照组重新进行了多层次二元逻辑回归分析，结果如表 4 所示。可以看出：与曾经留守的儿童相比，当未控制个体因素和环境因素时，父母双方外出的留守儿童和父母一方外出的留守儿童被欺凌的概率分别增加了 49% （$e^{0.40}-1$）和 21% （$e^{0.19}-1$）。但是，只有父母双方外出的留守儿童组在 0.10 水平上具有统计显著意义。当所有因素都被控制时，两组的系数均不显著。表 4 还显示，无论是否控制个体因素和环境因素，两类正在留守的儿童组的系数均没有显著差异。结合表 3 和表 4 的结果，我们可以得出如下结论：三组留守儿童中任意一组的被欺凌风险都比非留守儿童组大，但是这三个留守儿童组之间却不存在显著差异。也就是说任何形式的父母流动都会使孩子遭受校园欺凌的概率增大。

表 4 被欺凌的多层次二元逻辑回归分析结果（改变参照组）

	模型 1		模型 5	
	B	SE	B	SE
留守状态（参照组：曾经留守的儿童）				
父母双方外出的留守儿童	0.40[1]	(0.22)	0.33	(0.24)
父母一方外出的留守儿童	0.19	(0.23)	1.14	(0.23)
个体因素	未控制		已控制	
环境因素	未控制		已控制	
留守状态（参照组：父母一方外出的留守儿童）				
父母双方外出的留守儿童	0.21	(0.22)	0.19	(0.24)
个体因素	未控制		已控制	
环境因素	未控制		已控制	

[1] $p<0.10$。

此外，本文还分性别分析了不同留守儿童组的回归分析结果。发现：父母流动对男孩被欺凌的影响更大。无论是否控制个体因素和环境因素，三组留守男孩均比非留守男孩更容易成为被欺凌对象。此外，三组留守男孩被欺凌的概率是非常大的，是非留守男孩的 2.20 （$e^{0.79}$）至 3.49 （$e^{1.25}$）倍。相比之下，任何一组留守女孩被欺凌的概率与非留守女孩组并无显著差异。进一步观察留守儿童群体内部的差异，我们发现对于任何性别群体，当前留守和曾经留守的三组儿童之间没有显著差异。该结果再次说明在校园欺凌上父母流动对男孩的不利影响更大。

五 讨论

本文的主要研究发现可以归结为以下四点。

第一，在陕西省农村学校中，11~13岁的五年级学生被欺凌的总体发生率为13.8%。该比例是基于"每月两次或三次"的分割点，接近于基于2015年PISA数据对中国15岁青少年的分析结果（10.5%）（OECD，2017）。第二，父母流动对儿童被欺凌产生了显著的负面影响，无论在任何时候与父母任何一方的分离均可能增加他们被欺凌的风险。第三，父母外出务工对男孩被欺凌的不利影响要显著大于女孩。任何类型的留守男孩被欺凌的概率均显著大于非留守男孩，而每种类型的留守女孩被欺凌的概率与非留守女孩无显著差异。第四，一些潜在的个人因素和环境因素可能有助于解释父母流动如何影响儿童被欺凌。例如，本文的结果表明良好的健康状况、积极的自我形象和自我价值感、较高的社会情绪调节能力、与父母和同龄人的亲密关系以及强烈的学校归属感都是儿童避免被欺凌的重要保护性因素。留守儿童因缺乏这些因素而面临更大的被欺凌风险。

在我国大力推进反欺凌行动计划的现实背景下，笔者建议政策制定者要平等对待各类型的留守儿童，特别是不能忽视那些曾经留守的儿童群体，应给予他们和正在留守的儿童同等的重视。此外，在政策实施时要特别关注留守男孩，针对留守男孩制定有效的反欺凌干预措施也是非常有必要的。本文的发现也为干预方案的制订提供了一些有价值的建议，不仅要考虑对儿童的个体特征的干预，还要对学校和家庭环境进行有效干预。建立多主体协同参与的干预项目，力求协同儿童青少年、家长、教师、学校及中小学校园欺凌治理委员会等多方主体，多层次全方位共治校园欺凌现象。

由于本研究是基于陕西省调查数据而展开的，其主要发现可能不能推广到全国其他地区，因此未来需要收集全国性的数据来进一步验证本研究的结论。此外，未来研究可以进一步考察留守儿童在不同类型的欺凌行为（如身体、语言、关系、网络欺凌）上的差异，并关注父母流动是否对实施欺凌行为也有显著影响。最后，尽管本研究揭示了一些潜在的中介变量，用于解释父母外出对儿童遭受欺凌的负面影响，但仍需要采用专门的中介分析模型对此做更严谨的检验。比如未来的研究可以通过高级模型来检验本文中所发现的重要因素（例如社会情绪调节能力、亲子关系）是否为父母外出对儿童被欺凌影响的中介机制，并探索其他潜在的中介因素。这些中介因素可以作为制订防御留守儿童欺凌受害方案的依据，从而有效阻隔父母外出务工给子女成长带来的不利影响。

参考文献

谭深，2011，《中国农村留守儿童研究述评》，《中国社会科学》第 1 期。

Bowlby, J. 1982. *Attachment and Loss*, vol. 1. *Attachment*. New York: Basic.

Chan, H. and D. Wong. 2015a. "Traditional School Bullying and Cyberbullying in Chinse Societies: Prevalence and a Review of the Whole-School Intervention Approach." *Aggression and Violent Behavior* 23: 98–108.

Chan, H. and D. Wong. 2015b. "The Overlap between School Bullying Perpetration and Victimization: Assessing the Psychological, Familial, and School Factors of Chinese Adolescents in Hongkong." *Journal of Child and Family Studies* 24: 3224–3234.

Cook, C. R., Williams, R. K., Guerra, G. N., Kim, E. T., and Sadek, S. 2010. "Predictors of Bullying and Victimization in Childhood and Adolescence: A Meta-Analytic Investigation." *School Psychology Quarterly* 25: 65–83.

Crick, N. R and Dodge, A. K. 1996. "Social Information-Processing Mechanisms on Reactive and Proactive Aggression." *Child Development* 67: 993–1002.

Currie, C., C. Zanotti, A. Morgan, D. Currie, M. DeLooze, C. Roberts, et al. 2012. *Social Determinants of Health and Well-being among Young People. Health Behaviour in School-Aged Children (HBSC) Study: International Report from the 2009/2010 Survey. Health Policy for Children and Adolescents*, No. 6. Copenhagen. Denmark: WHO Regional Office for Europe.

Doty, J., A. Gower, J. Rudi, B. McMorris, and I. Borowsky. 2017. "Patterns of Bullying and Sexual Harassment: Connections with Parents and Teachers as Direct Protective Factors." *Journal of Youth and Adolescence* 46: 2289–2304.

Duggins, S. D., P. G. Kuperminc, C. C. Henrich, C. Smalls-Glover, and L. J. Perilla. 2016. "Aggression among Adolescent Victims of School Bullying: Protective Roles of Family and School Connectedness." *Psychology of Violence* 6: 205–212.

Espelage, D. L. and M. S. Swearer. 2003. "Research on School Bullying and Victimization:

What Have We Learned and Where do We Go from Here?" *School Psychology Review* 32: 365 – 383.

Fanti, K. A. and C. C. Henrich. 2015. "Effects of Self-Esteem and Narcissism on Bullying and Victimization during Early Adolescence." *Journal of Early Adolescence* 35 (1): 5 – 29.

Gibb, S. J., J. L. Horwood, and M. D. Fergusson. 2011. "Bullying Victimization/ Perpetration in Childhood and Later Adjustment: Findings from a 30 Year Longitudinal Study." *Journal of Aggression, Conflict and Peace Research* 3: 82 – 88.

Hansen, T., L. Steenberg, S. Palic, and A. Elklit. 2012. "A Review of Psychological Factors Related to Bullying Victimization in Schools." *Aggression and Violent Behavior* 17: 383 – 387.

Han, Z., G. Zhang, and H. Zhang. 2017. "School Bullying in Urban China: Prevalence and Correlation with School Climate." *International Journal of Environmental Research and Public Health* 14 (10): 1116.

Hong, J. S. and L. D. Espelage. 2012. "A Review of Research on Bullying and Peer Victimization in School: An Ecological System Analysis." *Aggression and Violent Behavior* 17: 311 – 322.

Jimerson, S., M. S. Swearer, and L. D. Espelage. 2010. *The Handbook of Bullying in Schools: An International Perspective*. New York: Routledge.

Kendrick, K., G. Jutengren, and H. Stattin. 2012. "The Protective Role of Supportive Friends Against Bullying Perpetration and Victimization." *Journal of Adolescence* 35: 1069 – 1080.

Kljakovic, M. and C. Hunt. 2016. "A Meta-Analysis of Predictors of Bullying and Victimization in Adolescence." *Journal of Adolescence* 49: 134 – 145.

Kowalski, R. M., W. G. Giumetti, N. A. Schroder, and R. M. Lattaner. 2014. "Bullying in the Digital Age: A Critical Review and Meta-Analysis of Cyberbullying Research among Youth." *Psychological Bulletin* 140: 1073 – 1137.

Laible, D., G. Carlo, and M. Raffaelli. 2000. "The Differential Relations of Parent and Peer Attachment to Adolescent Adjustment." *Journal of Youth and Adolescence* 29 (1): 45 – 59.

Liang, Z. and Q. Song. 2018. "From the Culture of Migration to the Culture of Remittances: Evidence from Immigrant-Sending Communities in China." *Chinese Sociological Review* 50 (2): 163 – 187.

Liang, Z. 2016. "China's Great Migration and the Prospects of a More Integrated Society." *Annual Review of Sociology* 42 (1): 451 – 471.

Liu, J., A. Bullock, R. Coplan, X. Chen, Dan. Li, and Y. Zhou. 2018. "Developmental

Cascade Models Linking Peer Victimization, Depression, and Academic Achievement in Chinese Children." *British Journal of Developmental Psychology* 36: 47 – 63.

Maynard, B., M. Vaughn, C. Salas-Wright, and S. Vaughnm. 2016. "Bullying Victimization among School-Aged Immigrant Youth in the United States." *Journal of Adolescent Health* 58 (3): 337 – 344.

Modecki, K., J. Minchin, G. A. Harbaugh, G. N. Guerra, and C. K. Runions. 2014. "Bullying Prevalence Across Contexts: A Meta-Analysis Measuring Cyber and Traditional Bullying." *Journal of Adolescent Health* 55 (5): 602 – 611.

Mu, R. and A. de Brauw. 2015. "Migration and Young Child Nutrition: Evidence from Rural China." *Journal of Population Economics* 28 (3): 631 – 657.

Ning, M. and H. Chang. 2013. "Migration Decisions of Parents and the Nutrition Intakes of Children Left at Home in Rural China." *Agricultural Economics (AGRICECON)* 59 (10): 467 – 477.

OECD. 2017. *PISA 2015 Results (Volume Ⅲ): Students' Well-Being*. Paris: OECD Publishing.

Olweus, D. 1993. *Bullying at School: What We Know and What We Can Do*. Oxford, UK: Blackwell Publishers.

Olweus, D. 2013. "School Bullying: Development and Some Important Challenges." *Annual Review of Clinical Psychology* 9: 751 – 780.

Solberg, M. and D. Olweus. 2003. "Prevalence Estimation of School Bullying with the Olweus Bully/Victim Questionnaire." *Aggressive Behavior* 29: 239 – 268.

Song, S., C. Chen, and A. Zhang. 2018. "Effects of Parental Migration on Life Satisfaction and Academic Achievement of Left-behind Children in Rural China—A Case Study in Hubei Province." *Children* 5 (7): 87.

Tong, Y., W. Luo, and M. Piotrowski. 2015. "The Association between Parental Migration and Childhood Illness in Rural China." *European Journal of Population* 31: 561 – 586.

United Nations Educational, Scientific and Cultural Organization (UNICEF). 2019. "Behind the Numbers: Ending School Violence and Bullying." Retrieved from https://unesdoc.unesco.org/ark:/48223/pf0000366483.

Vanore, M., V. Mazzucato, and M. Siegel. 2015. "'Left behind' but Not Left Alone: Parental Migration & the Psychosocial Health of Children in Moldova." *Social Science & Medicine* 132: 252 – 260.

Wen, M. and D. Lin. 2012. "Child Development in Rural China: Children Left behind by Their Migrant Parents and Children of Nonmigrant Families." *Child Development* 83 (1): 120 – 136.

Xu, H. and Y. Xie. 2015. "The Causal Effects of Rural-to-Urban Migration on Children's Well-Being in China." *European Sociological Review* 31 (4): 502 – 519.

Zhang, N., L. Bécares, and T. Chandola. 2016. "A Multilevel Analysis of the Relationship between Parental Migration and Left-behind Children's Macronutrient Intakes in Rural China." *Public Health Nutrition* 19 (11): 1913 – 1927.

第五部分

留守经历的长期影响

父母流动对儿童行为的长期影响：
以"80后"外来工为例[*]

一 引言

　　作为世界上人口最多的国家，中国自改革开放以来一直处在快速的变化之中，人口大流动是其显著特征之一，近三四十年来国内国际流动人口数量急剧增长（Liang，2016），留守儿童规模巨大。尽管对留守儿童的定义存在争议，但一般将其界定为父母双方或一方迁移到他国或国内其他地区务工经商，被留在老家半年以上的18岁以下的儿童（段成荣、周福林，2005；TomŞA and Jenaro，2015）。根据全国妇联2013年的报告，2010年中国农村约有6100万名留守儿童（全国妇联课题组，2013）。即便根据国务院提出的更为严格的农村留守儿童定义，在2016年也有902万名不满16周岁的农村留守儿童（刘志军，2018）。

　　虽然留守经历对儿童的影响已有细致研究，但对留守经历的长期影响的研究相对缺乏。先前的研究表明，童年经历或背景确实对成年人有影响。例如，Hietanen等（2016）的研究发现，童年家庭社会经济地位较低的人在中年时较少参与志愿者活动或社会活动。但综观国内的相关研究，

---

[*] 本文的主体内容译自作者于2020年发表在Taylor & Francis Group 旗下的英文期刊 *Chinese Sociological Review* 上的论文，论文详细信息如下：Zhijun Liu and Bo Zhou，"The Lasting Impact of Parental Migration on Children's Behavioral Outcomes: Evidence from China." Chinese Sociological Review，2020，52（4）：438 – 461. doi：10.1080/21620555.2020.1776604。我们十分感谢出版社（Taylor & Francis Group）授权我们翻译该文并同意将该文中文版作为一篇文章收录在本书中，出版社网址为：https://www.tandfonline.com/。
本研究获得了国家社科基金重点项目（#15AZD053）、国家自然科学基金面上项目（#71774138）、The National Science Foundation（SES#1524282）的资助。南京大学社会学系刘林平教授授权使用其主持完成的教育部哲学社会科学研究重大课题攻关项目"农民工权益保护理论与实践研究"的问卷调查数据，特此说明并致谢！

除了汪建华、黄斌欢（2014）关于留守经历对新工人的工作流动的影响、谢东虹（2016a，2016b）对于留守经历对新生代农民工城市居留意愿和工作流动的影响、纪韶（2016）对有留守经历的新生代农民工的综合就业能力及融入城市程度、吕利丹（2014）对留守经历与务工收入、梁宏（2011）对留守经历与身份认同、刘志军及其合作者（刘志军，2018、2019、2020；刘志军、徐芳，2020）对留守经历对精神健康、情绪创伤、情感补偿及社会交往的影响等的研究以外，主要集中在对大学生等人群的分析上，认为有留守经历的大学生抑郁、焦虑的风险较高（李晓敏等，2009），孤独感（温义媛，2009）和缺陷感（张莉华，2006；杨玲等，2016）也较强。

基于上述不足，本文希望利用在珠江三角洲和长江三角洲这两个最重要的人口流入地区所做的一项抽样调查的数据，探讨早期留守经历如何影响第二代外来工的行为。调查询问了受访者在童年不同时期被留守的经历。本文的目标是将这一童年不利处境与受访者成年后的行为联系起来，包括他们加班和娱乐的模式。首先我们将系统地回顾有关儿童经历的长期影响的相关文献，然后对数据和方法加以介绍，再报告统计分析的结果，最后给出总结与讨论。

二 研究背景

（一）留守儿童概况

父母离开家庭外出务工经商而将未成年子女留在家乡，是一个具有世界普遍性的现象。这在跨国劳工较多的国家以及国内迁移较多的发展中国家尤其普遍。在加勒比地区的国家中，10%～20%的儿童至少有一方父母因国际移民而没有与孩子住在一起（Blank，2007）。联合国儿童基金会报告称，墨西哥双亲家庭中17%的儿童曾在童年时期的某一阶段中父亲移民外出（Dillon and Walsh，2012）。Antman（2012）根据墨西哥移民研究118计划的数据做了测算，发现绝大多数家庭留在墨西哥的男性户主至少有一位未成年子女留在家里。在罗马尼亚，越来越多的移民父母将其子女留在国内以便从事临时性的雇佣工作（Graham and Jordan，2011），2007年约有82000名留守儿童，超过26000名儿童的父母都去了外国，超过47000名儿童有一方父母在国外（TomŞA and Jenaro，2015）。去海外工作的现象在东亚国家也很普遍,由此产生大量留守儿童,例如,菲律宾有大约 200 万名儿童(占 5%)的父母一方或双方在海外工作。印度尼西亚这一全世界第四人口大国,在 1997 年的亚洲经济危机中遭受重创并成为最大的海外劳工输出国之一,有 2%~3% 的儿童被留在国内(Janson,2014)。作为人口最多、人口迁移流动成为常态的中国,留守儿童的规模也最为庞大,虽然由于统计口径不一而规模估算有别,但一般都认为中国的留守儿童有几千万名。段成荣等(2017)根据 2015 年全国 1% 人口抽样调查样本数据推算出,2015 年中国的留守儿童规模为 6876.6 万名,其中农村留守儿童规模为 4051 万名。

留守的本质,是从双亲家庭的生活环境转变为实质上的非双亲家庭生活环境,包括单亲监护、祖辈监护、亲友监护甚至无人监护等情形,因此,留守儿童亦可以被视为生活于事实上的脆弱家庭之中。Lee 和 McLanahan(2015)运用脆弱家庭与儿童健康研究(Fragile Families and Child Wellbeing Study)的纵贯数据所做的研究表明,家庭不稳定对儿童发展有因果效应,对儿童的发展有着显著的负面影响。全美青年纵向调查还显示,儿童时期的家庭环境对人们的行为是极为重要的,没有父母照看的儿童会有更多的行为问题,认知测试的得分也更低(Carlson and Corcoran,2001)。

(二)童年期留守经历的负面影响

有几种方式可以将童年时期的不利处境传递到以后的人生阶段。许多研究注意到,早期阶段的劣势会导致成人阶段有问题的行为反应和生活方式,包括但不限于药物滥用、饮食失调、吸烟、精神病、自杀倾向和人格障碍(Felitti et al.,1998)。人们有时会采取不健康的行为来应对情绪困扰,而这些行为及其结果(即终生吸烟、酗酒和肥胖)被发现是童年不利处境和成年期健康问题之间的重要中介因素(Ferraro et al.,2016)。结合来自行为和生物医学研究的发现,Miller 等(2011)提出了一个关于儿童压力的长期影响的生物嵌入模型。该模型假设,儿童时期的压力会改变大脑皮质边缘回路的反应倾向,而这种倾向会使人们惯于对抗威胁,并对他人保持负面信念。偏执和不信任增加了人们陷入冲突的机会,减少了来自他人的潜在支持,这反过来又使他们相信自己对他人的负面信念是有事实依据的。从长远来看,这些信念将成为人们发展和维持高质量社会关系的障碍。我们在东莞等地的访谈就表明,留守经历往往带来孤僻、亲子关系淡漠、沉迷网络游戏等负面影响。

综览前人的相关研究，虽然结论不一甚至有相互矛盾之处，但总体来讲，留守儿童在很多方面都遭遇了发展障碍。欧美的研究表明，留守会导致情感、心理、行为、教育和健康方面的问题（Lara，2015）。例如，对加勒比地区留守儿童的研究就发现，留守儿童会遭遇心理困扰（Adams，2000）、产生行为问题（Crawford-Brown，1997）、体质发展缓慢（Davis and Brazil，2016）、遇到家庭关系方面的挑战（Dillon and Walsh，2012）等。留守儿童在留守期间遭受的苦痛，也会给其在今后跟随父母到移民国定居的过程中带来困扰，面临融入和亲子关系重建的挣扎等难题（Dillon and Walsh，2012）。

对中国留守儿童的研究也有同样的发现。相关调查分析表明，他们的生存质量综合得分较低（Jia et al.，2010），生活条件较差（Zhao et al.，2014），有较多的营养问题，体质发展缓慢或体重超标等（Zhang et al.，2015），有较多的吸烟、酗酒、过量引用甜饮料、看过多电视等不健康行为（Ling et al.，2015；Yang et al.，2016）。其中年龄较小被留守及留守时间较长的留守儿童有更少亲社会行为（Fan et al.，2010）。Zhao 等（2017）还比较了曾经和现在的留守经历的影响，发现两者都与更多的情感症状相关，而曾经留守的经历使儿童在同伴关系方面更处于劣势。他们的解释是，农民工父母的返乡无法逆转他们长期离家的负面后果，甚至儿童可能因为主要照顾者的改变而面临新的挑战。

Fellmeth 等（2018）对中国国内人口流动及亚洲、非洲、东欧、加勒比地区和拉丁美洲的国际移民导致的留守经历对儿童健康的影响做了规模最大、最全面的荟萃分析，发现大多数的此类研究表明留守经历与高比例的抑郁症和焦虑症相关。尽管当前留守经历对儿童的心理健康有明显的不利影响，但他们也认为应该针对留守经历对儿童和成人的长期影响做出进一步的探究。

就中国的留守群体而言，关于早期留守经历的长期影响的研究还不够充分，少数相关的研究主要聚焦于大学生群体（张莉华，2006；陈孜等，2012；李晓敏等，2009；杨玲等，2016）。其中一项对河北省两所高校的大学生的调查研究表明，有留守经历大学生的抑郁比例更高、焦虑水平更高、自尊水平更低、人际关系更不和谐、较少采用积极的应对方式（李晓敏等，2009）。进一步的分析还发现，父母在3~7岁离开的大学生焦虑水平最高，且随后随着留守开始年龄的增长呈下降趋势，13岁以后开始留守的大学生焦虑水平最低。经历过长时间留守的大学生往往有更糟糕的心理和社会后果。另一项对920名广西高校大学生的调查研究显示，有留守经历的大学生的社交焦虑水平、缺陷感更高（杨玲等，2016）。总体而言，这些研究发现，童年留守经历与在校大学生等年轻人的负面后果之间存在明显联系，但对童年留守经历对劳动力的影响的研究较少。

（三）留守经历对亲社会性的长期影响机制

对留守儿童的诸多研究表明，留守经历对儿童亲社会性的影响较为显著。在中国，36.1%的农村留守儿童被发现有社交焦虑问题（农村非留守儿童的检出率为20%），表现出紧张、恐惧、过度担忧、避免眼神接触和与他人社交时的不安（李梦龙等，2019）。然而，在我们探讨早期留守经历的当期影响和长期影响之前，还有许多问题需要澄清。

依恋理论认为，早期的照料经历会影响一个人一生中的依恋关系、社会发展和社会适应（Bowlby，1982）。具体来说，如果看护者不能满足孩子的需求并对其敏感，孩子和看护者就会形成一种不安全的依恋关系，因此，这些孩子可能会认为这种关系是有害的、应排斥的或不安全的。较低频率的依恋行为包括微笑和对看护者的回应，与建立安全的同伴关系的能力相关。儿童时期的社会和情感能力有助于青少年时期和成年时期同伴关系和恋爱关系的建立（Grossmann et al.，2006）。根据依恋理论，被父母双方留在家的儿童在很小的时候就会认为关系是不安全的、不值得的，这种对关系的感知会对他们与同伴互动的意愿和能力产生长期的负面影响。我们对有留守经历的成年人的回溯性访谈就发现，有人因此而与父母难以建立良好的亲子关系，甚至因此而恐婚恐育，不想走入亲密关系，不打算生孩子。

神经生物学研究发现，童年创伤会阻碍大脑发育，改变几个应激敏感区域的结构和功能，导致生命过程中神经认知和情绪调节能力较弱（Cross et al.，2017）。这些研究还表明，幼年时期的不利经历更有可能造成长期的生物学后果。创伤发生在大脑发育的早期敏感时期，可能会导致更高的神经认知问题风险（Dunn et al.，2017）。

心理学和生物学方面的研究，除了认为越早遭受不利处境影响越大，还对早期不利处境的长期影响机制提供了其他解释。累积不平等理论强调了另一种马太效应，即早期的不利经历会引发恶性循环，导致更多的不良经历，从而减少个人和群体的生存机会（Ferraro et al.，2009）。早期留守经历会提高儿童对威胁的敏感性及对他人的不信任程度,从而使得他们在成年后更难发展深入的社会关系(Miller et al.,2011),这表明,在越年幼时的不利经历的负面影响越大,且会随着时间的流逝愈加凸显。与累积不平等理论相反,一些研究表明,某些类型的早期负面影响会随着时间的推移而消失,而不是自我强化。Smith 和 Christakis(2008)研究指出,核心关系网络的中断,如亲属去世、父母离异等,会对心理健康产生很强的即时影响,但其影响会随着时间的推移而逐渐减弱。这种影响衰退机制也在一项关于留守经历对中国大学生的长期影响的研究中被证实(姚远、张顺,2018)。

(四)需进一步讨论的议题

从既有的文献来看,中国现有的关于留守经历的长期影响的研究大多是在高校进行的。事实上,研究当前大学生早前留守经历的影响的想法是相当实际的,因为他们集中在学校,并乐意配合此类研究。然而,在大学里有许多独特的活动和组织来促进社会互动,所以基于大学生的研究结果可能并不适用于职场人士。外来工等流动人口也是一个特别的群体,国家统计局 2015 年公布的数据显示,全国流动人口总量为 2.47 亿人,占总人口的 17% 左右,其中大部分为外来工。而 Qu 和 Zhou(2003)的统计显示,当时大学生占中国总人口的比例不到 0.4%,现在虽有增长,但也占比较小。事实上,很大一部分城市地区的大学生和所有农村地区的大学生都属于一种特定类型的移民,即教育移民。因此,我们希望通过对外来工群体的研究,在更大的社会和年龄群体中探讨童年留守经历与成年人社会行为之间的关联。

以往的研究表明,个体童年时期的留守经历会通过对心理和生理的影响,导致其成年后不愿意或无法建立良好的社会关系,所以我们希望对有留守经历的受访者做进一步的分析,探究其是否有社会回避行为的迹象。由于外来工在上班时缺乏时间和自由来决定他们自己的活动安排,我们将集中考察他们在业余时间的行为。

对外来工日常活动的研究表明,他们的主要休闲活动有与朋友闲聊及户外娱乐(打球、公园散步等)、与朋友的室内娱乐(玩纸牌或麻将、一起喝酒、购物、卡拉OK等)及上网娱乐(毛文琳等,2010)。虽然加班被认为是一种生产性活动(毛文琳等,2010),但我们认为有一种特定类型的加班，即因无所事事而加班，应该被视为打发休闲时间的一种方式。这是因为参与这一特定类型活动的外来工自愿放弃了一些休闲时间，主要是由于不愿意或不能参加有吸引力的休闲活动。如果我们把这类活动归类为正常工作时间以外的活动，加班和上网就会被认为是避免社交的活动。

事实上，加班和上网对外来工来说都是家常便饭。2006 年的一份报告显示，有 86% 的中国外来工加班（国务院研究室课题组，2006），珠江三角洲地区工厂的外来工平均每月加班超过 100 小时（王比学，2005；程连升，2006）。先是网吧的兴起，然后是智能手机的普及，使得外来工上网更加方便。例如，在珠江三角洲的一项调查显示，外来工平均每月将 1/5 的总支出用于上网（Peng，2008）。在互联网上进行的交流在某种程度上也可以替代来自当地朋友的情感支持（DiMaggio et al.，2003）。我们期望发现，具有早期留守经历的外来工更有可能因无聊而上网和加班，他们对避免社交活动的偏好可以被视为童年留守经历对成年人亲社会性产生长期影响的证据之一。

三　数据与方法

（一）数据

本文所用数据来源于刘林平教授主持的"农民工权益保护理论与实践研究"项目。该数据包括外来工的人口特征、工作情况和消费模式等信息，还包含受访者在不同童年阶段由哪位监护人照顾的信息。基于这些有价值的信息，我们可以推断受访者是否曾经在他们的学前阶段、小学阶段或初中阶段是留守儿童，从而检验童年期留守经历的长期影响。

这项调查于 2010 年完成，收集了长三角和珠三角地区 19 个城市的"大专及以下学历、跨区县流动、被企业或单位正式雇用的外来务工人员"的信息。其中 9 个城市位于珠江三角洲，10 个城市位于长江三角洲，这两个地区都是中国较发达的地区，吸引了数以千万计的流动人口。问卷调查以 2005 年全国 1% 人口抽样调查数据中长三角和珠三角的流动人口数量为依据进行样本分配，以提高样本在性别、行业、输出地和流入地等方面的代表性，共收集有效样本 4152 份，分布在 3264 家不同规模、性质和行业的企业中（刘林平等，2011）。中国自 20 世纪 70 年代末才实施改革开放政策，大量农民开始从农村流动到城市务工，留守儿童随之大量出现并逐步增多，因此问卷仅对1980年及以后出生的2385个样本问询了在各个成长阶段"主要与谁生活在一起"的问题。事实上，1980年后出生的"新生代外来工"已经占中国外来工人口的60%（Ye，2014），所以这一样本可以代表中国的多数外来工。

（二）测量方法

该调查问卷问询了受访者在各个成长阶段"主要与谁生活在一起"的问题，本文据此将高中之前任一阶段主要与父母之外的亲友生活在一起或独自生活的受访者定义为有留守经历者，因无从判断回答"住校"者是否与其父母生活在一起，均按缺失值处理。由此我们建构了四个二分变量，其中三个变量"学前留守、小学留守、初中留守"用来表示受访者是否在小学前、小学期间或初中期间被父母留守在家。如果受访者在高中之前任一阶段被留守，则视为有留守经历（对应的变量为"曾经留守"）。将这些变量作为关键的自变量，我们能够研究儿童留守经历对成年人行为的长期影响。此外，我们还建构了一个0~3的连续变量"留守段数"，用来测量受访者在多少个童年阶段有留守经历。

问卷对受访者在调查当年是否加过班、加班时间、加班原因等做了询问，加班原因有"增加收入、获得升迁的机会、为企业分忧、没其他事干、企业规定必须加班、大家都加班也只好加班、不加班会罚款、其他"这8个选项。这些原因大多可以归类为对经济利益的渴望或来自雇主和同事的压力，但因为下班后没其他事干而加班则可以表示受访者的孤独。基于这一回答，我们建构了用于logit模型的二分变量来测量受访者是否因无事可做而加班。问卷也调查了月收入、月个人消费、月个人文化娱乐消费及其中上网部分的消费等情况，我们计算了每个受访者的上网费用占收入的比例，作为OLS模型的自变量。

（三）分析方法

正如许多学者指出的那样，儿童并不是完全随机被留守的，有和没有留守经历的儿童之间也存在系统性差异（Robson et al. 2008）。因此，倾向值匹配技术在留守儿童的研究中得到了广泛应用，以减少自变量与残差之间未观测到的相关性导致的选择性偏差。如Robson等（2008）按照同样的居住区域、性别、年龄和出生情况等指标来配对选择留守儿童及非留守儿童，以考察留守儿童的照料缺乏及其营养状况。Zhou 等（2014）采用年龄、性别、父母的年龄、受教育程度、家庭兄弟姐妹特征、收入、县市虚拟变量等做了倾向值匹配以分析留守儿童的学习成绩。TomŞA 和 Jenaro（2015）使用匹配抽样方法来研究罗马尼亚留守儿童的情感和反应能力。

匹配方法的基本目标是控制实验组和参照组之间的系统差异。根据问卷所能提供的背景资料，我们选用了性别、年龄组、户口性质（农业、非农业）、老家性质（农村、城镇）作为倾向值的估计指标，使用 SPSS 22.0 自带的 PS Matching 程序，估算了曾经留守、学前留守、小学留守、初中留守的倾向值，并分别生成了匹配后的样本数据。考虑到按照 1∶1 的比例来配对，将损失很多潜在的可以配对的样本，因此，我们根据 Ming 和 Rosenbaum（2000）提出的通常在达到 1∶5 配对时就可以实现最佳平衡性和精确性的结论，在样本允许的条件下，均采用这一比例进行配对，只有在进行是否曾经留守的配对时，由于无留守经历者不到有留守经历者的 5 倍，我们将其调整为 1∶3 配对。倾向值匹配时，选用 logistic 回归法进行倾向值估计，做最近匹配，匹配容差为 0.1。由于多次匹配后的结果会稍有差别，我们对每一组数据的匹配都运行 5 次，然后根据匹配前后的变量差（L1）的值，选择最小者为最终匹配数据。匹配后实验组与参照组数据的差异大幅缩小（L1 值从匹配前的 0.202 ~ 0.228 降至匹配后的 0.024 ~ 0.054）。配对前后相关变量的标准差差异点图（dotplot of standardized *mean differences (Cohen's d) for all covariates before and after matching*）也显示出明显的改善。这表明进行倾向值匹配后的数据可大幅降低样本的选择性偏差。

关于加班的原因或影响因素，Feldman（2002）对相关文献做过回顾，提出了更愿意加班工作的雇员的主要特征：男性、单身或无小孩、在家庭中担任供养角色、缺乏结构化的娱乐爱好。刘林平等（2011）的研究表明，受教育程度越高的农民工越愿意自愿加班，但越不愿意出于经济目的加班，已婚者比未婚者更愿意出于经济目的加班。另据 Beckers 等（2008）对 1612 名具有代表性的荷兰全职雇员样本所做的调查，那些没有获得额外报酬依然自愿加班者往往有着高收入和令人愉快的工作。Lambooij 等（2007）对五家机构的 388 个职员做的 1531 个情景实验表明，在雇主提供过培训、雇员最近被晋升、管理者以往持支持性态度、同事认可加班并有相似行为时，雇员更愿意加班。根据上述关于加班的研究，我们在关于是否因无事干而加班的 logit 回归模型中纳入了以下控制变量：性别、年龄、婚姻状况、受教育程度、是否有孩子、宗教信仰、家乡类型、工种、与谁居住、雇主是否提供技能培训等。我们建构了五个 logit 模型，分别包括以下自变量：学前留守、小学留守、初中留守、曾经留守、留守段数。

采取同样的方式，我们建构了五个 OLS 模型来预测上网费用占收入的比例，每个模型将五个留守变量中的一个作为自变量，控制变量包括年龄、性别、受教育程度、家乡类型、婚姻状况、宗教信仰、工种、与谁居住及同乡镇班组工友密度。因为据前人的研究，性别和收入对上网的影响最大（Bonfadelli, 2002）；Morahan-Martin（1999）则发现，女大学生更少上网，每次上网的时间也更短，上网的用途也比男大学生少；一项在中国和英国进行的跨国研究表明，男生更有可能在网上聊天和玩游戏（Li and Kirkup, 2007）；Peng（2008）的研究发现，白领外来工（尽管他们的平均收入更高）在上网方面比蓝领外来工花费更少。

分析所用的主要变量的描述性统计分析见表 1。

表 1 主要变量的描述性统计分析（$N = 1960$）

离散变量	比例（%）	离散变量	比例（%）
男性	49.4	受教育程度	
在婚	31.6	小学及以下	0.066
有小孩	25.2	初中	0.417
来自农村	92.8	高中	0.173
有宗教信仰	18.8	中专/技校	0.184
童年各阶段留守比例		大专	0.160
学前留守	11.4	企业提供过正规技能培训	0.351
小学留守	12.5	因无事干而加班	0.091
初中留守	15.7		
曾经留守	22.6		
连续变量	均值	中位数	标准差
年龄（岁）	23.5	23	3.6
上月加班小时数（小时）	44.1	35	39.9

续表

连续变量	均值	中位数	标准差
月收入（元）	1158.7	1000	632.5
月个人消费（元）	967.5	830	624.9
月个人文化娱乐消费（元）	64.7	12	127.2
月个人上网消费（元）	29.0	0	46.9

注：部分个案由于住校等原因被赋值为缺失，导致这里描述统计的个案数少于2385个。

四 分析结果

（一）留守经历与加班

加班是当代工业国家的一个普遍现象。Pascal 和 Damien（2001）发现，大约20%的欧洲职员每周工作45小时或更多，大约13%的全职工作者每周工作超过50小时。在美国，长时间工作也很普遍：超过1/4的美国男性和11%的美国女性每周工作超过50小时（Jacobs and Gerson, 2004; Caruso, 2006）。此外，超常加班工作的现象在韩国、日本很流行，许多职员每周工作超过60小时（Beckers et al., 2008）。然而，我们的数据显示，有无留守经历者的加班时间没有明显差异（分别为平均每月45小时和43.6小时）。虽然加班时间长短在有无童年留守经历的人群中没有显著差异，但却影响了外来工加班的原因。有留守经历外来工因无事干而加班的比例为13.7%，而无留守经历者的比例仅为7.8%。

对外来工是否因无事干而加班的5个 logit 回归模型分析结果（原文表2，此处限于篇幅未展示）显示，有留守经历者因无事干而加班的可能性显著较高（模型4留守变量的 OR 值为 $e^{0.513}=1.67$）。对学前、小学、初中是否留守进行进一步的分析，发现初中留守经历的影响相对更大（模型3留守变量的 OR 值为 $e^{0.715}=2.04$），小学留守经历也很显著（模型2留守变量的 OR 值为 $e^{0.564}=1.76$），而学前留守经历的影响不显著（模型1），留守段数的影响边缘显著（模型5）。

（二）留守经历与上网行为

在智能手机为外来工提供移动互联网服务之前，网吧是他们上网的主要场所（Law and Peng, 2006；Peng and Choi, 2013），因此在流动人口聚集的区域网吧众多。例如，在深圳，从2005年到2006年的短短一年间，正规网吧的数量就从314家增加到1000多家。上网的价格则从每小时2.5元到4元不等，这是大多数流动工人可以付得起的价格（Peng, 2008）。很明显，上网已经成为外来工中最受欢迎的娱乐活动之一，与其他需要多人参与的娱乐活动不同，上网可以独自完成。因此，我们特别关注外来工的上网模式，希望它能反映受访者的社交退缩或孤独。问卷数据显示，外来工的月平均收入为1158.7元，月平均个人消费为967.5元，其中64.7元用于文化娱乐消费，而上网消费均值为29.0元，占月个人文化娱乐消费均值的44.8%，占月平均收入的2.50%（见表1）。与无留守经历者相比较，有任何阶段留守经历的外来工的上网消费占比更高。

OLS回归分析表明，与无留守经历外来工相比较，有留守经历外来工的上网消费占收入比高出0.352%（原文表3模型4，此处未展示），有学前留守经历、初中留守经历者则分别高出0.543%和0.426%，小学留守经历的影响不显著。留守段数也有显著影响，多一段留守经历，则上网消费占收入比高出0.185%（原文表3模型5，此处未展示）。

五　总结与结论

在本研究中，我们考察了童年期留守经历对长三角与珠三角地区外来工行为的长期影响。通过两组回归模型，我们证明了不同时期的留守经历对成年后可支配时间的影响是不同的：有初中留守经历的外来工更可能因无事干而加班，并倾向于将更高比例的收入用于上网消费；小学留守经历只对因无事干而加班有显著影响，学前留守经历只对上网消费占收入比有显著影响。此外，童年期的留守段数越多，就越可能因无事干而加班，也会在上网方面花费更高比例的收入。这些发现表明，早期有留守经历者更倾向于较少参与面对面社交接触的活动。

童年后期的留守经历对加班原因和上网消费倾向有着更为一致而显著的影响，这表明童年留守经历的不良影响可能会随着时间的推移而消减。上网消费占收入比例与学前留守经历有显著关联但与小学留守经历的关联不显著，这与依恋理论及神经生物学研究提出的发育敏感期的观点相呼应。此外，我们的数据分析还显示，除了留守的时间段，留守经历的持续时间也与长期影响的强度有着显著关联。

以往关于留守经历的研究很少考察其长期影响，因为它既需要了解受访者的童年经历，也需要掌握受访者目前的信息。本研究以包含这两个方面信息的问卷数据，考察了童年期留守经历对成年后行为的长期影响。此外，本研究并没有采用以往研究中广泛使用的心理量表，而是采用多种外部行为变量来测量童年不利处境的长期影响，从而将留守经历与加班行为及上网行为联系起来。外来工的网络使用越来越受到学者的关注，但大多数研究关注的是网络使用的效应，如外来工如何使用网络促进求职、网络上瘾如何影响网民生活等。我们的研究通过探讨早期经历如何塑造成年后的互联网使用模式，对这一领域做出了拓展。

不过，由于中国的留守儿童自 20 世纪 80 年代以来才大规模出现，到调查实施时的 2010 年，他们这一代人的最大年龄也只有 30 岁，因此，留守经历在更长人生历程中的影响，仍有待今后做进一步的追踪研究。

参考文献

陈孜、卢溪、向骢、陆阳、杨曦，2012，《早期留守经历对大学生人格的影响》，《中国健康心理学杂志》第 7 期。

程连升，2006，《超时加班与就业困难——1991—2005 年中国经济就业弹性下降分析》，《中国经济史研究》第 4 期。

段成荣、赖妙华、秦敏，2017，《21 世纪以来我国农村留守儿童变动趋势研究》，《中国青年研究》第 6 期。

段成荣、周福林，2005，《我国留守儿童状况研究》，《人口研究》第 1 期。

国家卫生健康委员会编，2018，《中国流动人口发展报告 2018》，中国人口出版社。

国务院研究室课题组，2006，《中国农民工调研报告》，中国言实出版社。

纪韶，2016，《留守经历影响新生代农民工就业质量》，《人民论坛》第 18 期。

李梦龙、任玉嘉、蒋芬，2019，《中国农村留守儿童社交焦虑状况的 meta 分析》，《中国心理卫生杂志》第 11 期。

李晓敏、罗静、高文斌、袁婧，2009，《有留守经历大学生的负性情绪、应对方式、自尊水平及人际关系研究》，《中国临床心理学杂志》第 5 期。

梁宏，2011，《生命历程视角下的"流动"与"留守"——第二代农民工特征的对比分析》，《人口研究》第 4 期。

刘林平、郑广怀、孙中伟，2011，《劳动权益与精神健康——基于对长三角和珠三角外来工的问卷调查》,《社会学研究》第 4 期。

刘志军,2020,《留守儿童情绪创伤的决定因素及其消减——基于个案访谈的回溯研究》,《甘肃行政学院学报》第 4 期。

刘志军,2019,《留守经历与精神健康——基于 80 后外来工的实证分析》,《中国农业大学学报》(社会科学版) 第 1 期。

刘志军,2018,《童年期留守经历的情感补偿与代际效应》,《浙江大学学报》(人文社会科学版) 第 5 期。

刘志军、徐芳,2020,《留守经历与社交困难——基于新生代外来工的实证分析》,《社会发展研究》第 3 期。

吕利丹,2014,《从"留守儿童"到"新生代农民工"——高中学龄农村留守儿童学业终止及影响研究》,《人口研究》第 1 期。

毛文琳、陈永峥、陈芳,2010,《城市建筑业农民工闲暇生活堪忧——对嘉兴市建筑业农民工闲暇生活的调查与思考》,《农村工作通讯》第 17 期。

全国妇联课题组,2013,《全国农村留守儿童、城乡流动儿童状况研究报告》,《中国妇运》第 6 期。

汪建华、黄斌欢,2014,《留守经历与新工人的工作流动——农民工生产体制如何使自身面临困境》,《社会》第 5 期。

王比学,2005,《其实我并不想加班——关注职工休息权》,《人民日报》11 月 30 日。

温义媛,2009,《"留守经历"对大学生人格特质的影响》,《赣南师范学院学报》第 4 期。

谢东虹,2016a,《留守经历对新生代农民工工作流动的影响——基于 2015 年北京市数据的实证检验》,《南方人口》第 3 期。

谢东虹,2016b,《留守经历对新生代农民工居留意愿的影响》,《广西社会科学》第 7 期。

杨玲、龚良运、杨小青,2016,《社交焦虑与缺陷感的关系研究——以有留守经历的大学生为例》,《教育导刊》第 4 期。

姚远、张顺,2018,《持久的"心灵烙印":留守时间如何影响青年早期的主观福祉》,《青年研究》第 3 期。

张莉华,2006,《具有"留守经历"大学生的心理分析》,《当代青年研究》第 12 期。

Adams, J. C. 2000. "Integrating Children into Families Separated by Migration: A Caribbean-American Case Study." *Journal of Social Distress and the Homeless* 9: 19 – 27.

Antman, F. 2012. "Gender, Educational Attainment, and the Impact of Parental Migration on Children Left behind." *Journal of Population Economics* 4: 1187 – 1214.

Beckers, D. G. J., D. van der Linden, P. G. W. Smulders, M. A. J. Kompier, T. W. Taris, and S. A. E. Geurts. 2008. "Voluntary or Involuntary? Control over Overtime and Rewards for Overtime in Relation to Fatigue and Work Satisfaction." *Work & Stress* 22 (1): 33 – 50.

Blank, L. 2007. "Situational Analysis of Children and Women in the Eastern Caribbean." Accessed January 08, 2017. from http://www.unicef.org/barbados/cao _ unicefeco _ sitan.pdf.

Bonfadelli, H. 2002. "The Internet and Knowledge Gaps: A Theoretical and Empirical Investigation." *European Journal of Communication* 1: 65 – 84.

Bowlby, J. 1982. "Attachment and Loss: Retrospect and Prospect." *American Journal of Orthopsychiatry* 4: 664 – 678.

Carlson, M. J. and M. E. Corcoran. 2001. "Family Structure and Children's Behavioral and Cognitive Outcomes." *Journal of Marriage and Family* 3: 779 – 792.

Caruso, C. C. 2006. "Possible Broad Impacts of Long Work Hours." *Industrial Health* 44: 531 – 536.

Crawford-Brown, C. 1997. "The Impact of Parent-Child Socialization on the Development of Conduct Disorder in Jamaican Male Adolescents." In *Caribbean Families: Diversity among Ethnic Groups*, edited by J. L. Roopnarine and J. Brown, pp. 205 – 222. Greenwich, CN: Ablex Pubhshing.

Cross, D., N. Fani, A. P. Lott, and B. Bradley. 2017. "Neurobiological Development in the Context of Childhood Trauma." *Clinical Psychology: Science & Practice* 24 (2): 111 – 124.

Davis, J. and N. Brazil. 2016. "Migration, Remittances and Nutrition Outcomes of Left-behind Children: A National-Level Quantitative Assessment of Guatemala." *PLoS ONE* 3: 1 – 17.

Dillon, M. and C. A. Walsh. 2012. "Left behind: The Experiences of Children of the Caribbean Whose Parents Have Migrated." *Journal of Comparative Family Studies* 6: 871 – 902.

DiMaggio, P., E. Hargittai, C. Celeste, and S. Shafer. 2003. "From Unequal Access to Differentiated Use: A Literature Review and Agenda for Research on Digital Inequality." Accessed January 10, 2017. from http://socinfogroup2.pbworks.com/w/file/fetch/41364119/fromunequalaccesstodifferentiateduse.pdf.

Dunn, E. C., K. Nishimi, A. Powers, and B. Bradley. 2017. "Is Developmental Timing of Trauma Exposure Associated with Depressive and Post-Traumatic Stress Disorder Symptoms in Adulthood?" *Journal of Psychiatric Research* 84: 119 – 127.

Fan, F., L. Su, M. K. Gill, and B. Birmaher. 2010. "Emotional and Behavioral Problems of Chinese Left-behind Children: A Preliminary Study." *Social Psychiatry & Psychiatric Epidemiology* 45: 655 – 664.

Feldman, Daniel C. 2002. "Managers' Propensity to Work Longer Hours: A Multilevel Analysis." *Human Resource Management Review* 3: 339-357.

Felitti, V. J., R. F. Anda, D. Nordenberg, D. F. Williamson, A. M. Spitz, V. Edwards, M. P. Koss, and J. S. Marks. 1998. "Relationship of Childhood Abuse and Household Dysfunction to Many of the Leading Causes of Death in Adults: The Adverse Childhood Experiences (ACE) Study." *American Journal of Preventive Medicine* 14 (4): 245-258.

Fellmeth, G, K. Rose-Clarke, et al. 2018. "Health Impacts of Parental Migration on Left-behind Children and Adolescents: A Systematic Review and Meta-Analysis." *The Lancet* 392 (10164): 2567-2582.

Ferraro, K. F., M. H. Schafer, and L. R. Wilkinson. 2016. "Childhood Disadvantage and Health Problems in Middle and Later Life: Early Imprints on Physical Health?" *American Sociological Review* 1: 107-133.

Ferraro, K. F., T. Shippee, and M. Schafe. 2009. "Cumulative Inequality Theory for Research on Aging and the Life Course." In *Handbook of Theories of Aging* (2nd ed.), edited by V. L. Bengtson, D. Gans, N. Putney and M. Silverstein, pp. 413-33. New York: Springer Publishing Company.

Graham, E. and L. P. Jordan. 2011. "Migrant Parents and the Psychological Well-Being of Left-behind Children in Southeast Asia." *Journal of Marriage & Family* 4: 763-787.

Grossmann, K. E., K. Grossmann, and E. Waters. 2006. *Attachment from Infancy to Adulthood: The Major Longitudinal Studies.* New York, NY: Guilford Press.

Hietanen, H., M. Aartsen, N. Kiuru, T. M. Lyyra, and S. Read. 2016. "Social Engagement from Childhood to Middle Age and the Effect of Childhood Socio-Economic Status on Middle Age Social Engagement: Results from the National Child Development Study." *Ageing & Society* 36 (3): 482-507.

Jacobs, J. A. and K. Gerson. 2004. *The Time Divide: Work, Family, and Gender Inequality.* Cambridge, MA: Harvard University Press.

Janson, S. 2014. "Children Left behind." *Acta Paediatrica* 6: 572-573.

Jia, Z., L. Shi, Y. Cao, J. Delancey, and W. Tian. 2010. "Health-Related Quality of Life of 'Left-behind Children': A Cross-Sectional Survey in Rural China." *Quality of Life Research* 19 (6): 775-780.

Lambooij, M., A. Flache, K. Sanders, and J. Siegers. 2007. "Encouraging Employees to Co-Operate: The Effects of Sponsored Training and Promotion Practices on Employees' Willingness to Work Overtime." *International Journal of Human Resource Management* 10: 1748-1767.

Lara, J. 2015. "International Migration and Human Capital in Mexico: Networks or Parental Absence." *International Journal of Educational Development* 41: 131 – 142.

Law, P. L. and Y. N. Peng. 2006. "The Use of Cellphone amongst Migrant Workers in Southern China." In *New Technologies in Global Societies*, edited by P. L. Law, L. Foutunati and S. H. Yang, pp. 245 – 258. Singapore: World Scientific.

Lee, D. and S. McLanahan. 2015. "Family Structure Transitions and Child Development." *American Sociological Review* 4: 738 – 763.

Liang, Z. 2016. "China's Great Migration and the Prospects of a More Integrated Society." *Annual Review of Sociology* 42: 451 – 471.

Li, N. and G. Kirkup. 2007. "Gender and Cultural Differences in Internet Use: A Study of China and the UK." *Computers & Education* 2: 301 – 317.

Ling, H., E. Fu, and J. Zhang. 2015. "Effects of Separation Age and Separation Duration among Left-Behind Children in China." *Social Behavior & Personality* 43 (2): 241 – 253.

Miller, G. E., E. Chen, and K. J. Parker. 2011. "Psychological Stress in Childhood and Susceptibility to the Chronic Diseases of Aging: Moving toward a Model of Behavioral and Biological Mechanisms." *Psychological Bulletin* 6: 959 – 997.

Ming, K. and P. Rosenbaum. 2000. "Substantial Gains in Bias Reduction from Matching with a Variable Number of Controls." *Biometrics* 56: 118 – 124.

Morahan-Martin, J. 1999. "Women and Internet: Promise and Perils." *Cyber Psychology & Behavior* 5: 683 – 696.

Pascal, P. and M. Damien. 2001. *Third European Survey on Working Conditions* 2000. Luxemburg: European Foundation for the Improvement of Living and Working Conditions.

Peng, Y. and S. Choi. 2013. "Mobile Phone Use among Migrant Factory Workers in South China: Technologies of Power and Resistance." *The China Quarterly* 215: 553 – 571.

Peng, Y. 2008. "Internet Use of Migrant Workers in the Pearl River Delta." *Knowledge, Technology & Policy* 2: 47 – 54.

Qu, Z. and Z. Zhou. 2003. "Educational Attainment of Floating Population." *Scientific Seminar of Census* 5: 457 – 467.

Robson, M., J. Luo, and X. Peng, et al. 2008. "The Status of Care and Nutrition of 774 Left-behind Children in Rural Areas in China." *Public Health Reports* 123 (3): 382 – 389.

Smith, K. and N. Christakis. 2008. "Social Networks and Health." *Annual Review of Sociology* 34: 405 – 418.

TomŞA, R. and C. Jenaro. 2015. "Children Left behind in Romania: Anxiety and Predictor

Variables." *Psychological Reports* 2: 485 - 512.

Yang, L., L. Gong, et al. 2016. "Relationship between Social Anxiety and Feeling of Inadequacy: A Case Study of Undergraduates with Left-behind Experiences." *Journal of Educational Development* 4: 44 - 47.

Ye, Ling. 2014. "Study on the Influential Factors of Peasant Workers' Leisure Time." *Communication of Vocational Education* 34: 42 - 46.

Zhang, N., L. Bécares, and T. Chandola. 2015. "Does the Timing of Parental Migration Matter for Child Growth? A Life Course Study on Left-behind Children in Rural China." *BMC Public Health* 15: 1 - 12.

Zhao, C., F. Wang, L. Li, X. Zhou, and T. Hesketh. 2017. "Long-Term Impacts of Parental Migration on Chinese Children's Psychosocial Well-Being: Mitigating and Exacerbating Factors." *Social Psychiatry Psychiatr Epidemiology* 52: 669 - 677.

Zhao, X., J. Chen, M. Chen, X. Lv, Y. Jiang, and Y. Sun. 2014. "Left-behind Children in Rural China Experience Higher Levels of Anxiety and Poorer Living Conditions." *Acta Paediatrica*1 103 (6): 665 - 670.

Zhou, M., R. Murphy, and R. Tao. 2014. "Effects of Parents' Migration on the Education of Children Left behind in Rural China." *Population and Development Review* 40 (2): 273 - 292.

父母外出对子女教育和健康状况的长期影响

一 研究背景

Ferraro、Schafer 和 Wilkinson 于 2016 年在《美国社会学评论》发表文章指出,"生命历程理论"(life course approach)正被越来越多地用于各种问题的研究,比如教育、社会经济指标、健康与死亡。对生命历程理论的关注也并不仅仅局限于社会学界。2006 年,诺贝尔经济学奖获得者 James Heckman 指出童年时期的经历会影响成年后人们的教育和职业成就,而对于处于社会弱势地位的家庭的儿童尤其如此。生命历程理论关注生命早期(也就是童年时期)的优势或者劣势如何影响后续发展(比如升学、婚姻、工作)。然而,目前采用这个视角来关注父母外出对留守儿童影响的研究还不多。虽然童年时期遭受的创伤或压力会马上反映在儿童当下的情绪和学业上,但是了解这些事件对儿童以后生活的影响也是至关重要的:如果有足够的证据表明这些事件有长期影响,我们就可以通过调整相关政策来尽可能地消除这些影响。

尽管有研究表明留守经历会对儿童当下的健康和学业产生一些消极影响(困扰),但是关于儿童发展的文献显示,这些儿童有可能可以克服这些消极影响(Mayer, 2009),在之后人生的各个方面(教育、事业和健康)也不输于其他人。由此产生了两个研究问题,那就是:留守经历带来的消极影响究竟会持续多久?留守经历究竟会不会影响留守儿童成年之后的生活?显然,本研究和之前只关注当下的研究是十分不同的,其发现具有深刻的政策层面的意义。

本文利用一项针对成年民工的特殊调查，研究早期的生活/留守经历如何对他们的教育和健康状况产生影响。我们先对现有文献中关于生命历程理论的讨论进行了梳理。之后我们利用打工者调查数据，研究"80后"的成年民工在小学前、小学时和初中时的留守经历对其成年后（在问卷调查时期）的受教育程度、自评健康和精神健康等三个指标的影响。研究结果揭示了留守经历给教育和健康带来的显著消极影响。

（一）生命历程中的累积不平等

社会学家 Glen Elder（1998）提出，"个人的各种不同的发展路径是所谓'生命历程'的基本组成部分"。Mayer（2009）则大致描绘了四种生命历程理论的元素。第一，生命中前期发生的事情会对之后的生活产生强大的影响。第二，对于人生变化的研究应当在不同辈的人群中进行。第三，对于人生变化的研究应当在不同主题中进行，比如工作和家庭。第四，生命历程的发展不仅是个人特质的结果，也是文化框架和结构性因素的结果（比如大型社会变动）。

Elder 的一项研究是运用生命历程范式的经典例子。他于 1974 年针对一群经历了美国"大萧条"时期的人们进行了研究。他发现"大萧条"对来自不同社会背景的人的影响是不同的。相较于来自中产阶级家庭的人，来自社会底层家庭的青少年会变得更加独立自主、脱离家庭和父母。这些差异在其他方面表现得更为明显，比如来自中产阶级家庭的孩子在心理调节能力上比来自底层家庭的孩子要更强。Elder 的研究表明大型的社会变革会对人们后期的人生产生显著影响。

根据生命历程理论，Zhou 和 Hou（1999）系统地研究了中国"文化大革命"如何影响经历者的人生。他们特别关注城市青年"下乡"的影响。研究结果同样令人惊讶。下过乡的女性在工作中比没有下过乡的女性有更高的工资。来自不同社会背景的人们有同样的机会下乡，并且下过乡的人更可能考上大学。Zhou 和 Hou（1999）认为，年少下乡的经历可能会培养一种特殊的人生观、坚毅的品格和敢于把握机遇的生活态度。

近年来，一些社会学家在累积优势/劣势理论上提出了一些新的观点。累积优势/劣势理论是由 Blau 和 Duncan（1967）在他们经典的社会分层研究中提出的：即早期或者前期人生阶段的不同境遇会对之后的人生产生长期的影响。DiPrete 和 Eirich（2006）用这个理论来研究成长于单亲家庭和双亲家庭对人生后面的社会经济地位的影响，这对于我们研究父母外出务工造成的家庭结构变化对留守儿童的影响是十分有借鉴意义的。在另一个研究中，Merton（1968）观察到已经在领域内有所建树的科学家比起没有建树的科学家会获得更多的机会和成就。他将这个现象称为"马太效应"。这种"赢家通吃""成王败寇"的概念在劣势上也是一样的逻辑。Ferraro 和 Kelley-Moore（2003）指出，在童年时期，或者说在人生早期经历了更多坎坷和不平的人们在之后的人生里也面临更多的疾病、贫穷和不幸。他们认为，"早期的优势和劣势在人生中起到的作用是至关重要的"。

一些西方文献研究印证了童年时期逆境的长期影响。Case 等（2005）发现在贫穷家庭出生的人比他们的同辈在童年时期有更多的健康问题，在中年时期的收入也更低。Hayward 和 Gorman（2004）也发现男性的死亡率与童年的家境条件和家庭居住结构有关，这也给我们的研究提供了理论依据。

（二）父母外出的短期影响和长期影响

现有研究运用单一年份的截面数据或针对童年时期的追踪数据关注父母外出对孩子教育和健康的影响，发现农村的留守儿童比非留守儿童成绩更差（Liang，2016）。如果小学时期成绩不好，之后去好中学的机会就会减少，也会更难考上大学。对健康的影响也是一样的逻辑。因为大量研究都显示留守儿童的境况是比较困难的，我们猜想留守经历对儿童在教育和健康上的这些消极影响也会持续到他们成年。

生命历程理论为本文提供了重要的理论支持。首先，我们认为父母外出对孩子童年时期的影响会一直持续，影响他们成年后的社会经济地位的获得。累积劣势理论显示父母外出造成的孩子在小学时期的不良成绩会影响之后在中学时期的成绩，并最终影响升学。其次，生命历程理论关注人生不同的领域，比如工作、健康、婚姻等。而本研究关注教育和健康两大重要领域。最后，中国的城乡移民造成了 2 亿名民工离开家乡到城市工作，这一巨大的社会变迁为许多人提供了向上流动的人生机遇，却也带来了许多消极影响（比如留守儿童问题）（Yue et al.，2020）。

一些研究发现父母外出对儿童的教育和健康有显著影响。这些影响可以持续很多年，并且父母的不同种类和不同时间的外出造成的影响是不同的（Liang，2016；Lu，2012）。研究父母外出影响的一个重大挑战是这些影响中既有积极影响也有消极影响。一方面，父母外出务工基本都是出于增加家庭收入的考量，而增加家庭收入对于提高孩子的学习成绩和健康水平都是有作用的（Stark and Bloom，1985）。从这个角度考虑，父母外出的汇款会使留守儿童获益。另一方面，与父母分离、缺少父母的监管则会让留守儿童疏于学业（Robles and Oropesa，2011）、健康状况较差，并产生焦虑或抑郁等心理问题（Shi et al.，2016）。

当父母双方都离开家庭的时候，孩子通常会被祖父母或者其他亲戚监护（Lu，2012；Ye and Murray，2005），这些监护可能会至少消除一部分父母外出所带来的不良影响（Lu，2012；Falbo，1991）。在中国农村，哥哥姐姐负责监护弟弟妹妹也是很常见的（Lu，2012）。根据之前提到的不同家庭结构对儿童行为产生不同影响的研究，不同的家庭背景也会对留守儿童产生不同的影响。另外，留守经历的时间，也就是父母外出时的年龄，也起到一定的作用。Lu（2012）发现父母外出对于更年幼的孩子来说影响更大，但外出务工的汇款则会增加教育投入，对在上中学的留守儿童十分有利。家庭居住情况的变化也会对孩子产生影响，如果较为稳定，留守儿童也会更适应（Lu，2012）。所以留守经历的不同种类和不同时间也是需要考虑的重要因素。我们认为留守经历的长期影响可能会因留守时期不同的家庭居住情况（比如谁来照看这些儿童）而不同。留守儿童可能与祖父母/外祖父母（这也是最常见的情况）一起居住，也可能与其他亲戚一起居住或者住校。

二 研究数据和方法

本文的研究地点在经济较为发达、吸引了大量流动人口的主要流动人口接受地珠三角和长三角。我国在这两个地区的流动人口占35.4%，而跨省流动人口占流动人口的50%以上（Liang et al.，2014）。所以这两个地区的流动人口基本可以反映全国其他地区的情况。本研究用的数据来自2010年7~8月在珠三角和长三角进行的大型流动人口调查。这个调查主要针对跨县（区）域流动的人口。调查一共收集了4152份有效问卷，其中珠三角 2046 份，长三角 2106 份（刘林平等，2011a）。本研究集中于 2385 个 1980 年之后出生并提供了成长时期留守经历信息的受访者。这个调查的一个重大贡献是可以用来研究留守经历的长期影响，因为受访者会提供回忆中的成长经历的信息，也就是在特定阶段和什么人一起居住。

本文的因变量是教育、自评健康和精神健康。考虑到民工一般受教育程度较低，我们用"是否有中专及以上学历"来作为分界点，将受访者分为有中专及以上学历和中专以下学历。第二个因变量是自评健康，分为"非常好"、"好"、"一般"、"不好"和"非常不好"五类。第三个因变量是精神健康，采用 Goldberg 在 1978 年设计的问卷，也就是"一般健康调查问卷（GHQ）"来测量。这个问卷由 12 个不同的问题组成，主要关注受访者在两周之内的心理状态。"一般健康调查问卷"在其他国内文献中也多有应用（张杨等，2008；刘林平等，2011b）。每个问题的四个选项"完全没有""与平时一样多""比平时多一些""比平时多很多"分别被赋值 0、0、1、1，然后将 12 个问题得分相加，总和数值，也就是 GHQ 值（连续变量）在 0 到 12 之间。数值越大表示精神健康状况越差。

对于这项研究的关键自变量"留守经历"，我们考虑了很多不同的种类。首先我们将留守经历分为三个时期："小学前""小学时""初中时"。分别在这三个时期，我们又用几个哑变量来区分留守经历的类别："非留守（也就是与父母生活）""与祖父母/外祖父母生活""与其他亲友（比如哥哥姐姐或者其他堂表亲）生活（或者自己独居）"。在初中时期，我们加入了一个新的组别"住校"。

根据之前的文献，我们也加入了其他一些重要的控制变量，包括年龄、性别、受教育年限、朋友数量、外出时长、户口类别（是否有农村户口）、婚姻状况["无配偶（单身或离异）""配偶同城""配偶异地"]、地区（东部、中部和西部），以及居住地位置（市区、郊区、县城或镇、农村）。

我们对不同的因变量采用不同的模型。对受教育程度（是否有中专及以上学历）用二元 logistic 回归模型；对自评健康用有序 logistic 回归模型；而对测量精神健康的 GHQ 值则用 Ordinary Least Square（OLS）线性回归模型。同时，我们也考虑到了选择性偏差问题，即不同人群被留守在家的可能性是不同的。我们用倾向平分加权回归（Inverse Probability Treatment Weighting，IPTW）的方法来解决这个问题。我们考虑的因素有年龄、性别、地区和地区的一些基本特性（农村人口比例、人均地区生产总值和就业率）。

三 统计分析结果

限于篇幅，此处未展示描述性统计结果，描述性结果显示，样本中的民工都比较年轻，平均年龄在 24 岁左右，平均受教育年限是 10 年，可见他们中的大多数都没有读完高中。大约 88% 的人都没有留守经历。从调查中的留守经历发生的时间距离调查时点的年限可以看出，受访者们的小学前留守经历距调查时点已经过去了 18 年，小学时留守经历则已经过去了 13 年。这些有关十余年前生活的信息数据对于我们研究留守经历的长期影响是相当理想的。

表 1 展示了关于受教育程度（是否有中专及以上学历）的模型结果。我们发现有农村户口的受访者上中专的机会显著减少，这一结果反映了中国城乡的教育差异。模型结果也反映了地区差异：来自西部地区的受访者比来自东部地区的受访者上中专的机会更少。最重要的是，我们发现比起非留守的受访者，在小学时与祖父母/外祖父母生活（留守）的受访者上中专的机会显著降低。而模型 2 发现在初中时住校的受访者有中专及以上学历的机会显著增加。有两个研究也展示了住校对升学的积极影响。马欣仪等（2013）发现小学时期住校的学生比走读的学生成绩更好。刘海燕（2010）也指出农村的寄宿中学可以显著增强学生在学业上的自我效能感。

表 2 展示了关于自评健康的模型。我们发现在小学时与其他亲友生活的受访者相比于与父母生活的受访者身体健康状况更不好（模型 3）。最后，表 3 的模型结果显示在小学时与其他亲友生活的受访者比非留守受访者精神健康更不好，他们的 GHQ 值要高出 1.143 个单位。

表 1 是否有中专及以上学历的二元 logistic 回归模型结果
（基于 2010 年珠三角、长三角流动人口调查）

变量	模型 1 系数	模型 1 P 值	模型 1 95% 置信区间	模型 2 系数	模型 2 P 值	模型 2 95% 置信区间
年龄	−0.033	0.340	[−0.100, 0.035]	0.007	0.772	[−0.040, 0.053]
女性	−0.357	0.129	[−0.818, 0.104]	−0.201	0.206	[−0.512, 0.110]
农村户口	−1.337	0.000	[−2.022, −0.652]	−1.284	0.000	[−1.746, −0.821]
在目前工作的城市上过学	−1.302	0.106	[−2.880, 0.276]	−0.184	0.618	[−0.909, 0.540]
东部（参照组）						
中部	−0.316	0.248	[−0.851, 0.219]	−0.308	0.084	[−0.657, 0.041]
西部	−0.831	0.014	[−1.492, −0.169]	−0.792	0.000	[−1.199, −0.384]
市区（参照组）						
郊区	0.313	0.730	[−1.467, 2.093]	−0.875	0.105	[−1.932, 0.182]
县城或镇	0.048	0.936	[−1.131, 1.228]	−0.347	0.468	[−1.284, 0.590]
农村	0.067	0.914	[−1.151, 1.285]	−0.398	0.388	[−1.301, 0.506]
非留守（参照组）						
留守经历						
小学时与祖父母/外祖父母生活	−0.427	0.014	[−0.769, −0.085]			
小学时与其他亲友生活	−0.266	0.502	[−1.045, 0.512]			
初中时与祖父母/外祖父母生活				−0.095	0.655	[−0.510, 0.321]

续表

变量	模型 1			模型 2		
	系数	P 值	95%置信区间	系数	P 值	95%置信区间
初中时与其他亲友生活				-0.172	0.526	[-0.704, 0.360]
初中时住校				0.494	0.000	[0.237, 0.751]
Constant	1.714	0.096	[-0.303, 3.730]	1.043	0.172	[-0.455, 2.542]
Pseudo R^2	0.067			0.075		
样本量	2307			2229		

表2 自评健康的有序 logistic 回归模型（基于 2010 年珠三角、长三角流动人口调查）

变量	模型 3 系数	P 值	95% 置信区间
年龄	0.042	0.617	[-0.124, 0.208]
女性	-0.590	0.003	[-0.985, -0.195]
受教育年限	0.028	0.624	[-0.083, 0.138]
外出时长（年）	-0.064	0.412	[-0.218, 0.089]
朋友数量	0.029	0.013	[0.006, 0.051]
配偶同城（参照组）			
无配偶（单身或离异）	-0.380	0.136	[-0.880, 0.120]
配偶异地	-0.406	0.338	[-1.237, 0.425]
东部（参照组）			
中部	0.260	0.291	[-0.222, 0.742]
西部	-0.064	0.783	[-0.524, 0.395]
市区（参照组）			
郊区	-1.230	0.164	[-2.961, 0.501]
县城或镇	0.495	0.173	[-0.218, 1.207]
农村	0.167	0.564	[-0.400, 0.734]
非留守（参照组）			
留守经历			
小学时与祖父母/外祖父母生活	-0.107	0.456	[-0.389, 0.175]
小学时与其他亲友生活	-0.906	0.009	[-1.584, -0.227]
Constant cut$_1$	-3.390		[-6.552, -0.227]
Constant cut$_2$	-2.122		[-4.865, 0.621]
Constant cut$_3$	0.154		[-2.495, 2.802]
Constant cut$_4$	2.018		[-0.618, 4.655]
R^2	0.050		
样本量	2279		

表 3　精神健康（GHQ 值）的 OLS 线性回归模型
（基于 2010 年珠三角、长三角流动人口调查）

变量	模型 4 系数	P 值	95% 置信区间
年龄	-0.082	0.083	[-0.175, 0.011]
女性	0.302	0.134	[-0.093, 0.696]
受教育年限	0.066	0.229	[-0.041, 0.173]
外出时长（年）	-0.009	0.773	[-0.071, 0.053]
朋友数量	-0.002	0.912	[-0.036, 0.032]
配偶同城（参照组）			
无配偶（单身或离异）	-0.030	0.926	[-0.670, 0.610]
配偶异地	0.606	0.251	[-0.428, 1.639]
东部（参照组）			
中部	-0.034	0.870	[-0.441, 0.373]
西部	0.493	0.168	[-0.207, 1.193]
市区（参照组）			
郊区	0.192	0.636	[-0.603, 0.988]
县城或镇	0.164	0.565	[-0.395, 0.723]
农村	0.208	0.474	[-0.361, 0.777]
非留守（参照组）			
留守经历			
小学时与祖父母/外祖父母生活	0.033	0.821	[-0.251, 0.317]
小学时与其他亲友生活	1.143	0.016	[0.215, 2.072]
Constant	2.453	0.056	[-0.064, 4.970]
R^2	0.085		
样本量	2233		

四　总结和讨论

近年来对留守儿童这一庞大群体的研究日渐增多。虽然大量结果显示留守儿童会受到父母外出的一些不良影响，但他们也可能凭借自身毅力克服这些困难。最近的经济学、社会学文献则都指出人生早期的逆境或劣势对人生后期的发展影响深远。本文以民工的城乡迁移为背景并基于生命历程理论文献，是对父母外出给孩子带来的长期影响的一个突破性的研究，具有重要意义。

以珠三角和长三角的民工为受访者，本研究试图揭示他们人生早期（小学前、小学时和初中时）的留守经历对之后人生发展的影响。我们最大的发现是小学时的留守经历影响最大。小学时的留守经历会对受教育程度、自评健康和精神健康产生消极影响。13年前的经历依然能对调查时的人们产生影响，这一点是非常需要学者和政策制定者注意的。小学是一个非常关键的阶段，儿童需要学业上的引导和情感上的依托；而在升入初中之后，孩子们会变得更成熟、能更好地面对生活的压力。在我们对有留守经历的人员的访谈记录中，有一位受访者是初中时期父母离家，他认为这个经历对他影响不大。

> 当时也不算年龄太小，如果是小学的话，缺少父母爱问题可能会比较严重。像我的姐姐，她小学读到一半的时候就回老家了，我认为她多多少少的话会受到一点影响，比如思想观念就和我有点不一样。（外出务工人员 A）

另一位小学时期留守的受访者则表示这段经历对他的影响很大。他说自己会经常害怕独自待在家里，心里会空落落的。他用"可怕"这个词来形容自己的童年，认为自己比别人缺少一些父爱母爱，缺少家庭的温暖。

近年来许多研究关注祖父母/外祖父母在儿童的成长历程中起到的作用。在传统的中国社会，不论乡村或城市，祖父母/外祖父母都会对孩子的童年时期有一定的影响。我们观察到祖父母/外祖父母的监护并不会对孩子之后的身体和精神健康造成消极影响。这说明祖父母/外祖父母可以在儿童父母缺失时提供健康照料和情感支持。然而，被祖父母/外祖父母带大的孩子更难取得中专及以上学历。祖父母/外祖父母的监护实际上对儿童的教育是有长期的消极影响的。Yue 等（2020）通过分析2017年在陕西收集的数据发现被祖父母/外祖父母带大的孩子比被父母带大的孩子受教育年限要大致少4年。对比父母和祖父母/外祖父母的受教育程度我们也发现，有70%的母亲上过中学，78%的父亲上过中学；而只有19%的祖母/外祖母和46%的祖父/外祖父上过中学。这个巨大的受教育程度的差异为我们的发现提供了解释。祖父母/外祖父母可以提供很好的生活照料，但并不一定成为很好的教育者。在陕西对留守儿童的访谈中，一名留守女童也表示尽管受到奶奶生活上的照顾，父母外出还是会影响学习成绩。

乐观的是，我们发现初中时住校的经历会带来更好的教育结果。中国农村的寄宿学校一般在县、镇的中心，会提供基本的床铺和食堂。学生一般工作日在学校里住，周末回家，所以他们能有一周的时间集中精力在学业上，并且还会受到一两个老师的监督（比如作业完成情况、晚上定时查寝熄灯等）。近年来一些比较好的寄宿学校还会在学期结束后的假期为学生提供额外的学习课程。这种更加制度化的学习环境可以提高学生的升学率。我们也没有发现住校会对学生的精神健康产生消极影响。

我们的发现有两个重要的政策意义。第一，我们发现在小学时期因父母外出而留守的儿童在三个重要的人生方面（教育、自评健康和精神健康）上都有更差的表现。第二，我们也发现住校经历有一定的积极作用，这对于一部分留守儿童来说可能会是一个比较好的选择。

本研究也有一些局限性。首先，我们的研究只针对珠三角和长三角，而且可以外出打工的民工和留在家乡务农的同辈人相比各方面条件都会更好一些。一些留守儿童长大后可能只能留在家乡工作甚至务农，而他们的受教育程度和健康状况应该更差。所以我们的研究从某种程度上来说可能低估了留守经历的消极影响。尽管我们考虑到了选择性偏差和一些无法被控制的变量，但本研究展现的依然只是留守经历与后续人生发展的关联，而不能说是因果关系，虽然生命历程理论显示这很有可能是一个因果关系。未来的研究可以利用更高质量的数据去印证。尽管不能证明因果关系，但我们发现的十余年前的留守经历与人生发展的显著关联也足以提醒决策者们要关注留守儿童问题，尽可能地使留守儿童与在城市打工的父母团聚。

参考文献

刘海燕，2010，《农村寄宿制中学留守儿童学习自我效能感及其影响因素》，硕士学位论文，浙江大学。

刘林平、雍昕、舒玢玢，2011a，《劳动权益的地区差异——基于对珠三角和长三角地区外来工的问卷调查》，《中国社会科学》第 2 期。

刘林平、郑广怀、孙中伟，2011b，《劳动权益与精神健康——基于对长三角和珠三角外来工的问卷调查》,《社会学研究》第 4 期。

马欣仪、凌辉、李新利、王梦怡,2013,《寄宿与非寄宿小学生学习适应性、心理健康与学业成绩比较》,《中国临床心理学杂志》第 3 期。

张杨、崔利军、栗克清、江琴普、孙秀丽、高良会、韩彦超、李建峰、刘永桥、严保平、吕华、杨保丽,2008,《增补后的一般健康问卷在精神疾病流行病学调查中的应用》,《中国心理卫生杂志》第 3 期。

Blau, Peter M. and Otis D. Duncan. 1967. *The American Occupational Structure*. New York: Wiley.

Case, Anne, Angela Fertig, and Christina Paxson. 2005. "The Lasting Impact of Childhood Health and Circumstance." *Journal of Health Economics* 24 (2): 365 – 389.

Conley, Dalton and Neil G. Bennett. 2000. "Is Biology Destiny? Birth Weight and Life Chances." *American Sociological Review* 65 (3): 458 – 467.

DiPrete, Thomas A. and Gregory M. Eirich. 2006. "Cumulative Advantage as a Mechanism for Inequality: A Review of Theoretical and Empirical Developments." *Annual Review of Sociology* 32: 271 – 297.

Elder, Glen H. 1974. *Children of the Great Depression*. Chicago: University of Chicago Press.

Elder, Glen H. 1998. "The Life Course as Developmental Theory." *Child Development* 69 (1): 1 – 12.

Elman, Cheryl and Angela, M. O'Rand. 2004. "The Race is to the Swift: Socioeconomic Origins, Adult Education, and Wage Attainment." *American Journal of Sociology* 110 (1): 123 – 160.

Ermisch, John F. and Marco Francesconi. 2001. "Family Structure and Children's Achievements." *Journal of Population Economics* 14 (2): 249 – 270.

Falbo Toni. 1991. "The Impact of Grandparents on Children's Outcomes in China." *Marriage and Family Review* 16 (3 – 4): 369 – 376.

Ferraro, Kenneth F. and Jessica A. Kelley-Moore. 2003. "Cumulative Disadvantage and Health: Long-Term Consequences of Obesity?" *American Sociological Review* 68 (5): 707 – 729.

Ferraro, Kenneth F., Markus H. Schafer, and Lindsay R. Wilkinson. 2016. "Childhood Disadvantage and Health Problems in Middle and Later Life: Early Imprints on Physical Health?" *American Sociological Review* 81: 107 – 133.

Goldberg, David P. and Williams, Paul A. 1988. *User's Guide to The GHQ*. Windsor: NFER Nelson.

Goldberg, David P. 1978. *Manual of the General Health Questionnaire*. Windsor: NFER Nelson.

Hayward, Mark D. and Bridget K. Gorman. 2004. "The Long Arm of Childhood: The Influence of Early-Life Social Conditions on Men's Mortality." *Demography* 41 (1): 87 – 107.

Heckman, James J. 2006. "Skill Formation and the Economics of Investing in Disadvantaged Children." *Science* 312 (5782): 1900 – 1902.

Hogan, Dennis P. 1981. *Transitions and Social Change: The Early Lives of American Men.* New York: Academic Press.

Kuh, Diana and Yoav Ben-Shlomo (eds.). 1997. *A Life Course Approach to Adult Disease.* Oxford: Oxford University Press.

Liang, Zai. 2016. "China's Great Migration and the Prospects of a More Integrated Society." *Annual Review of Sociology* 42 (1): 451 – 471.

Liang, Zai, Zhen Li, and Zhongdong Ma. 2014. "Changing Patterns of the Floating Population in China, 2000 – 2010." *Population and Development Review* 40 (4): 695 – 716.

Lu, Yao. 2012. "Education of Children Left behind in Rural China." *Journal of Marriage and Family* 74 (2): 328 – 341.

Mayer, Karl U. 2009. "New Directions in Life Course Research." *Annual Review of Sociology* 35: 413 – 433.

McCaffrey, Daniel F., Beth Ann Griffin, Daniel Almirall, Mary Ellen Slaughter, Rajeev Ramchand, and Lane F. Burgette. 2013. "A Tutorial on Propensity Score Estimation for Multiple Treatments Using Generalized Boosted Models." *Statistics in Medicine* 32 (19): 3388 – 3414.

Merton, Robert K. 1968. "The Matthew Effect in Science: The Reward and Communication Systems of Science are Considered." *Science* 159 (3810): 56 – 63.

Piccinelli, Marco, Giulia Bisoffi, Maria Giovanna Bon, Laura Cunico, and Michele Tansella. 1993. "Validity and Test-Retest Reliability of the Italian Version of the 12 – Item General Health Questionnaire in General Practice: A Comparison between Three Scoring Methods." *Comprehensive Psychiatry* 34 (3): 198 – 205.

Ren, Qiang and Donald J. Treiman. 2015. "Living Arrangements of the Elderly in China and Consequences for Their Emotional Well-Being." *Chinese Sociological Review* 47 (3): 255 – 286.

Robles, Verónica F. and Ralph, S. Oropesa. 2011. "International Migration and the Education of Children: Evidence from Lima, Peru." *Population Research and Policy Review* 30 (4): 591 – 618.

Shi, Yaojiang, Yu Bai, Yanni Shen, Kaleigh Kenny, and Scott Rozelle. 2016. "Effects of Parental Migration on Mental Health of Left-behind Children: Evidence from Northwestern

China." *China and World Economy* 24 (3): 105 – 122.

Stark, Oded and David, E. Bloom. 1985. "The New Economics of Labor Migration." *The American Economic Review* 75 (2): 173 – 178.

Xu, Hongwei and Yu Xie. 2015. "The Causal Effects of Rural-to-Urban Migration on Children's Well-Being in China." *European Sociological Review* 31 (4): 502 – 519.

Ye, Jingzhong and James Murray. 2005. *Left-behind Children in Rural China*. Beijing: Social Sciences Academic Press.

Yue, Zhongshan, Zai Liang, Qian Wang, & Xinyin Chen. 2020. "The Impact of Parental Migration on Depression of Children: New Evidence from Rural China." *Chinese Sociological Review*, 52 (4): 364 – 388.

Zeng, Zhen and Yu Xie. 2014. "The Effects of Grandparents on Children's Schooling Evidence from Rural China." *Demography* 51 (2): 599 – 617.

Zhao, Miaoxi, Ben Derudder, and Junhao Huang. 2017. "Polycentric Development in China's Mega-City Regions, 2001 – 08: A Comparison of the Yangtze and Pearl River Deltas." *Journal of the Geographical Society of Berlin* 148 (1): 1 – 13.

Zhou, Xueguang and Liren Hou. 1999. "Children of the Cultural Revolution: The State and the Life Course in the People's Republic of China." *American Sociological Review* 64 (1): 12 – 36.

父母外出与留守儿童的贫血情况研究

一 研究介绍

中国过去40年的城乡大迁移造成了6000万名留守儿童。研究表明这些留守儿童的生活习惯和健康状况都令人担忧（Lee，2011）。留守儿童的贫血和营养情况尤其受到学者和决策者们的关注（Li et al.，2015）。童年时期的贫血会造成学习成绩下降（Bobonis et al.，2006），也会让之后的人生发展变得更不顺利，比如社会经济地位低、健康状况差等（Haas and Brownlie，2001）。研究显示中国农村地区和留守家庭中贫血是相当普遍的，并且父母外出和儿童的贫血情况有一定关联（Li et al.，2015）。本文旨在研究儿童的贫血情况如何受到父母外出的影响。

对于父母外出影响儿童健康状况的机制，学界有不同的讨论。一方面，父母外出会带来更多的收入、新的资源和观念，而这些都会改善孩子的营养和健康状况（Liang et al.，2013）。另一方面，父母外出使孩子家务劳动负担增加并且缺少监管，从而对孩子的身体和精神健康产生消极影响（de Brauw and Mu，2011）。而父母外出的种类也是一大影响因素。比如因为母亲一般是孩子的主要照料者，所以母亲外出的孩子受到的影响会更大（Wen and Li，2016；Wen and Lin，2012）。另外，父母外出对孩子健康状况造成的影响一般不会立即显现，会有一定的滞后性（Dannefer，2003）。所以在研究设计上将父母当前的外出、外出历史和外出时长区分开来是非常重要的。

之前对留守儿童健康问题的研究大多依赖于受访者个人或监护人提供的信息，比如主观评测的健康状况等，而鲜有研究用贫血情况这种客观指标来测量健康状况。主观评测的信息尽管使用广泛，但不一定完全准确。尤其对于贫血来说，在很多情况下，孩子及其监护人并不一定能及时意识到贫血症状的存在。之前运用单一年份截面区域数据的研究并不能完全建立父母外出与孩子贫血情况之间的关系，而且这些研究也通常没有考虑到选择性偏差的问题。本文则利用"中国健康与营养调查"（China Health and Nutrition Survey，CHNS）这个全国性的追踪调查数据来研究父母外出与孩子贫血之间的关系。对于父母外出，我们考虑到当前外出和外出历史，以此研究父母外出的短期和长期影响。父母外出的时长也被考虑进来。本研究的结果对于解决留守儿童的弱势地位问题是非常重要的。

（一）中国留守儿童的贫血问题

贫血是健康的重要指标之一。许多关注中国留守儿童群体的学者将贫血视为重要的研究对象。尽管经济水平有所提升，留守家庭的贫血率还是比非留守家庭要高（Li et al.，2015）。在中国西北部和西部的农村地区，学生的贫血率普遍高于东部地区（Luo et al.，2011）。研究表明，贫血会对孩子的学习和健康状况造成不良影响。贫血的孩子身体和精神健康更差，也更不容易在数学考试中取得好成绩（Li et al.，2018）。

关于父母外出如何影响孩子贫血情况的研究并不多，而且现有研究的结论也不尽相同（Li et al.，2018）。一些研究认为父母外出会使孩子的贫血概率增大。de Brauw 和 Mu（2011）发现，7~12 岁的留守儿童更容易体重过轻，原因是他们承受了更多的家务。留守儿童更可能营养不良（Chen et al.，2015），从而有可能发展为贫血。另外一些研究则发现留守儿童并不比非留守儿童更容易贫血，甚至贫血概率比非留守儿童更小。这主要是因为家庭的经济水平随父母外出务工而提升，而父母也会在外出时学到更多的营养知识。Taylor 等（2003）发现父母外出务工会给家庭收入水平带来显著提升（大概在 16%~43%）。这会使孩子吃得更营养更丰富，家庭的卫生设施也会更齐全（Antón，2010）。除了经济水平的提升，学者也发现父母外出可以带来人力资本和社会资本的增加，也会获得更科学的健康观念与知识，从而提高孩子的健康水平（Hildebrandt and McKenzie，2005）。

在研究父母外出和孩子健康的关系时，我们也要关注农村和城市的留守儿童有哪些差异。农村的留守儿童可能比城市的留守儿童受到父母外出的影响更大。农村人口相比城市人口往往经济条件更差、文化程度更低、健康状况更差（Chang et al.，2019）。贫血在农村中也更多地发生（Li et al.，

2015）。因此，父母外出导致的家庭结构的变化可能会对这些更弱势的群体（农村儿童）有更大的影响。针对贵州的一项调查显示，外出务工的汇款大幅度增加了家庭收入（Liang et al.，2013）。一方面，相较于在各个方面都更有优势的城市儿童，父母外出带来的经济水平的提高可能会让农村儿童受益更大，而城市儿童更可能受到父母外出的不利影响。另一方面，中国农村父母相较于城市父母更缺乏科学的营养健康知识和关于如何预防儿童贫血的知识（Wang et al.，2019）。所以当农村父母外出务工时，他们所获得的更多的营养健康知识也可能会显著改善农村儿童的贫血状况（Wen and Lin，2012）。最后，农村父母外出过程中收获的社会关系网也会改善底层或边缘家庭孩子的健康状况（Kanaiaupuni et al.，2005）。因此，中国农村的留守儿童可能比城市的留守儿童在父母外出中获益更大。

（二）性别、父母外出经历和贫血的关系

性别和时间是研究父母外出对孩子的影响的两个非常重要的维度。父亲和母亲外出所带来的影响是不同的。父亲外出时，孩子和母亲都需要承担更多的家务（Chen，2013），这可能会影响孩子的健康。由于父亲在家庭中扮演规训和男性模范的角色，父亲的缺失也可能对孩子的身体发育成长不利（Tong et al.，2015）。母亲的外出对孩子的影响则不同。一方面，母亲外出可能会比父亲外出带来的消极影响更大，因为母亲往往扮演的是照料家庭的角色（Wen and Li，2016）。Wen 和 Lin（2012）指出，母亲外出的留守儿童较可能有不良生活习惯。儿童早期的认知发展和饮食质量都会被母亲外出所影响（Yue et al.，2016）。另一方面，母亲外出带来的好处也可能胜过父亲外出。一项针对外出务工汇款的泰国研究发现女性移民会表现得更顾家一些（VanWey，2004），因此母亲外出可能比父亲外出寄回更多的汇款。Li 等（2018）也发现母亲外出会改善儿童贫血状况，他们也将此解释为经济水平的提高。此外，母亲通过外出务工获得的科学育儿观念也会提高孩子的健康水平（Hildebrandt and McKenzie，2005）。

时间是另一个重要因素。首先，有文献认为父母外出对孩子健康的影响是长期性的。根据累积优势/劣势理论，人们的生活轨迹是一个对早期的优势（或者劣势）叠加的过程（Dannefer，2003）。一些研究发现也支持这个理论，指出留守和曾经留守的儿童都比从来没有留守过的儿童境遇更差（Zhao et al.，2017）。其次，父母外出的短期和长期影响也是不同的。

来自墨西哥的一项研究发现父母外出的影响是随时间推移而逐渐显现的，短期的消极影响会被长远的好处取代（Kanaiaupuni and Donato，1999）。从社会资源关系网的扩大中获得好处也需要一定时间显现（Hildebrandt and McKenzie，2005）。此外，儿童随着年龄的增长也会更好地调整父母外出带来的影响（Lei et al.，2018）。然而，之前的研究经常把父母曾经外出但是已经回来的儿童算作非留守儿童，而没有对从未留守、曾经留守和当前留守这三种不同的情况进行详细区分。这样，"曾经留守"的影响就很难得以印证（Yue et al.，2020）。最后，父母外出的时长也是很重要的因素。有研究发现，长时间处于逆境的结果要比短期处于逆境更严重（Liang，2016）。

最后，父母外出会造成选择性偏差问题。孩子的年纪、父母的受教育程度和外出之前的家庭经济情况都会影响父母是否外出的决策（Meng and Yamauchi，2017），因此，留守儿童和非留守儿童这两个群体有显著区别。我们无法直接通过比较这两个群体得出父母外出影响的结论。儿童的健康也会影响父母外出的决策：当孩子有健康问题时，母亲可能不会选择外出，而父亲则会选择外出以赚更多的钱给孩子治病（Tong et al.，2015）。所以，在父母外出和儿童健康之间建立关系是需要将选择性偏差考虑进来的。

总结来说，在关注父母外出如何影响儿童健康的研究中，鲜有研究用客观测量的指标（比如贫血情况）来了解儿童的健康情况。少数关于父母外出和儿童贫血的研究也有不一致的发现。另外，大多数研究只针对单一年份的截面数据，而忽视了区分父母外出的短期和长期影响。截面数据也不能很好地控制选择性偏差的问题。举例来说，经济状况不好的家庭中父母更容易选择外出打工，而儿童也更容易贫血（这也是父母外出与儿童贫血相关的一个可能原因）。最后，之前关于父母外出如何影响儿童贫血的研究主要集中在几个特定的地区，比如中部或西部贫困地区（Li et al.，2018）。我们需要用全国性的调查去验证这些研究的发现。

根据之前研究，父母外出会对孩子产生不良影响，母亲外出尤甚（Chen，2013）。所以我们假设：母亲外出的孩子比母亲在家的孩子更容易贫血（假设1）；父亲外出的孩子则不然（假设2）。而因为父母的营养学知识和孩子的贫血状况有很大关联（Zhao and Yu，2019），父母外出的好处可能会随时间推移而显现。母亲外出后回家可能会运用她们的新知识和新观念来培养孩子，使孩子更健康。所以我们假设：母亲曾经外出但现在在家的孩子比父母当前外出和父母从未外出的孩子更不容易贫血（假设3）。因为父母外出的时间也与孩子的健康有关（Liang，2016），我们也加入这个变量，并假设母亲外出时间越长，孩子就越容易贫血（假设4）。而考虑到农村地区孩子天然的弱势地位，我们最后假设：相较于城市儿童，父母外出的积极影响对于农村儿童更为显著（假设5）。

二 研究方法

（一）数据和测量

本文所用的数据来自"中国健康与营养调查"。这是一个由北卡罗来纳大学的人口中心、营养与食品卫生研究所和中国预防医学科学院共同开展的追踪调查。这个调查的问卷涵盖从个人、家庭到社区层面的信息，横跨包括辽宁省、黑龙江省、山东省、江苏省、河南省、湖北省、湖南省、广西壮族自治区和贵州省在内的 9 个省区。这些省区在地理条件、经济发展、公共资源和人口健康等方面都非常不同。研究表明，CHNS 数据中家庭和人口特征与全国性抽样调查相近（Chen et al.，2015）。调查从 1989 年一直进行到 2015 年。2009 年，该项目第一次提供了血液检查的信息，我们得以用此研究全国 7~18 岁孩子的贫血情况。我们最终的样本包括 689 个孩子，其中 520 个孩子生活在农村地区。

本研究的因变量是孩子的不同水平的贫血情况，分为"正常（没有贫血）"、"轻度贫血"和"中度贫血"（样本中的孩子没有重度贫血的情况）。我们用血液检查中的血红蛋白水平来判断是否贫血。具体标准是由国际卫生组织（WHO）在 1968 年提供的（World Health Organization，2011）。

父母外出是研究的关键自变量。我们考虑了父母外出状态和外出时间。对于父亲和母亲，我们用两个二分变量来分别表示父亲或母亲是否在 2009 年外出、两个多分类变量来分别表示父亲或母亲 2009 年当年的外出情况和外出历史，以及两个连续变量来分别表示外出的时间。CHNS 数据包含家庭成员在 1997 年及之后的外出情况。如果父亲或母亲在 2009 年因为外出务工而不在家中居住，那么我们就将其标为 1；而在家居住的则标记为 0。我们还考虑到了外出的历史。如果父亲或母亲在 2009 年时在家居住而在之前的年份（即 1997 年、2000 年、2004 年、2006 年）因外出务工而不在家中居住，那么他们会被划分在"曾经外出"的类别中。而如果自始至终都在家中居住则是"从未外出"。因为一些父母的外出信息缺失了，我们将他们分为另一组，名为"信息缺失"，并将其也包括在分析模型中作为控制变量。外出时长则用父母外出的月数来测量，这个信息是在2009年时获得的。对于父母没有外出的非留守儿童，这个变量被赋值为0。

我们的控制变量包括个人层面和家庭层面：年龄、性别、是否上学，父母的受教育年限、家庭人口总数、家庭人均收入和地区。家庭人口总数和家庭人均收入可能会影响到孩子能获得的资源，所以被包括在内。地区变量也很重要，因为东部、中部、西部和东北部这几大地区的经济发展程度不同，孩子的健康状况也不同。根据国家统计局，山东和江苏属于东部地区，河南、湖北和湖南属于中部地区，广西和贵州属于西部地区，而辽宁和黑龙江属于东北部地区。[①] 最后，我们也考虑到了城乡差异，将"是否在农村地区"作为相关变量来区分农村人口和城市人口。

（二）分析方法

我们首先运用描述性统计介绍总体样本和农村样本（城市样本量过少，无法进行有意义的分析）。之后我们对比父亲或母亲在2009年外出和在家的样本。最后，我们用有序多分类 logistic 回归方法研究影响孩子贫血状况的因素（见表1）。模型1和模型2分别基于总体样本和农村样本，关注父母当前（也就是2009年）的外出情况的影响；模型3和模型4研究父母外出历史的影响；而模型5和模型6研究外出时长的影响（模型3、模型4、模型5、模型6因篇幅限制未展示）。我们用倾向评分加权回归（Inverse Probability Treatment Weighting, IPTW）的方法来解决父亲或母亲外出的选择性偏差的问题。其中考虑的因素包括：年龄、性别、地区、父亲和母亲的受教育年限、祖父母/外祖父母是否在家，以及家庭条件（包括家庭人口总数和家庭人均收入）。经过这个处理，我们使实验组（留守儿童）和对照组（非留守儿童）在一些特征（之前提到的年龄、性别等）上是相近的，从而更好地区分父母外出对孩子的影响。

[①] 《东西中部和东北地区划分方法》，http://tjj.zj.gov.cn/art/2012/6/29/art_1599395_36492824.html，最后访问日期：2022年1月14日。

三 统计模型分析结果

对于总体样本和农村样本的描述性统计结果显示，在总体样本中，有3.63%的孩子轻度贫血，2.47%中度贫血。超过10%的孩子的父亲在2009年时外出，而母亲2009年外出的比例只有5.66%。而在农村样本中，中度贫血的孩子更多一些（有3.08%），而且更多人经历了父母外出或者曾经外出。父母的外出时长对于两个样本来说是差不多的，父亲平均外出9个月，而母亲则是12个月。农村样本中孩子的父母受教育年限普遍比总体样本更低，而且家庭人均收入也更低，这与我们的预期一致。

表1展示了基于父母2009年的外出情况的有序多分类logistic回归模型。对于总体样本来说，母亲外出使儿童贫血的可能性增加，而父亲外出影响不大。对于农村样本来说，父母外出都有显著影响：母亲外出使贫血概率增大，而父亲外出则会使贫血概率减小。考虑父母外出历史的分析结果与本文假设一致的是，母亲曾经外出会提高儿童的健康水平（使他们贫血概率减小）。对比描述性分析中的结果来看，母亲当前的外出和曾经的外出对孩子的影响是截然不同的。对于农村儿童，母亲曾经外出也带来一定的好处，但比总体样本要小。最后，更进一步研究表明，总体样本中，父亲的外出每增加一个月，儿童患更严重贫血的概率降低16%；而母亲的外出每增加一个月，儿童患更严重贫血的概率升高12.5%。对于农村儿童也是如此。

表1 儿童贫血情况的有序多分类 logistic 回归结果
（基于父母2009年的外出情况）[a]

	模型1 系数	模型1 稳健标准误	模型2 系数	模型2 稳健标准误
年龄	0.086	0.134	-0.028	0.136
女性	-0.096	0.721	0.114	0.672
正在上学	1.084	1.475	0.286	1.781
父亲受教育年限	0.008	0.109	-0.068	0.142
母亲受教育年限	0.229	0.158	0.191	0.123
家庭人口总数	0.739***	0.172	0.833***	0.178
家庭人均收入	-0.008	0.062	0.004	0.071
农村地区	0.845	0.828	—	

续表

	模型 1		模型 2	
	系数	稳健标准误	系数	稳健标准误
地区（参照组：东部）				
中部	1.089	1.056	0.535	1.249
西部	-0.577	1.197	-1.175	1.383
东北部	0.277	1.270	-0.387	1.652
父亲 2009 年外出	-1.144	1.005	-2.341*	1.144
母亲 2009 年外出	1.224+	0.728	2.161*	0.871
Cut 1	11.547***	3.310	8.004*	3.432
Cut 2	12.064***	3.372	8.445*	3.496
Pseudo R^2	0.377		0.434	
样本量	689		520	

注：模型 1 基于总体样本，模型 2 基于农村样本；地区变量在 IPTW 方法中没有平衡实验组和对照组，已包括在模型中；+ $p<0.1$，* $p<0.05$，*** $p<0.001$。

四　结论与讨论

研究结果支持我们的假设 1 和假设 2，显示母亲外出比父亲外出对孩子的影响更大。在控制了选择性偏差和其他可能的影响因素后，母亲外出的影响依然十分显著。可能机制有两种。第一，家庭成员的外出会增加留守成员的家务劳动量（Chang et al., 2011；Li et al., 2015）。所以母亲外出之后其他家庭成员有更多的家务劳动要做，准备饭菜的时间可能会缩短，饭菜的质量也可能会下降。对于被祖父母/外祖父母照料的儿童来说尤其如此，因为祖父母/外祖父母普遍受教育程度较低，没有太多科学知识（Zeng and Xie, 2014；Zhao and Yu, 2019）。第二，父母外出的孩子可能自身也需要承担父母的劳作任务，甚至下田耕作的任务，这自然也会影响他们的健康。我们在 CHNS 数据中发现，父母外出，尤其是母亲外出的孩子需要在家务活上花更多时间，这一发现也支持我们的这个解释。总体而言，我们发现母亲的确是家庭中付出更多的一方，儿童也会更依赖母亲，所以母亲缺失的影响更显著。在我们的访谈记录中，一位童年时期经历了母亲外出的受访者表示自己受到了很大创伤：

可能多数父母是无法面对离别时孩子的哭泣的，因此他们会选择在孩子不在的时候"悄悄离开"。比如早上上学的时候妈妈还给你做饭，晚上回来妈妈就不见了；或者周末千方百计骗你出去玩，然后伺机逃跑；再或者让外婆把你带出去买东西，然后悄悄离开。这些我都经历过，虽然还是个孩子，但对"妈妈要走了"这种事还是多多少少能感觉到的。一般妈妈离开后，每一次打电话我都会哭，我又怕她听我哭，我说两句话就会给外婆然后跑到一边哭。（外出务工人员C）

与假设3一致，结果显示母亲曾经外出但目前在家的儿童健康状况更好，更不容易贫血。这个发现可能有几种解释。首先，之前的研究曾提出父母获得的营养知识会使他们改变儿童的食谱从而使其血红蛋白水平升高（Zhao and Yu, 2019）。外出的母亲可能会获得更多知识而且更注重孩子的营养摄入。外出母亲的社会关系网也可能会为儿童提供更多的经济和情感支持，从而提高他们的健康水平（Kanaiaupuni et al., 2005）。另外，社会资本的增加也会带来好处：外出回乡的母亲可以很快帮助孩子建立起与家庭和社区的联结（Wu et al., 2015）。因此，母亲有过外出经历的儿童的生活水平比母亲没有外出的儿童高。最后，外出的母亲回乡的原因也可能是出于对孩子成长过程中健康的考虑，这会让孩子受到更好的照顾。

模型结果也支持假设4。我们发现父母外出对儿童健康的影响是随着时间增加而增强的。父亲外出带来的经济和非经济方面的提高是随着外出时间的增加而显现的。而相反的是，母亲的外出不仅会给儿童的健康带来不利影响，这些不利影响也会随着时间的增加而更强。这个发现与之前的研究也是一致的。在我们对有留守经历人员的访谈中，经历了父亲外出但母亲在家的受访者大多表示自己没有感受到留守经历的痛苦。因为"妈妈在家就够了，而父亲在不在家的区别并不大，因为爸爸回来也就是走街串巷地和别人聊天，不会特别关注我"。"反而那段时光有妈妈在家，不觉得自己很孤独，有什么事妈妈也可以解决，挺开心的。因此，虽然父亲在外打工，但母亲的陪伴让人感觉留守经历对于我来说没什么特别大的影响。"

假设5获得了部分支持。我们发现，农村儿童的境遇是比较特殊的。虽然父亲的外出会给农村儿童带来更多好处，但母亲外出的农村儿童有更大的贫血概率，而且母亲曾经的外出对他们的提升也相对较小。因此，农村儿童的弱势地位很明显，我们应当持续关注这些儿童的营养健康问题。

本研究有几个局限性。第一，受样本量的限制，我们无法研究父母外出影响孩子贫血的具体机制。我们提供的可能解释是家庭成员准备饭菜的时间可能会减少，孩子本身需要承担的家务也会增多，从而增加孩子贫血的风险。第二，父母本身的健康状况、替代父母的监护人（往往是祖父母/外祖父母）的受教育程度和营养知识，以及父母返乡看望孩子的频率等都会影响孩子的健康，但是这些因素因数据限制没有被包括进我们的分析中。第三，因为CHNS只提供了2009年这一年的血液样本数据，我们无法控制孩子在父母外出之前的贫血情况，从而无法使实验组和对照组完全一致，也就无法得出关于因果关系的强有力的结论。未来的研究可以利用更好的追踪数据以建立父母外出和孩子贫血之间的因果关系。第四，数据的局限使我们无法将父母多年来外出的累积时长作为变量放进分析中。但是我们发现父母外出时长会影响儿童贫血，这显示父母外出的累积时长很可能有显著的作用。未来的研究应当将此考虑在内。

本文填补了研究在父母外出影响儿童贫血问题上的空白。我们用具有全国代表性的追踪调查数据，将贫血作为测量健康状况的客观指标进行研究。我们的发现揭示了迁移叙事中的性别视角的重要性。本研究的另一个贡献是将父母的当前外出和之前外出区分开来。我们发现留守儿童的劣势在长时间的留守中被逐渐加深，但是母亲曾经外出的经历对孩子是有利的。这个发现也揭示了利用长期追踪调查的数据研究父母外出状态和外出历史的影响的重要性。

参考文献

Antón, José I. 2010. "The Impact of Remittances on Nutritional Status of Children in Ecuador." *International Migration Review* 44（2）：269 – 299.

Bobonis, Gustavo J., Edward Miguel, and Charu Puri-Sharma. 2006. "Anemia and School Participation." *Journal of Human Resources* 41（4）：692 – 721.

Bowlby, John. 1982. "Attachmeng and Loss：Retrospect and Prospect." *American Journal of Orthopsychiatry* 52（4）：664 – 678.

Chang, Fang, Yaojiang Shi, Amber Shen, Asa Kohrman, Katherine Li, Qinqin Wan, Kaleigh Kenny, and Scott Rozelle. 2019. "Understanding the Situation of China's Left-behind Children：A Mixed-Methods Analysis." *Developing Economies* 57（1）：3 – 35.

Chang, Hongqin, Xiao yuan Dong, and Fiona MacPhail. 2011. "Labor Migration and Time

Use Patterns of the Left-behind Children and Elderly in Rural China." *World Development* 39 (12): 2199 – 2210.

Chen, Feinian, Hui Liu, Kriti Vikram, and Yu Guo. 2015. "For Better or Worse: The Health Implications of Marriage Separation Due to Migration in Rural China." *Demography* 52 (4): 1321 – 1343.

Chen, Joyce J. 2013. "Identifying Non-Cooperative Behavior among Spouses: Child Outcomes in Migrant-Sending Households." *Journal of Development Economics* 100 (1): 1 – 18.

Chunyu, Miao David, Zai Liang, and Yingfeng Wu. 2013. "Interprovincial Return Migration in China: Individual and Contextual Determinants in Sichuan Province in the 1990s." *Environment and Planning A* 45 (12): 2939 – 2958.

Dannefer, Dale. 2003. "Cumulative Advantage/Disadvantage and the Life Course: Cross-Fertilizing Age and Social Science Theory." *Journals of Gerontology-Series B, Psychological Sciences and Social Sciences* 58 (6): S327 – S337.

de Brauw, Alan and Ren Mu. 2011. "Migration and the Overweight and Underweight Status of Children in Rural China." *Food Policy* 36 (1): 88 – 100.

DiPrete, Thomas A. and Gregory M. Eirich. 2006. "Cumulative Advantage as a Mechanism for Inequality: A Review of Theoretical and Empirical Developments." *Annual Review of Sociology* 32 (1): 271 – 297.

East, Leah, Debra Jackson, and Louise O'Brien. 2006. "Father Absence and Adolescent Development: A Review of the Literature." *Journal of Child Health Care* 10 (4): 283 – 295.

Guo, Guang. 1998. "The Timing of the Influences of Cumulative Poverty on Children's Cognitive Ability and Achievement." *Social Forces* 77 (1): 257 – 287.

Haas, Jere D. and Thomas Brownlie. 2001. "Iron Deficiency and Reduced Work Capacity: A Critical Review of the Research to Determine a Causal Relationship." *The Journal of Nutrition* 131 (2): 676S – 690S.

Hadi, A. 1999. "Overseas Migration and the Well-Being of Those Left behind in Rural Communities of Bangladesh." *Asia-Pacific Population Journal / United Nations* 14 (1): 43 – 58.

Hildebrandt, Nicole and David J. McKenzie. 2005. "The Effects of Migration on Child Health in Mexico." *Economía* 6 (1): 257 – 289.

Huang, Yun, Xiao Ni Zhong, Qing Ying Li, Dan Xu, Xuan Lin Zhang, Chao Feng, Guo Xiu Yang, Yun Yun Bo, and Bing Deng. 2015. "Health-Related Quality of Life of the Rural-China Left-behind Children or Adolescents and Influential Factors: A Cross-Sectional Study." *Health and Quality of Life Outcomes* 13 (1): 1 – 10.

Kanaiaupuni, Shawn and Katherine Donato. 1999. "Migradollars and Mortality: The Effects of Migration on Infant Survival in Mexico." *Demography* 36（3）：339-353.

Kanaiaupuni, Shawn, Katharine Donato, Theresa Thompson-Colón, and Melissa Stainback. 2005. "Counting on Kin：Social Networks, Social Support, and Child Health Status." *Social Forces* 83（3）：1137-1164.

Lee, Minghua. 2011. "Migration and Children's Welfare in China：The Schooling and Health of Children Left behind." *The Journal of Developing Areas* 44（2）：165-182.

Lei, Lianlian, Feng Liu, and Elaine Hill. 2018. "Labour Migration and Health of Left-behind Children in China." *Journal of Development Studies* 54（1）：93-110.

Liang, Zai and Feinuo Sun. 2020. "The Lasting Impact of Parental Migration on Children's Education and Health Outcomes：The Case of China." *Demographic Research* 43：217-244.

Liang, Zai. 2016. "China's Great Migration and the Prospects of a More Integrated Society." *Annual Review of Sociology* 42（1）：451-471.

Liang, Zai, Jiejin Li, and Zhongdong Ma. 2013. "Migration and Remittance：Evidence from a Poor Province in China." *Asian Population Studies* 9（2）：124-141.

Li, Lili, Lei Huang, Yaojiang Shi, Renfu Luo, Meredith Yang, and Scott Rozelle. 2018. "Anemia and Student's Educational Performance in Rural Central China：Prevalence, Correlates and Impacts." *China Economic Review* 51（620）：283-293.

Li, Liying, Renfu Luo, Sean Sylvia, Alexis Medina, and Scott Rozelle. 2015. "The Prevalence of Anemia in Central and Eastern China：Evidence from the China Health and Nutrition Survey." *Southeast Asian Journal of Tropical Medicine and Public Health* 46（2）：306-321.

Luo, Renfu, Linxiu Zhang, Chengfang Liu, Qiran Zhao, Yaojiang Shi, Grant Miller, Elaine Yu, Brian Sharbono, Alexis Medina, Scott Rozelle, and Reynaldo Martorell. 2011. "Anaemia among Students of Rural China's Elementary Schools：Prevalence and Correlates in Ningxia and Qinghai's Poor Counties." *Journal of Health, Population and Nutrition* 29（5）：471-485.

Lu, Yao. 2012. "Education of Children Left behind in Rural China." *Journal of Marriage and Family* 74（2）：328-341.

McKenzie, David J. 2006. "Beyond Rimittances：The Effects of Migration on Mexican Households." In *International Migration, Remittances, and the Brain Drain*, edited by Çaglar Ozden and Maurice Schiff, pp. 123-147. The World Bank and Palgrave Macmillan.

Meng, Xin and Chikako Yamauchi. 2017. "Children of Migrants：The Cumulative Impact of Parental Migration on Children's Education and Health Outcomes in China." *Demography* 54（5）：1677-1714.

Shi, H., Zhang, J., Du, Y., Zhao, C. 2020. "The Association between Parental Migration and Early Childhood Nutrition of Left-behind Children in Rural China." *BMC Public Health* 20 (1).

Taubman, Sarah L., James M. Robins, Murray A. Mittleman, and Miguel A. Hernán. 2009. "Intervening on Risk Factors for Coronary Heart Disease: An Application of the Parametric g-Formula." *International Journal of Epidemiology* 38 (6): 1599 – 1611.

Taylor, J. Edward, Scott Rozelle, and Alan deBrauw. 2003. "Migration and Incomes in Source Communities: A New Economics of Migration Perspective from China." *Economic Development and Cultural Change* 52 (1): 75 – 101.

Tian, Xu, Caicui Ding, Chong Shen, and Hui Wang. 2017. "Does Parental Migration Have Negative Impact on the Growth of Left-behind Children? —New Evidence from Longitudinal Data in Rural China." *International Journal of Environmental Research and Public Health* 14 (11): 1308.

Tong, Yuying, Weixiang Luo, and Martin Piotrowski. 2015. "The Association between Parental Migration and Childhood Illness in Rural China." *European Journal of Population* 31 (5): 561 – 586.

VanWey, Leah K. 2004. "Altruistic and Contractual Remittances between Male and Female Migrants and Households in Rural Thailand." *Demography* 41 (4): 739 – 756.

Wang, Lei, Mengjie Li, Sarah Eve Dill, Yiwei Hu, and Scott Rozelle. 2019. "Dynamic Anemia Status from Infancy to Preschool-Age: Evidence from Rural China." *International Journal of Environmental Research and Public Health* 16 (15): 2761.

Wen, Ming and Danhua Lin. 2012. "Child Development in Rural China: Children Left behind by Their Migrant Parents and Children of Nonmigrant Families." *Child Development* 83 (1): 120 – 136.

Wen, Ming and Kelin Li. 2016. "Parental and Sibling Migration and High Blood Pressure Among Rrural Children in China." *Journal of Biosocial Science* 48 (1): 129 – 142.

World Health Organization. 2011. "Haemoglobin Concentrations for the Diagnosis of Anaemia and Assessment of Severity." from https://apps.who.int/iris/handle/10665/85839.

Wu, Jinghuan., Yichun Hu, Min Li, Jing Chen, Deqiao Mao, Weidong Li, Rui Wang, Yanhua Yang, Jianhua Piao, Lichen Yang, and X. Xiaoguang. 2019. "Prevalence of Anemia in Chinese Children and Adolescents and Its Associated Factors." *International Journal of Environmental Research and Public Health* 16 (8): 1 – 13.

Wu, Qiaobing, Deping Lu, and Mi Kang. 2015. "Social Capital and the Mental Health of Children in Rural China with Different Experiences of Parental Migration." *Social Science and Medicine* 132: 270 – 277.

Xu, Hongwei and Yu Xie. 2015. "The Causal Effects of Rural-to-Urban Migration on Children's Well-Being in China." *European Sociological Review* 31 (4): 502 – 519.

Yao, Shujie, Zongyi Zhang, and Gengfu Feng. 2005. "Rural-Urban and Regional Inequality in Output, Income and Consumption in China under Economic Reforms." *Journal of Economic Studies* 32 (1): 4 – 24.

Ye, Jingzhong and James Murray. 2005. *Left-behind Children in Rural China*. Beijing: Social Sciences Academic Press.

Ye, Jingzhong, Chunyu Wang, Huifang Wu, Congzhi He, and Juan Liu. 2013. "Internal Migration and Left-behind Populations in China." *Journal of Peasant Studies* 40 (6): 1119 – 1146.

Yue, Ai, Sean Sylvia, Yu Bai, Yaojiang Shi, Renfu Luo, and Scott Rozelle. 2016. "The Effect of Maternal Migration on Early Childhood Development in Rural China." *SSRN Electronic Journal* 94305.

Yue, Z., Z. Liang, Q. Wang, and X. Chen. 2020. "The Impact of Parental Migration on Depression of Children: New Evidence from Rural China." *Chinese Sociological Review* 52 (4): 364 – 388.

Zeng, Zhen and Yu Xie. 2014. "The Effects of Grandparents on Children's Schooling: Evidence from Rural China." *Demography* 51 (2): 599 – 617.

Zhang, Linxiu, Max Kleiman-Weiner, Renfu Luo, Yaojiang Shi, Reynaldo Martorell, Alexis Medina, and Scott Rozelle. 2013. "Multiple Micronutrient Supplementation Reduces Anemia and Anxiety in Rural China's Elementary School Children." *The Journal of Nutrition* 143 (5): 640 – 647.

Zhao, Chenyue, Feng Wang, Leah Li, Xudong Zhou, and Therese Hesketh. 2017. "Long-Term Impacts of Parental Migration on Chinese Children's Psychosocial Well-Being: Mitigating and Exacerbating Factors." *Social Psychiatry and Psychiatric Epidemiology* 52 (6): 669 – 677.

Zhao, Qiran and Xiaohua Yu. 2019. "Parental Nutrition Knowledge, Iron Deficiency, and Child Anaemia in Rural China." *Journal of Development Studies* 56 (3): 578 – 595.

Zhou, Chengchao, Sean Sylvia, Linxiu Zhang, Renfu Luo, Hongmei Yi, Chengfang Liu, Yaojiang Shi, Prashant Loyalka, James Chu, Alexis Medina, and Scott Rozelle. 2015. "China's Left-behind Children: Impact of Parental Migration on Health, Nutrition, and Educational Outcomes." *Health Affairs* 34 (11): 1964 – 1971.

第六部分

展 望

城镇化与流动儿童、留守儿童的未来

在人口持续大规模流动的背景之下，流动儿童、留守儿童的生存发展问题已经成为不容忽视的社会问题。虽然与非留守儿童相比，在成长过程中，因为父母双方或一方的缺位，缺乏父母的关爱、引领和疏导，留守儿童可能会面临更多的安全失保、学业失教、心理失衡、社会化偏差等问题，但父母外出带来的教育观念转变、经济收入增加等改变，则会促进留守儿童的发展。同时，与留守儿童相比，部分跟随父母迁移到城市的流动儿童，虽能与父母团聚，但却受到流入地户籍制度、教育制度的限制，难以获得与本地儿童同等的学习与发展机会。由此可见，流动儿童、留守儿童虽然所处的环境不同，但都处于相对不利的境地。在前文的研究中，我们发现想要改变流动儿童、留守儿童的相对不利处境，妥善解决他们生存发展过程中面临的相应问题，必须综合考虑他们所处的家庭、社会环境，这也是亟待政府和社会关注的重大议题。本文基于前文的主要发现，在梳理现有流动儿童、留守儿童相关政策的基础上，总结前文提出的政策建议，为政府和社会推动流动儿童、留守儿童积极发展提供政策参考和借鉴。

一 政策梳理

（一）留守儿童

由于监护不力、缺乏陪伴和照料、心理疏导缺失等，近十几年来，关于留守儿童安全事故的报道时常见诸报端。留守儿童作为社会的弱势群体，一方面饱受与父母异地的思念之苦，另一方面又要兼顾家庭和学业的重担，沉重的生活和心理压力无疑会影响他们的健康成长和习惯养成。留守儿童问题虽由来已久，但在很长一段时间留守儿童问题没有引起全社会足够的关注。2004年5月底，教育部基础教育司召开了"中国农村留守儿童问题研究"研讨会，这标志着留守儿童问题正式进入政府的工作日程，留守儿童问题开始引起学界的持续关注（谭深，2011）。2006年中央一号文件将"新农村建设"纳入中国社会发展的战略目标体系中。同年，中国农业大学叶敬忠教授对中国四省进行了新农村调查，其报告中专门谈到留守儿童发展状况不容乐观。2006年10月，由国家层面的多个部门组成的农村留守儿童问题专题组在北京成立，各个专家组赶赴四川、江苏和湖北等八个人口流出大省进行调研。

需要注意的是，在当时，基于"三农"背景，留守儿童问题从一开始就是作为"社会问题"提出的，大部分的调查倾向于揭示留守儿童群体的负面问题（谭深，2011），如学习成绩差、厌学、与父母关系不好和较严重的心理危机等，这些问题不断引发各方的讨论和政府层面的关注。留守儿童在健康、教育、行为、道德等方面的状况确实是我们关注的重点和亟待解决的问题，但从"问题"出发的视角往往可能将留守儿童置于更加不利的处境。一些负面的留守儿童问题的出现，是多种因素共同作用的结果，不可一概而论、以偏概全。留守儿童并不都是"问题"，关键在于如何妥善帮助他们走出困境。

根据第五次全国人口普查资料和2005年全国1%人口抽样调查的数据，段成荣和杨舸（2008）对留守儿童规模进行了估计和测算，认为2005年全国农村留守儿童规模达到了5861万人，数量增长十分迅速。这也是学界相对比较认可的研究结论。庞大的留守儿童群体引发了我们的一系列思考，留守儿童问题如何解决，父母外出与留守儿童教育的关系以及留守儿童与非留守儿童、留守儿童与流动儿童的比较。罗国芬、佘凌（2006）认为现有公布的关于留守儿童情况的调查报告忽略了"留守"仅是儿童生活中暂时的一种生存状态而非本质特征，当他们回到父母身边时，这种"留守"就随之结束。因此，没有一个"留守"儿童，而只有一些有过或正在或将要经历留守状态的儿童。解决留守儿童问题的关键仍是完善政府的政策措施，同时全社会要共同保障留守儿童的合法权益。

在留守儿童问题愈演愈烈的情况下，国务院于2016年2月颁发了《国务院关于加强农村留守儿童关爱保护工作的意见》（以下简称《意见》），这份文件提出了解决农村留守儿童问题的总体思路，并首次明确了责任部门，要求实现"到2020年留守儿童现象明显减少"的目标。这说明国家治理层面对留守儿童问题有了系统的制度安排。

《意见》从完善关爱服务体系和健全救助保护机制这两个方面，提出了有针对性的政策安排和系统性的顶层制度设计。同时，《意见》强化了家庭监护主体责任，并依次明确学校、家庭、当地政府和社会的责任，构建了学校、家庭、当地政府和社会全方位的留守儿童关爱服务体系。民政部还专门成立了"未成年人（留守儿童）保护处"，组织开发了全国农村留守儿童和困境儿童信息管理系统，并于2017年10月正式上线，这一举措对建立翔实完备的农村留守儿童信息台账，推动社会资源的有效对接，实现对留守儿童的精准关爱、精准帮扶、精准保护具有十分重要的意义。

此外，为实现"到2020年留守儿童现象明显减少"的目标，《意见》中还提到各地要大力推进农民工市民化，同时引导扶持农民工返乡创业就业。随着"深化户籍制度改革，放宽城镇落户条件"等政策的落地生根，这将会为"儿童随迁"和"父母返乡"提供更多机会，为从根本上逐步减少留守儿童创造有利的政策支撑和制度保障环境。

同样在2016年初，为加强对农村留守儿童关爱保护工作的组织领导和统筹协调，强化部门间协作配合，经民政部提出、国务院办公厅审批后，"农村留守儿童关爱保护工作部际联席会议制度"建立。2017年8月，五部门（民政部、教育部、财政部、共青团中央和全国妇联）联合印发《关于在农村留守儿童关爱保护中发挥社会工作专业人才作用的指导意见》，提出了一系列政策措施支持引导社会工作专业人才参与农村留守儿童关爱保护工作。

根据民政部的统计数据，截至"十三五"末，全国共有农村留守儿童643.6万名，与"十三五"初期的2016年农村留守儿童摸底排查的数据902万人相比，下降了28.6%。这两次统计数据与2013年全国妇联的估算数据不同，仅将父母双方外出务工或一方外出务工另一方无监护能力、无法与父母正常共同生活的不满十六周岁农村户籍未成年人视为留守儿童。显然，本次统计的口径与涵盖范围是值得商榷的。对于单亲外出（父亲/母亲一方不在身边）以及曾经留守的儿童而言，单亲照料和留守经历对其成长和发展的影响往往是长久且深刻的。本书的研究发现，父母迁移导致农村留守儿童在家庭教育支出、教育参与和教养监管三个方面存在劣势，而且父母外出的负向效应一旦产生就很难再弥补或消除。因此，留守儿童规模虽然在不断缩小，但留守儿童教育和发展面临的问题不减反增，形势仍然严峻。

2019年5月，民政部、教育部等十部门联合印发《关于进一步健全农村留守儿童和困境儿童关爱服务体系的意见》，明确了未成年人救助保护机构和儿童福利机构的职能定位，以及加强基层儿童工作队伍建设的总体要求。同年12月，民政部、国资委、全国工商联等六部门又联合出台了《关于劳动密集型企业进一步加强农村留守儿童和困境儿童关爱服务工作的指导意见》。该文件要求劳动密集型企业通过开展专题宣讲等方式加强对务工人员家庭监护主体责任的教育引导，进一步关心关爱务工人员及其子女，不断改善务工人员的工作和生活条件，为他们履行家庭责任提供更大支持。在部分省份推行的留守儿童关爱保护的相关意见中，也着重提出了外出务工人员要与留守未成年子女常联系、多见面，及时了解掌握他们的生活、学习和心理状况，给予更多亲情关爱和教育指导等明确父母监护义务的要求。同时加大对有农村留守儿童和困境儿童的困难职工家庭的帮扶力度，加强困难救助和人文关怀，逐步建立长效帮扶机制，实现帮扶工作的常态化、制度化和规范化。

2020年初，新冠疫情突袭而至，民政部在2020年4月新闻发布会上提出，要兜住困境儿童、留守儿童的安全底线。疫情背景下，困境儿童和留守儿童所在家庭大多存在防护能力比较弱、防护物资比较匮乏等问题。为此，民政部要求各地指导乡镇儿童督导员、村（居）儿童主任加大对特殊儿童群体的走访摸排力度，及时掌握这些儿童的生活保障、家庭监护、疫情防控等基本情况并且提供相应的帮扶措施。

根据2020年第七次全国人口普查数据，我国流动人口达到3.76亿人，较2010年增长了将近70%，规模如此庞大的流动人口背后是千千万万的家庭以及广大的农村留守儿童。在疫情期间，不仅要提高留守儿童的防护能力，还应从家庭、学校、政府和社会等多层面继续加大对留守儿童的关爱和呵护力度，尤其是在课后辅导、生活救助、心理疏导、情感抚慰等关爱服务方面。2020年"六一"儿童节之际，民政部又进一步发布了关于组织开展全国农村留守儿童和困境儿童关爱保护"政策宣讲进村（居）"活动的通知，通过开展一系列宣讲活动，引导留守儿童父母或其他监护人强化留守儿童监护主体责任意识，引导村（居）民委员会、儿童主任等各司其职，从多个方面切实保障农村留守儿童的基本权益，让村（社区）真正成为农村留守儿童和困境儿童健康成长的乐园。

2021年3月11日，第十三届全国人大第四次会议表决通过了《中华人民共和国国民经济和社会发展第十四个五年规划和2035年远景目标纲要》（以下简称"十四五"规划），专门强调了坚持农业农村优先发展，全面推进乡村振兴。叶敬忠教授认为，从长远来看，留守儿童问题的根本解决还有赖于乡村的全面振兴。① 随着"十四五"规划的推进和落实，在乡村振兴战略的全面实施下，农村地区的快速发展，可能会带动更多的流动人口返乡创业就业，更多的农村留守儿童可能迎来与父母团聚的日子。

（二）流动儿童

让流动人口子女随迁是解决农村留守儿童问题的一个重要途径，但解决随迁子女教育问题背后又牵扯着复杂的制度和利益关系。因此，相较于留守儿童，流动儿童的教育问题早早地被摆在了决策层面。1992年颁布的《中华人民共和国义务教育法实施细则》是最早涉及流动儿童义务教育的政策规定。此后，1996年4月国家教委就流动儿童教育问题专门颁布了第一个政策性文件（《城镇流动人口中适龄儿童、少年就学办法（试行）》）。1998年国家教委和公安部颁布的《流动儿童少年就学暂行办法》又对1996年的政策进行了细化和明确。进入90年代，我国流动儿童激增，各流入地城市公办学校无法满足流动儿童入学的需求，政府酌情放宽了流动儿童学校的设立条件，一时间流动儿童教育很快形成了巨大的市场。但因办学质量参差不齐，有的地方的流动儿童学校被关闭，流动儿童教育问题带来的社会问题引起了国家的高度重视。

2001年，国务院颁发了《国务院关于基础教育改革与发展的决定》（以下简称《决定》），明确提出了"以流入地区政府管理为主，以全日制公办中小学为主"的"两为主"政策。该《决定》将流动儿童义务教育责任具体到地方政府，但却未提及流动儿童义务教育的经费负担问题。我国城乡二元分割和户籍制度、城市教育资源不足等原因，加之地方政府教育经费分布不均，导致许多流入地城市的流动儿童依然面临很高的"教育壁垒"，一些城市甚至还有高额的借读费。同时，我们的研究也表明，社会资本在让流动儿童获得当地公办学校入读机会方面发挥着重要作用。但

---

① 郁静娴:《重塑乡村活力 给留守儿童更多关爱（新视点）》，http://ah.people.com.cn/n2/2021/0709/c358317-34812666.html，2021年7月9日，最后访问日期：2022年1月13日。

流动人口往往欠缺良好的社会资本，这种户口限制和资源缺乏，使得他们的子女在入学方面面临重重困难。

后续不断出台的相关政策逐渐明确了地方政府负责农民工子女教育的财政责任，尤其是 2008 年国务院发布通知，免除全国城市义务教育阶段学生的学杂费，对于符合条件遵循就近入学的原则在公办学校就读的流动儿童，不收借读费。中央财政对流动儿童义务教育问题解决较好的省份给予适当奖励，开始承担部分财政责任。

之后，国家不断完善流动儿童义务教育相关政策，并开始研究制定异地高考的实施办法。2012 年 9 月《国务院关于深入推进义务教育均衡发展的意见》提出，采取政府购买服务等方式保障进城务工人员随迁子女在依法举办的民办学校接受义务教育。截至 2013 年 1 月 1 日，全国共有 27 个省份公布了随迁子女就地中高考的方案。此后部分省份异地高考的随迁子女人数有所增加，但在流动人口基数庞大的北上广以及沿海地区城市异地高考问题仍未完全得到解决。如何统筹外来务工人员随迁子女升学考试需求和流入地教育资源承载能力、本地考生与外地考生利益失衡等现实问题仍然严峻。但应该看到，随迁子女在流入地的受教育问题在"艰难破冰"。

2014 年 3 月，中共中央、国务院印发《国家新型城镇化规划（2014—2020）》，提出保障随迁子女平等享有受教育权利的政策和目标，要求"将农民工随迁子女义务教育纳入各级政府教育发展规划和财政保障范畴，合理规划学校布局，科学核定教师编制，足额拨付教育经费，保障农民工随迁子女以公办学校为主接受义务教育"。这显示国家解决流动儿童教育问题的政策目标从"两为主"转向"两纳入"，即将常住人口纳入区域教育发展规划、将随迁子女教育纳入财政保障范围。此后，国务院相继发布了《国务院关于进一步推进户籍制度改革的意见》《国务院办公厅关于印发推动 1 亿非户籍人口在城市落户方案的通知》等户籍改革文件，确定了各级城市梯度放开落户政策。但特大城市人口规模依然被严格控制，流动儿童的入学机会依然受到很大影响。在这种背景下，各流入地政府开始实践多种方式来解决流动儿童义务教育问题。

吸纳外来务工人员最多的珠三角地区，由于经济实力不断增强，主要依靠民办教育来解决流动儿童教育问题。一方面，随迁子女入学政策以积分入学为主，如中山市。另一方面，当地政府通过提供一定数量的公办学位，向优质民办义务教育学校购买学位，同时不断加大财政投入力度，大力扶持民办学校提升教学质量，并补贴学费以减轻入读民办学校的随迁子女家庭经济负担。

在"十四五"规划中，明确提出了要完善新型城镇化战略，提升城镇化发展质量。一方面，要深化户籍制度改革。北上广深等特大城市，随着逐步完善积分落户政策，健全以居住证为载体、与居住年限等条件相挂钩的基本公共服务提供机制，或许有望逐步提高流动儿童的城镇义务教育接受率。另一方面，健全农业转移人口市民化机制。建立财政性建设资金对吸纳落户较多城市的基础设施投资补助机制，同时，根据人口流动实际调整人口流入流出地区教师、医生等编制定额和基本公共服务设施布局。随着一系列政策措施的相继出台和完善，城市流动人口及其家庭享有的包括住房、就医和教育等的基本公共服务将逐步提升，流动儿童就学问题也可能迎来新的契机。

二 政策建议

自 2000 年以来，随着我国流动人口数量的迅猛增长，为保障流动儿童和留守儿童权益，我国政府相继出台了一系列政策。同时，也有大量专家学者基于流动儿童、留守儿童状况以及政策实施效果，针对流动儿童公共服务供给、留守儿童权益保障问题提出了普适性政策建议。在此，本文在其他学者研究的基础上，针对本书的研究结果，进一步提出以下建议，希望能够为改善流动儿童和留守儿童处境、促进城镇化发展做出贡献。

（一）关注留守经历的长期影响，变随迁为主要趋势

越来越多的文献表明，儿童早期所处的环境会对其人生产生持续性的影响（Knudsen et al., 2006; Heckman et al., 2013）。对于儿童的教育投入能够提升儿童的认知能力、专注力以及自我控制能力等，这些能力有助于其成年期经济成就和社会成就的获得。同时，童年时期不利因素的负面影响也是长期的。本书第五部分的相关研究也佐证了这一点，童年时期留守经历越多的个体，成年之后越倾向于较少面对面社交活动的接触。童年时期的留守经历还会对受教育程度、身体健康和心理健康产生长期的负面影响。第七次全国人口普查数据显示，我国目前存在 3.7 亿流动人口，相比 2010 年增长了 69.73%。可想而知，留守儿童数量也有相应增长，该群

体已经在整体儿童中占据较大比重。儿童的成长影响中国的未来，考虑到留守对儿童的负面影响，从发展角度来看，在流动趋势不可逆的情况下，应该鼓励留守儿童随迁，将随迁变为主要趋势。流入地城市需要改变人口管理观念，需要以更加开放、包容的态度接纳流动儿童。

基于课题组对城市规模、城市教育资源等因素对儿童随迁以及回流影响的相关研究来看，影响留守儿童随迁的主要因素之一在于城市公共服务的开放程度。[①] 为了促进留守儿童随迁，我们建议，一方面，流入地应增加教育资源供给。降低公办学校入学门槛，增加对民办学校的教育投入，尽可能给随迁儿童提供良好的学习环境，保障随迁儿童的受教育权益。同时，流入地政府需要加大对学前教育的投入力度，重视 3 岁以下婴幼儿的社会化托育服务，让更多的 3~6 岁随迁儿童入托入园，学前教育阶段对儿童智力开发、健康成长的影响至关重要，幼儿园作为这一阶段教育的主战场，政府对其的财政投入相对较少（杨菊华、谢永飞，2015；杨菊华，2020）。另一方面，需要建立健全城市住房租赁制度，将长久居留的流动人口纳入城市住房规划，尽量为流动人口提供保障性住房和过渡性住房，特别是为低收入农民工群体提供住房保障，促进流动人口以及流动儿童融入。

（二）加大流入地财政支持力度，改善随迁子女教育情况

目前，阻碍留守儿童随迁的因素除了家庭经济状况，还有流入地教育政策。由于学位限制，大量流动人口子女难以入读当地学校，"读书难"阻碍流动人口携带子女进入城市。更有甚者，由于异地中高考门槛较高，部分随迁子女无法继续在城市接受教育而返回户籍地，重新成为留守儿童。虽然近年来中央出台各种文件保障随迁儿童在城市受教育的权利，如针对随迁儿童的教育财政政策、户籍制度改革政策等，但是，因为特大城市的人口规模控制政策以及户籍门槛持续存在，随迁儿童在城市的受教育问题仍然没有得到根本性的解决。但是，部分城市在随迁儿童的教育上已经做出新的尝试，如上海的纳民模式以及广州的市场模式，以上两种模式为解决随迁儿童教育问题带来了新的思路。总的来说，流入地政府加大财

---

① 由于篇幅限制，相关涉及城市因素对儿童随迁以及回流影响的研究成果并未列入书中，如读者感兴趣，可向作者索取。

政支持力度是基础。流动人口给流入地城市发展做出贡献，他们以及他们的子女理应享受城市发展的成果。纳民模式就是基于政府财政支持，将符合基本办学条件的农民工子弟学校纳入民办教育管理，由市政府给予一定的办学经费的办学模式。但是，笔者调查得知，这些学校被纳入民办教育系统之后，得到的政府财政支持仍然远低于公办学校，从而影响教育质量。因此，增加流入地财政支持是改善随迁子女教育情况的基础。

（三）关注留守儿童校园欺凌问题

校园欺凌是世界各国公认的危害儿童和青少年成长和发展的严重社会问题之一，它会对被欺凌者造成巨大的短期伤害，而且这种伤害会一直持续到成人时期。与普通儿童相比，留守儿童更加容易遭受校园欺凌的伤害。本书关于校园欺凌的研究启示我们除了关注留守儿童的教育和健康问题之外，还应关注留守儿童所存在的遭受校园欺凌的高风险问题，需要针对留守儿童校园欺凌现象进行相应的干预。同时，在实施干预计划的过程中，应关注所有类型的留守儿童，特别是对于曾经留守的儿童群体也应给予和正在留守的儿童同样的重视，因为研究显示曾经留守的经历也会给儿童带来较高的被欺凌风险。最后，鉴于留守男童所报告的较高的被欺凌风险，我们更应关注留守男童的成长发展，为这一群体营造更安全的校园环境。

（四）提高亲子互动频率，促进留守儿童健康发展

事实上，对于缓解青少年抑郁、沮丧、悲伤甚至是失去生活希望等问题，本书第九、十篇文章的内容显示人际网络中互动与关爱的作用更为重要，尤其是亲子交流。因而，父母在创造物质条件来构建良好家庭环境的同时，更应该注重与子女在日常生活中的互动与交流。父母外出使得亲子沟通产生时空距离，但随着现代网络信息技术的不断发展，外出父母可通过电话、网络视频等多种信息方式与留守儿童进行即时性沟通，这有利于父母掌握孩子的成长情况，及时解决留守儿童成长过程中遇到的问题，促进父母对留守儿童的陪伴。但是，从研究结果来看，外出父母忽视了和留守子女沟通的重要性，存在沟通频率低、沟通方式欠妥等问题。2016年，国务院下发《国务院关于加强农村留守儿童关爱保护工作的意见》，提出外出务工人口与留守子女存在交流上的欠缺，强调亲子沟通的重要性。

著名经济学家 Rozzell 对中国留守儿童的一系列研究证明，基于选择性效应，留守儿童的表现可能优于和父母共同生活的儿童，但是实际上，留守儿童在健康、营养和教育方面均表现不佳（Zhou et al., 2015；Durstenfeld et al., 2021；Ye et al., 2022）。随着留守儿童数量越来越多，他们以后将是中国劳动力的重要组成部分，因此他们的表现可能对中国的人力资本产生重要影响。本书第三、五部分对于留守儿童的研究也证明，亲子分离会导致儿童出现抑郁、贫血等健康问题。但是，父母外出会提升家庭经济水平，从政策角度来说，需要将这些经济优势转化为儿童发展优势。

可以看出，我国流动儿童的父母存在忽视亲子沟通、儿童健康的问题，一味追求家庭经济发展，但是并没有将收入增加转变为家庭发展的优势。因此，当地政府可以定期开展相关培训引导流动父母在外出期间定期与留守儿童打视频、通话，教授流动父母亲子沟通技巧，注意留守儿童心理健康变化。设立相关心理健康辅导机构，一旦流动父母发现子女心理变化，可及时向相关机构求助。同时，培训流动父母以及留守儿童监护人，使其掌握儿童相关生理健康知识，可组织观看健康管理相关影片，印刷下发相关图册，关注留守儿童合理均衡饮食。从心理和生理两个方面促进儿童健康发展。同时，鼓励、引导有条件的流动父母加大对孩子的教育投入力度，本书第七篇文章的研究发现父母外出的经济收入在部分转化模式下可以促进孩子的教育成就获得。因此，政府可出台个人税收优惠政策，以鼓励收入较高的人士（如个体业主、私营业主和企业家等）投资家乡的教育事业。对投资家乡教育事业的个体业主、私营业主和企业家给予税收优惠，为教育支出超过一定数额的留守儿童父母提供税收扶持，促进儿童教育发展。

参考文献

段成荣、杨舸，2008，《我国农村留守儿童状况研究》，《人口研究》第 3 期。
罗国芬、佘凌，2006，《留守儿童调查有关问题的反思》，《青年探索》第 3 期。
谭深，2011，《中国农村留守儿童研究述评》，《中国社会科学》第 1 期。
杨菊华，2020，《论 3 岁以下婴幼儿社会化托育服务中的"五 W 服务"》，《福建论坛》（人文社会科学版）第 1 期。
杨菊华、谢永飞，2015，《流动儿童的学前教育机会：三群体比较分析》，《教育与经济》第 3 期。

Durstenfeld, A., Du, Y., Dill, S.-E., Wang, Q., Zhou, H., Kache, S., and Rozelle, S. 2021. "P0297 / #1851: Prevalence of Anemia in Infants under 6 Months of Age in Rural China." *Pediatric Critical Care Medicine* 22: 163–164.

Heckman, J., Pinto, R., and Savelyev, P. 2013. "Understanding the Mechanisms through Which An Influential Early Childhood Program Boosted Adult Outcomes." *American Economic Review* 103 (6): 2052–2086.

Knudsen, E. I., Heckman, J. J., and Cameron, J. L. 2006. "Economic, Neurobiological, and Behavioral Perspectives on Building America's Future Workforce." *Proceedings of the National Academy of Sciences* 103 (27): 10155–10162.

Ye, R., Wu, Y., Sun, C., Wang, Q., Mao, Y., Raat, H., Rozelle, S., Johnstone, H., and Zhou, H. 2022. "Health Communication Patterns and Adherence to a Micronutrient Home Fortification Program in Rural China." *Journal of Nutrition Education and Behavior* 54 (1): 36–45.

Zhou, C., Sylvia, S., and Zhang, L. 2015. "China's Left-behind Children: Impact of Parental Migration on Health, Nutrition, and Educational Outcomes." *Health Affairs* 34 (11): 1964–1971.

图书在版编目(CIP)数据

城镇化进程中的流动儿童和留守儿童研究 / 梁在，悦中山等著. -- 北京：社会科学文献出版社，2023.6
ISBN 978 - 7 - 5228 - 0712 - 6

Ⅰ.①城… Ⅱ.①梁…②悦… Ⅲ.①农村 - 儿童教育 - 研究 - 中国 Ⅳ.①G61

中国国家版本馆 CIP 数据核字（2023）第 012479 号

城镇化进程中的流动儿童和留守儿童研究

著　　者 / 梁　在　悦中山　等

出 版 人 / 王利民
责任编辑 / 杨桂凤
文稿编辑 / 杨　莉
责任印制 / 王京美

出　　版 / 社会科学文献出版社·群学出版分社（010）59367002
　　　　　 地址：北京市北三环中路甲29号院华龙大厦　邮编：100029
　　　　　 网址：www.ssap.com.cn

发　　行 / 社会科学文献出版社（010）59367028
印　　装 / 唐山玺诚印务有限公司

规　　格 / 开本：787mm × 1092mm　1/16
　　　　　 印张：17.25　字数：283千字
版　　次 / 2023年6月第1版　2023年6月第1次印刷
书　　号 / ISBN 978 - 7 - 5228 - 0712 - 6
定　　价 / 128.00元

读者服务电话：4008918866

版权所有 翻印必究